王紹光　著

中國崛起的
世界意義

The Global
Implications of
China's Rise

責任編輯	陳思思
書籍設計	a_kun
書籍排版	楊　錄

書　　名	中國崛起的世界意義
著　　者	王紹光
出　　版	三聯書店（香港）有限公司
	香港北角英皇道 499 號北角工業大廈 20 樓
	Joint Publishing (H.K.) Co., Ltd.
	20/F., North Point Industrial Building,
	499 King's Road, North Point, Hong Kong
香港發行	香港聯合書刊物流有限公司
	香港新界荃灣德士古道 220-248 號 16 樓
印　　刷	美雅印刷製本有限公司
	香港九龍觀塘榮業街 6 號 4 樓 A 室
版　　次	2023 年 7 月香港第一版第一次印刷
規　　格	32 開（140mm × 210 mm）376 面
國際書號	ISBN 978-962-04-5273-4

目　錄

導　言

　　1949 年 9 月 21 日，中華人民共和國成立前十天，中國人民政治協商會議第一屆全體會議在中南海懷仁堂隆重開幕。這次大會的歷史使命是籌備建立中華人民共和國。大會一致通過以下決議：（1）中華人民共和國的國都定於北平（1949 年 9 月 27 日改名為北京）。（2）中華人民共和國的紀年採用公元。（3）國歌未制定前以《義勇軍進行曲》為國歌。（4）中華人民共和國的國旗為五星紅旗。會議還通過了具有臨時憲法性質的《中國人民政治協商會議共同綱領》，制定了《中華人民共和國中央人民政府組織法》《中國人民政治協商會議組織法》。會議選出毛澤東為中央人民政府主席，同時還選舉了中央人民政府副主席及委員。在這次大會的開幕式上，中國共產黨中央委員會主席毛澤東致開幕詞，熱烈慶賀人民解放戰爭和人民革命的勝利！慶賀中華人民共和國的成立！他莊重宣告："佔人類總數四分之一的中國人從此站立起來了。"

在這偉大的開國致辭結尾處，毛澤東講了一段非常大氣的話："讓那些內外反動派在我們面前發抖罷，讓他們去說我們這也不行那也不行罷，中國人民的不屈不撓的努力必將穩步地達到自己的目的。"（《人民日報》1949 年 9 月 22 日第 1 版）毛澤東說這話時，他心中是有氣的，因為一直到 1948 年，不僅是美國，包括當時的蘇聯，都認為中國會統一在國民黨政府之下，而不是共產黨之下。那時候說中國不行的，不僅有仇視社會主義陣營的美國，就連社會主義陣營的 "老大哥" 蘇聯也有疑慮，所以才會有 "這也不行那也不行" 的說法。

荒唐的預測

事實上，自從 1949 年中華人民共和國成立，就不斷有人說中國 "這也不行那也不行"，不斷有人在預測中華人民共和國何時垮掉、倒台、崩潰甚至解體。當時世界上很多人不相信中國已經走上了一條現代化康莊大道，連我們自己也估計今後的道路會是非常曲折、漫長的。當時外面那些人爭論的，不是中國垮不垮台的問題，而是何時垮台，以什麼樣方式垮台，垮台會對周邊大國的利益造成什麼影響等問題。1991 年，世界上第一個社會主義國家蘇聯解體了。從那之後，有關中國崩潰的預測更是不絕於耳。例如，1995 年夏，美國《外交政策》刊登了政治學家傑克·戈德斯通的一篇長文，標題是《中國崩潰在即》，預測 "最可能出現的局面是辛亥革命的重演"。[1] 當然，這些東西今天回過頭看顯然不是科學的預測，反映的是一些人的陰暗心理，是他們的一種惡毒的期待。

20 世紀 50 年代到 70 年代的那些不絕於耳的預測就不用提了。進入 21 世紀後，那些烏鴉嘴預言家依然不厭其煩地重複著無數次被推翻的"預言"。2001 年 8 月，美國出版了一本書，書名很聳人聽聞——《中國即將崩潰》（*The Coming Collapse of China*），作者是美籍華人章家敦（Gordon G. Chang）。這本書出版後馬上就登上了《紐約時報》的暢銷書排行榜，章家敦成了美國各地爭相邀請的名人，美國國會還專門邀請他參加聽證會。在英文表述中，"coming"表示馬上就會到來。但他強調的"馬上"是多久？幾天？幾個星期？幾個月？一兩年？章家敦沒說。

這麼不靠譜的預測，相信的人卻不少。2002 年 3 月，這本書的繁體中文版在台灣出版，李登輝親自為它寫了推薦語，說"本書具體描寫大陸實況，很值得推薦"。這位"台獨分子"根本不了解大陸實況，他又怎麼能知道章家敦這本書是在"具體描寫大陸實況"呢？

更可笑的是，這本書在台灣的另一個版本把我的名字放在了封面上，說"連中國官方機構的學者王紹光、胡鞍鋼、丁元竹都要對中國政府提出'最嚴重的警告'"。不錯，2002 年夏，我們三人的

---

1 Jack A. Goldstone, "The Coming Chinese Collapse", *Foreign Policy*, No.99 (Summer, 1995), pp.35-53.

確在《戰略與管理》雜誌上發表過一篇文章，題為《最嚴重的警告：經濟繁榮背後的社會不穩定》，但討論的是中國當時面臨的一些挑戰，從未預測過中國政治體制會崩潰。

章家敦本來的預測是"即將"崩潰，即將應該是很快的意思，結果 10 年過去了中國沒有崩潰。於是很多人說："你預測的事情怎麼到現在還沒有到來呢？" 2011 年底，章家敦又寫了一篇文章叫 "The Coming Collapse of China: 2012 Edition"（《中國即將崩潰（2012 年版）》）。他在文中承認，上次預測確實有點問題，但是這一次是鐵板釘釘了。為了顯得慎重，他裝模作樣地說："我承認，上次預測中國共產黨將於 2011 年崩潰沒有兌現，但我的預測其實只有一年誤差，到 2012 年，中國肯定會垮掉。"

2012 年過去了，中國沒有垮掉。章家敦還不死心，2015 年9 月，他又做了一個新版的預測："2015：The Year China Goes Broke?"（2015 年，中國崩潰之年？）這種人真是榆木疙瘩腦袋，頑固不化，死鴨子嘴硬。他此後沒有再進行預測，不知道將來還會不會又做一個新的預測。

其實，何止一個章家敦。同樣在 2015 年，研究中國問題的美國專家沈大偉（David Shambaugh）在《華爾街日報》發表了一篇引起廣泛關注的文章，題為 "The Coming Chinese Crackup"（《中國崩塌即將到來》），聲稱 "共產黨在中國的統治已經開始進入殘局（endgame）"。他後來辯解說，他不是這個意思。但標題那麼醒目，文章那麼言之鑿鑿，不是幾句辯解就可以開脫掉的。

2017 年，從中國大陸出去的一對夫妻，寫了一本書叫《中國潰而不崩》。男的叫程曉農，在國內時在體改部門工作過；女的叫何清漣，在國內時是記者。我一直讀不懂這個書名，潰了怎麼會不崩呢？他們似乎想說中國要崩潰，但又沒有把握，為了顯得不那麼離譜，所以弄出這麼一個潰而不崩的論調。

2018 年，美國著名雜誌《國家利益》發表了一篇文章，煞有介事地問道："Are We Ready if China Suddenly Collapsed?"（如果中國突然崩潰了，我們準備好了嗎？）2018 年稍晚一點，美國《紐約時報》發表一篇很長的文章，標題是 "The Land Failed to Fail"（《該垮不垮的國家》），意思是說，按道理中國必然失敗，結果它卻沒有失敗。這個標題透露出一種極度的失望。它表明西方對中國的認知，對中國社會制度的不認同，認為中國的這種體制、這種發展方式肯定不會成功，早晚要失敗。可是等了 70 年，他們期待中的崩潰還沒有到來，到現在他們仍不死心。

荒唐的理論

從 1949 年至今，不斷有人說，中國的制度是不好的，中國的道路是行不通的，中國人一定會碰得頭破血流。70 年過去了，現在回過頭看，所有有關中國崩潰的預測都被證明是錯誤的。本書將以大量的數據證明，中國已經翻山越嶺，走上了一條越來越寬廣的大路。問題是，為什麼那麼多人在那麼長的時間裏，對中國前途一直做出錯誤的預測，且面對不可辯駁的事實，還要一條道走到黑呢？這就涉及這類預測的理論基礎。雖然有些做出錯誤預測的人未必清楚自己的理論基礎是什麼，但他們的頭腦中恐怕都存在著一些教條，他們以為只要有按照這些教條行事的體制，國家就會成功，否則國家必定失敗。更具體地說，西方國家遵循的是這些教條，所以西方可以成功，他們認為西方已經成功；並且認為世界上只有西方國家走過的道路才是正確的，那也必將是各國走向成功的必經之路，而且成為一種範式，別無選擇；其他的道路都不可能行得通，包括中國道路。但是，依據這些教條做出的預判一次次失敗了，連續失敗了 70 年，表明這些教條或此類預測的理論基礎是完全錯誤的。

這裏說的 "教條" 和 "理論基礎" 其實就寫在西方大量的教科書裏，並日復一日在各種媒體上流傳。這些理論層出不窮、五花八門。這方面的書實在多之又多。在此，我簡單地列舉一點點，看看它們是怎麼說的，然後對照一下它們的經驗和所作所為，來考察中國的崛起之路到底有什麼不同。

1963 年，任教芝加哥大學的著名歷史學者威廉‧麥克尼爾出版的一本書，叫作《西方的興起：人類共同體史》，[1] 目的是與斯賓格勒的《西方的沒落》唱反調。這本書一問世，便好評如潮，獲得若干個圖書獎。該書的重點是第三部分 —— 西方統治的時代，公

1　William Hardy McNeill, *The Rise of the West: A History of the Human Community* (Chicago: University of Chicago Press, 1963).

元 1500 年至今。作者提出，在 1500 年時，大西洋沿岸地區的歐洲人具有三項天賦特性。第一，根深蒂固的魯莽好鬥的性格；第二，善於運用複雜的軍事技術，尤其在航海方面；第三，能抵抗長期以來在整個舊大陸廣為傳播的各種瘟疫。這些特性使他們能在約半個世紀內控制了全世界的海洋，並只用了一代人的時間就征服了美洲最發達的地區。20 多年後，作者自己承認，這本書實際上是"戰後美國帝國心態的表現"，是"一種知識帝國主義"。[1]

與這本書觀點相似的是埃里克·瓊斯 1981 年出版的《歐洲奇跡：歐亞史中的環境、經濟和地緣政治》。[2] 20 世紀 80 年代以後，我們經常聽說"日本奇跡""東亞奇跡""中國奇跡"，但在此之前，歐美早已有人大談"歐洲奇跡"。光看這本書的書名，其主要觀點已不言自明，用不著詳細介紹了。後來有其他學者評論這本書時說，它充滿了歐洲中心主義的色彩，甚至帶有"文化種族主義"的色彩。[3]

過去 20 多年，這類書也大行其道。1997 年，美國學者賈雷

---

1 William Hardy McNeill, "The Rise of the West after Twenty-Five Years," *Journal of World History*, Vol.1, No.1 (Spring 1990), pp.1-21.

2 Eric Jones, *The European Miracle: Environments, Economies and Geopolitics in the History of Europe and Asia* (Cambridge: Cambridge University Press, 1981).

3 James Morris Blaut, "The Theory of Cultural Racism," *Antipode: A Radical Journal of Geography*, Vol.23, No.4 (1992), pp.289-299; James Morris Blaut, *The Colonizer. s Model of the World: Geographical Diffusionism and Eurocentric History* (New York: The Guilford Press, 1993), p.64.

德‧戴蒙德出版了《槍炮、病菌與鋼鐵：人類社會的命運》[1] 一書，有中譯本。作者承認歐洲人屠殺或征服其他民族的事實，但試圖把焦點放在回答這樣一個問題：為什麼是歐洲社會（在美洲和澳大利亞殖民的那些社會），而不是中國、印度或其他社會，在技術上領先，並在現代世界佔據政治和經濟的支配地位。他給出的答案是地理因素十分關鍵，因為歐洲在地理上的分割形成了幾十個或幾百個獨立又相互競爭的小國和發明創造中心。如果某個國家沒有去追求某種改革創新，另一個國家會去那樣做，從而迫使鄰國也這樣做，否則就會被征服或在經濟上處於落後地位。也就是說，歐洲國家天然具有更強的競爭能力，是生存的需要迫使它們不斷進行競爭，不斷創新和發展。而中國恰恰太大了，太統一了，缺乏競爭，難以發展。[2]

戴蒙德的說法其實沒有多少新意。早在 1898 年出版的張之洞的《勸學篇》中，就有下面一段話：

> 歐洲之為國也多，群虎相伺，各思吞噬，非勢均力敵不能自存，故教養富強之政，步天測地、格物利民之技能，日出新法，互相仿效，爭勝爭長。且其壤地相接，自輪船、鐵路暢通以後，來往尤數，見聞尤廣，故百年以來煥然大變，三十年

1　Jared Mason Diamond, *Guns, Germs, and Steel: The Fates of Human Societies* (New York: W. W. Norton, 1997).

2　Jared Diamond, "How to get rich," https: //www. edge. org/conversation/how-to-get-rich.

內進境尤速。如家處通衢，不問而多知；學有畏友，不勞而多益。中華春秋，戰國、三國之際，人才最多。累朝混一以後，儼然獨處於東方，所與鄰者類皆陬滋蠻夷、沙漠蕃部，其治術、學術無有勝於中國者。惟是循其舊法隨時修飭，守其舊學不逾範圍，已足以治安而無患。迨去古益遠，舊弊日滋，而舊法、舊學之精意漸失，今日五洲大通，於是相形而見絀矣。[1]

作為一種理論假設，戴蒙德與張之洞的說法很有意思。問題是，地理幾萬年也不會有多大變化，而各國的發展態勢卻可能在幾十年、幾百年中就發生逆轉。以常量來解釋變量，似乎說不通。中國今天依然很大、很統一，不是照樣發展起來了嗎？戴蒙德與張之洞的理論假設解釋得通嗎？

1998 年，美國出版了一部影響很大的書 —— 哈佛大學退休教授戴維‧蘭德斯寫的《國富國窮》，[2] 有中譯本。這本書列舉了解釋國富國窮的幾個主要變量。第一個是地理，更準確地說是氣候，"富國位於溫帶，特別是北半球的溫帶；窮國則位於熱帶和亞熱帶"。在解釋社會、政治變遷的西方理論中，氣候一直是一個重要因素，孟德斯鳩的《論法的精神》就是一個例子。除了氣候，其他

---

1 張之洞 . 勸學篇 [M]. 鄭州：中州古籍出版社，1998：111。

2 David Landes, *The Wealth and Poverty of Nations: Why Some Are So Rich and Some So Poor* (New York: W. W. Norton, 1998).

變量包括競爭性政治、經濟自由、對待科學和宗教的態度。也就是說，西方國家之所以成功，是因為它們是西方國家，做了符合西方價值觀的事。有人批評蘭德斯是西方中心主義者，他自己並不否認。按照《國富國窮》中的理論，中國共產黨領導的社會主義中國似乎不可能成功，因為中國的地理位置不對，氣候條件不對，政治、經濟、文化方面缺乏他所強調的成功要素。

10 年以後，美國政治學家傑克·戈德斯通於 2008 年出版了《為什麼是歐洲？世界史視角下的西方崛起（1500—1850）》。[1] 作者認為，"不是殖民主義和征服使得西方的崛起成為可能；恰恰相反，正是西方的崛起（在技術方面）和其他地區的衰落使得歐洲力量完全擴展到整個地球"。洗白殖民主義後，該書作者稱，使歐洲成功的因素不是一個而是很多個。作者列舉了六項因素：（1）新發現導致思想解放；（2）數學和科學思維方式；（3）實證的研究方法；（4）工具驅動的實驗和觀察；（5）寬容與多元；（6）企業家、科學家、工程師、工匠之間的互動。他認為這些是歐美發展起來的最重要的解釋變量。如果套用這六項因素來解釋中國，可以說這六項要素都似有又無。如果中國一直擁有這些要素，為什麼近代中國會那麼衰落？如果中國一直缺乏這些要素，那麼如何解釋中華人民共和國成立後這 70 年的經濟快速發展現象呢？

1　Jack A. Goldstone, *Why Europe? The Rise of the West in World History 1500-1850* (New York: McGraw-Hill Education, 2008). 就是這位學者在 1995 年預測中國崩潰在劫難逃。

2010 年，斯坦福大學考古學家、歷史學家伊恩‧莫里斯出版了《西方將主宰多久 —— 從歷史的發展模式看世界的未來》。[1] 這本書的主要解釋變量也是地理條件。據作者說，生物學和社會學能解釋全球範圍內的相似之處，而地理學則能解釋區域之間的差異。從這個意義上講，地理學可以用來解釋西方為何主宰世界：歐洲有地中海，而中國沒有一個自己的地中海。沿著地中海，歐洲各國可以通過發展航海技術，進行海上貿易，貿易範圍比較大。不僅如此，航海技術也使得歐洲各國可以比較早地發現新大陸，然後開拓更大的市場、更大的原料來源地。而由於沒有自己的地中海，中國恰恰缺少這些東西。問題依然是，地理因素是恆久不變的，而經濟發展水平卻時有高低。中國的地理與幾百年前、幾千年前比，並沒有什麼變化，中華人民共和國成立前後更沒有什麼太大變化，為什麼中華人民共和國行，舊中國卻不行呢？這如何解釋？

2011 年，英國歷史學家尼爾‧弗格森出版了《文明》。[2] 這位作者對中國很感興趣，經常到中國的各個大學交流。他斷定，西方之所以能在 1500 年後崛起並領先於世界其他地區（包括中國），就在於它們的體制具備其他地區國家缺乏的六個 "撒手鐗"（killer apps）：第一是競爭，第二是科學，第三是法治，第四是醫學，第

1　Ian Morris, *Why the West Rules—For Now: The Patterns of History, and What They Reveal About the Future* (New York: Farrar, Straus and Giroux, 2010).

2　Niall Ferguson, *Civilization: The West and the Rest* (New York: Penguin, 2011).

五是消費主義，第六是工作倫理。這套說法的內在邏輯不清，很像一個大雜燴，無非想說，它們領先是因為有傳家寶，而其他的地方沒有。按這個邏輯，其他國家哪有機會翻身，除非全盤照搬西方的這六個撒手鐧。問題是，即使想照搬，照搬得了嗎？如果是撒手鐧，人家會拱手相讓嗎？[1]

最後再提 2012 年出版的一本書，書名是《國家為什麼會失敗》，作者是麻省理工學院的經濟學家德隆‧阿西莫格魯和哈佛大學的政治學家詹姆斯‧羅賓遜。[2] 他們的論點很簡單、很有力，認為一些國家失敗是因為它們的制度是榨取性的，另一些國家成功是因為它們的制度是包容性的。西方國家有包容性的制度，所以成功了。共產黨領導的國家當然是 "榨取性" 的制度，這類國家不可能成功；哪怕短期內看起來成功，也不是真正的成功，必然是短期的，是曇花一現的，今後必定會失敗。且不說他們這套理論能不能解釋西方國家的崛起（18 世紀—20 世紀初的歐美國家在什麼意義上是 "包容性" 的？），它能解釋中國最近幾十年的表現嗎？作者擺出一副先知的架勢，不容置疑地說："共產黨領導下的中國是社會在 '榨取性' 制度下經歷增長的一個例子；除非徹底進行政治變

1　弗格森甚至認為，中國在 1978 年後（而不是 1949 年後）崛起，也是得益於對外開放借鑒了西方的經驗。尼爾‧弗格森.文明 [M].曾賢明，唐穎華譯.北京：中信出版社，2012：VI-VII。

2　Daron Acemoglu and James A. Robinson, *Why Nations Fail: The Origins of Power, Prosperity and Poverty* (New York: Crown Publishers, 2012).

革，轉化為包容性政治制度，否則中國的增長是不可持續的。"也許無知可以神奇地讓人產生目空一切的勇氣。

中國崛起的世界意義

以上所引的那些書論點不同，對中國取得的成就態度不同，但它們未加言明的基本假設是相同的，即西方的經驗是用以理解所有國家成敗的鑰匙。其他國家的經驗似乎不值一提；如果硬要提的話，也只是些慘痛的教訓而已。

以上我之所以不厭其煩地引介西方著名學者有關經濟崛起的論說，無非是想說明，一些西方學者有個通病，他們往往對自己國家在過去幾個世紀中取得的成就揚揚自得，總想從中找出放之四海而皆準的成功秘訣，並按照這些解釋西方成功的理論來套其他國家（包括中國）的現實。其實，在我看來，那些皇皇巨著提供的所謂理論，不僅無法解釋中國，連西方自身也難以解釋。他們中有一些人承認，西方國家之所以能夠成功，帝國主義、殖民主義、奴隸制、奴隸貿易等起了非常大的作用。但神奇的是，他們馬上筆鋒一轉，不再討論這些野蠻的、血腥的、醜惡的歷史到底起了多大作用，而是希望將人們的目光轉移到西方所謂的亮點上去，比如"民主""市場""私有制""競爭""法治""科學"，即西方主流意識形態一直倡導的那些東西上去。他們的這套說辭，在西方是主流，在第三世界（包括中國）也有人不加批判地接受並深信不疑。一旦將這類理論內化於心，對中國的預測只會有一個指向，即中國的體制不可能持續有效地運作，哪怕短期裏取得一些成就，最後也一定會破產。但令他們遺憾的是，其預測都落空了。現在中華人民共和國已經走過了 70 多年，一步步在往上走，越來越富強，很快將跨入高收入國家的行列。70 多年可不是什麼短期了；對於一個人來講，已經是人到七十古來稀了。所以西方某些人士的預測完全沒有科學性，其理論基礎是完全錯誤的，已成為歷史笑柄。

綜上所述，過去兩百年，不少西方學者都試圖提出理論，以解釋以下問題：為什麼西方能夠統治世界？為什麼有些國家興盛，有些國家衰敗？為什麼中國等發展中國家會落後？他們都試圖指出，這是因為西方具有某些特殊的東西（制度、文化、人種、地理、氣候），而別的國家並不具備。現在，他們做出的有關中國的預測又都被證明是失敗的，中國已經走出了一條自己的道路，這說明他們提出的理論並不能回答他們自己提出的問題，也預示著中國崛起具有世界意義。

就現實意義而言，中國崛起的實踐告訴世人：

1. 一個世界上最貧窮的國家（1950 年，中國是世界上最貧窮的國家之一）也可以翻身。

2. 一個不曾對外侵略、實行殖民主義的國家也可以發展起來。（歐美各國發展初期或原始積累時期，都伴隨著對外侵略、殖民主義，包括北歐那些小國家。）

3. 一個東方文明古國（不是盎格魯—撒克遜文化、新教文化、南歐文化、東歐文化）也可以發展起來。（電視劇《河殤》曾斷言我們的文化基因阻礙了自己的發展。）

4. 一個社會主義國家也可以發展起來，既不像英美等早期資本主義國家（死亡率在工業化初期不降反升），也不像日本與韓國——它們是帝國主義的附庸，得到美國的扶持與優待。

5. 一個人口十億以上的國家也可以發展起來。小國家在一段時間裏快速發展有先例，如前南斯拉夫。但大國家要困難得多，而中國的人口規模大約是經濟合作與發展組織 36 個成員國人口再加上俄羅斯人口的總和。

6. 一個國家的經濟走上正確發展路徑，可以長期持續增長，並不斷調整自己的路徑。

以上六條告訴世人，中國可以成功，其他國家也可以成功。

就理論意義而言，西方模式強調，必須具備一些前提條件（文化、政治等）才能走向現代化；而中國道路說明，一國的崛起並不需要採取西方模式。中國道路相當於一場更深刻的“新教革命”：西方告訴世人，要想發展，只能走它們的路；中國告訴世人，堅持走自己的路，所有國家都可以發展。中國道路的“道”可以稱為“道可道，非常道”：中國道路不是指任何單一的政策、機制、體制，其精髓是“獨立自主、實事求是、因地制宜”。

本書[1] 試圖解釋，作為一個窮國、一個和平之國、一個東方國

1　本書係中宣部全國哲學社會科學工作辦公室國家高端智庫專項（20155010298）、清華大學文科建設“雙高”專項（53120600119）的階段性成果。

導言　015

家、一個社會主義國家、一個人口大國，中華人民共和國為什麼能崛起。作為中國學者，我不會像某些西方學者那麼自信爆棚，一張口就是幾個"撒手鐧"，一提筆就洋洋灑灑，拿出一個能解釋所有國家與地區上下幾萬年歷史的理論框架。本書的重點是解釋中國的崛起，但會把中國這個案例放在比較與歷史的視野中加以考察，力圖在講好中國故事的同時，也能理順其他國家崛起的脈絡。第一章從比較的角度，探尋經濟崛起的一個重要先決條件 ——"國家能力"。第二章則從歷史的角度，考察為什麼舊中國辦不到的事，中華人民共和國就可以辦得到，其落腳點依然是"國家能力"。第三章歸納了中華人民共和國在過去 70 餘年裏進行的持續不斷的探索。第四章介紹中國發展的一項秘密武器，即"中長期規劃"。第五章討論了國有企業、國有資本對中國工業化與經濟現代化的獨特貢獻。第六章將聚焦點從經濟發展轉向社會發展，展示在過去 20年中，中國在社會保障方面進行了一場史無前例的大躍進。第七章從理論與比較的視角證明，並不存在什麼"中等收入陷阱"，即使這種陷阱確實存在，中國也一定能跨越它，邁入高收入階段。本書"不受虛言，不聽浮術"，在進行理論推理的同時，大量運用圖表，希望用數據說話，畢竟"千虛不如一實"。

第一章

啟示：國家能力與經濟發展

中華人民共和國成立以來取得了舉世公認的偉大成就。無論與其他哪個經濟體相比，無論拿什麼尺度衡量，這些成就都是輝煌的，都是值得大書特書的。不過，中國的經驗是否能證明，只要進行改革開放就一定會取得成功呢？恐怕未必如此。不管是在過去400年裏，還是在過去40年中，很多國家、地區都進行過改革或開放，但是失敗的多，成功的少。

世界上很多國家（地區）都曾進行改革開放

　　19世紀末20世紀初，面對西方列強強大的軍事與經濟擠壓，很多國家都曾走上改革開放的道路，希望實現現代化。19世紀中葉，埃及總督薩義德（Mohamed Said Pasha）開始進行土地、稅收、法律方面的改革，創辦了埃及銀行，興建了第一條準軌鐵路。奧斯曼帝國在崩潰之前（1923年），進行了將近一個世紀的改革。在伊朗，巴列維王朝的締造者禮薩汗（Reza Shah, 1878－1944）曾仿效西方進行了一系列改革，包括興建伊朗縱貫鐵路，創辦德黑蘭大學，進行國會改革，等等。19世紀末20世紀初，清王朝繼洋務運動與戊戌變法後，又推出清末新政，改革涵蓋政治、經濟、軍事、司法、文教等各個領域。上述改革開放都沒有成功。只有日本，在明治維新後國力日漸強盛，走上現代化的道路。

　　過去40年也不乏類似的例子。1980年，土耳其宣佈開始經濟改革。同年，東歐國家也相繼進行經濟體制改革。在整個20世紀80年代，撒哈拉以南非洲國家（喀麥隆、岡比亞、加納、幾內亞、馬拉維、馬達加斯加、莫桑比克、尼日爾、坦桑尼亞、扎伊爾）都開始改革，印度也進行改革。1983 年，印度尼西亞進行經濟自由化的改革。1986 年，越南開始革新開放。同年，戈爾巴喬夫開始"新思維"導向的全方位改革。20 世紀 80 年代末，一批拉美與加勒比地區國家進行結構改革。到 1989 年、1990 年，蘇聯的 15 個加盟共和國和東歐那些社會主義國家紛紛改旗易幟，徹底按照西方資本主義制度轉型。上述改革有的比較成功（如越南）；有的經過多番試錯，才慢慢走上正軌（如印度）；大多數是失敗的，有些還敗得很慘，比如東歐的某些國家。

圖 1.1 對比了中國與蘇東國家的經濟增長態勢。如果以 1985 年為基點，到 2018 年，中國的人均 GDP（人均國內生產總值）增長了近 7 倍，對比這些國家，可謂一騎絕塵。蘇東國家中，表現最好的土庫曼斯坦，是一個油氣資源排名全球第四，人口卻與深圳寶安區差不多的國家。其餘 25 個國家中，只有 6 個國家的人均 GDP 在這 33 年裏增長超過了兩倍。

在圖 1.1 中，除中國外的 26 個國家的增長曲綫擠在一起，遮住了一些表現極差的國家。把 9 個這樣的國家摘出來與中國對比，如圖 1.2 所示，與 33 年前相比，這些國家的人均 GDP 水平幾乎沒有提高；其中 4 個國家的不升反降。最慘的是烏克蘭，2018 年的人均 GDP 水平比 1985 年還低 27%。按西方的標準，烏克蘭的改革開放恐怕是最激進的，既是市場經濟，又是民主政治，但下場卻很悲慘。在人類歷史上，經濟增長緩慢十分常見，但在這

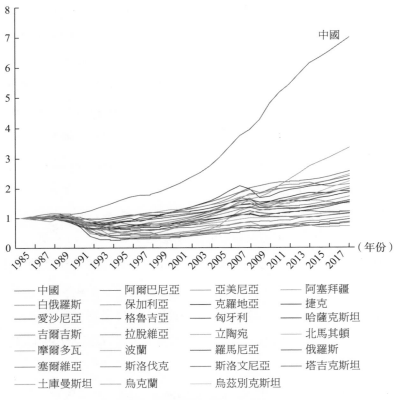

圖 1.1　中國與蘇東國家的經濟發展態勢（1985 年 =1）

資料來源：The Conference Board, Total Economy Database: Output, Labor and Labor Productivity, 1950-2018, March 2018。

麼長的時間裏，經濟倒退這樣嚴重，十分罕見。西方主流媒體從不告訴大家，按照它們的方案進行改革開放會帶來這樣的後果。

　　上面的對比揭示的一個簡單事實是，進行改革開放的案例很

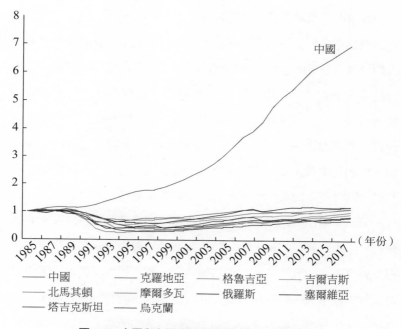

圖 1.2　中國與九國的經濟發展態勢（1985 年 =1）

資料來源：The Conference Board, Total Economy Database: Output, Labor and Labor Productivity, 1950-2018, March 2018。

多，但成功的案例並不多。很多人不假思索地以為，只要進行改革開放，就必然會帶來繁榮昌盛。這種看法無論從理論上還是在實踐中都缺乏依據。僅僅有所謂的改革開放，未必能達到富國富民的目的。

　　除了實行改革開放的政策以外，還需要具備什麼樣的條件，才能帶來經濟的快速發展？

改革開放成功需要具備的條件

在我看來，改革開放要成功，必須具備兩類大前提條件。第一大類是要有堅實的基礎，包括政治基礎（獨立自主、國家統一、社會穩定、剷除"分利集團"）、社會基礎（社會平等、人民健康、教育普及）、物質基礎（水利設施、農田基本建設、初具規模且較齊全的產業體系）。過去 40 年，中國的改革開放之所以能夠成功，是因為中華人民共和國成立以來的前三十年打下了非常堅實的基礎。關於奠基的重要性，不管怎麼強調都不過分。

第二類條件就是要有一個有效政府，即具備基礎性國家能力的政府。原因其實很簡單，每一項改革都必然導致既有利益格局的重組；越是激烈的改革，利益重組的廣度、深度和烈度越大，翻船的可能性也就越大。要應付這種局面，就要有一個有效的政府，能夠掌控全域，採用各種方式來緩和、減輕相應的衝擊，克服各種各樣的抵制和阻礙，由此改革開放才能成功。換句話說，本章的論點可以概括為一句話：經濟要實現增長，除了改革開放以外還需要一個因素，就是具備基礎性國家能力的有效政府。

什麼是國家能力？就是國家將自己的意志變為行動、化為現實的能力。每個國家都有自己的意志，即想辦成的事，但是要把意志變為行動、化為現實絕非易事；否則，世界上就不會有那麼多麻煩。

什麼是基礎性國家能力？經過多年的研究，我認為七個方面的能力至關重要，包括（1）強制能力：國家要有掌握暴力、壟斷使用暴力的權力；（2）汲取能力：國家要能夠從社會與經濟中收取一部分資源，如財政稅收；（3）濡化能力：國家要培植國人有共同的民族國家認同感，有內化於心的一套核心價值。此外，還有認證能力、規管能力、統領能力、再分配能力。關於基礎性國家能力，我已經在多本書與多篇論文中詳細討論，這裏就不再贅述了。[1]

改革開放、國家能力與經濟增長之間存在什麼關係呢？我們可以從歷史上發生過的三個大分流分析：東方與西方的大分流，中國與日本的大分流，以及戰後發展中國家之間出現的大分流。

國家能力與東西大分流

"東西大分流" 是指，東方與西方在很長時間裏沒有什麼差別，但後來西方逐漸崛起，最後稱霸世界（有人稱之為 "歐洲奇跡"），而東方卻一蹶不振，遠遠落到後面。對於東西方之間出現過一次大分流，歷史學家們似乎沒有什麼爭議，有爭議的是分流發生的時間與原因。學術界有些人認為，大分流發生在 18 世紀；而另一些人則認為，大分流發生的時間更早，在 1500 — 1600 年就已經發生了。關於分流時間的爭議實際上就是關於分流原因的爭議。不過，不管持哪種看法，大家也許都會認同，發生在 18 世紀中葉的工業革命才是東西方真正的分水嶺。

---

1 王紹光，胡鞍鋼 . 中國國家能力報告 [M]. 瀋陽：遼寧人民出版社，1993；胡鞍鋼，王紹光 . 第二次轉型：國家制度建設（增訂版）[M]. 北京：清華大學出版社，2009。

為了解釋工業革命為什麼發生在歐洲，而不是其他地方，我們有必要看一看，在工業革命之前，歐洲是否發生過一些什麼事情，而在東方卻還沒有發生。這些事情也許與工業革命有關聯，因為時間上的先後預示著邏輯上的因果。

　　回頭看，在工業革命（18 世紀下半葉—19 世紀）之前，歐洲已經發生了六件大事：科學革命（16—18 世紀）、軍事革命（16—17 世紀）、財政—軍事國家的出現（17—18 世紀）、大規模殖民主義（16—19 世紀）、大規模奴隸貿易（16—19 世紀）、稅收增長（17—20 世紀）。

　　不少人認為科學革命對工業革命起到了極大的促進作用。尤其是 20 世紀八九十年代 "新經濟學"，即內生增長理論興起後，很多人相信經濟能夠不依賴外力推動，僅靠內生技術進步就能實現持續增長。一位美國經濟史學家還寫了一本書證明這一點，書名為《第一個知識經濟：人力資本與歐洲經濟，1750—1850》。[1] 這本書用了 "知識經濟" "人力資本" 之類的新流行概念，但其論點並不新穎，與 45 年前出版的另一本書《工業革命中的科學與技術》[2] 大

1　Margaret. C. Jacob, *The First Knowledge Economy: Human Capital and the European Economy, 1750-1850* (Cambridge: Cambridge University Press, 2014).

2　Albert Edward Musson and Eric Robinson, *Science and Technology in the Industrial Revolution* (New York: Gordon and Breach, [1989], C1969). 這本書第一版於 1969 年出版，1989 年第二版的引言便是 Margaret. C. Jacob（瑪格麗特·C. 雅各布）寫的，可見兩本書的內在思想脈絡。

同小異。然而，對於科學革命與工業革命的關係，學術界已經爭論上百年，不過斷言科學革命推動了工業革命的人並不多。該領域有共識的是，第二次工業革命（大約 1870 — 1914 年）的確得益於科學研究；但存在重大爭議的是，科學革命與第一次工業革命（大約 1760 — 1840 年）到底有多大關係。學術界的主流看法是：17 世紀以前，科學演化是非積累性的，與技術進步沒有什麼關係；19 世紀晚期以後，科學演化才帶有積累性，與技術進步的關係才密切起來。而在 17 世紀 — 19 世紀中期，科學對技術進步的推動並不顯著，因而與工業革命關係不大。在此期間，反倒是那些沒受過多少正規教育、沒有科學研究素養的工匠才是技術創新的主力。[1] 例如，在第一次工業革命中佔主導地位的紡織業和冶煉業就與當時的科學研究沒有什麼關係。[2]

後五件大事都從不同側面反映了國家能力的變化，而國家能力的增強很可能與工業革命的出現有關。

我們先看一個簡單的事實，在歐洲出現近現代國家（具有一定強制能力與汲取能力的國家）之前，世界各個地區的狀況差不太多：經濟長期停滯，幾乎沒有什麼增長。歐洲近現代國家出現以後（1500 年以後），情況發生了變化，經濟增長開始提速。起

1　Abbott Payson Usher, *A History of Mechanical Inventions* (New York: McGraw-Hill, 1929).

2　Herbert Kisch, *From Domestic Manufacture to Industrial Revolution: The Case of the Rhinel and Textile Districts* (Oxford: Oxford University Press, 1989).

初的增長提速並不明顯，西歐人均 GDP 年增長速度從 1000—1500 年間的 0.12% 上升到 1500—1820 年間的 0.14%，差別只有區區 0.02%。不過，隨著西歐那些國家的基礎性能力的提高，它們的經濟增速就逐漸變大了，從 1820—1870 年的 0.98%，上升到 1870—1913 年的 1.33%。20 世紀上半葉，西歐經歷了兩次大戰，增速下降到 0.76%；二戰以後是歐洲資本主義發展的黃金時期，增速高達 4.05%。而中國在整個 19 世紀與 20 世紀上半葉，人均 GDP 的增速很低，甚至是負數（見表 1.1）。兩相對比，大分流的態勢十分明顯。

表 1.1　現代國家形成前後人均 GDP 增長速度　　單位：%

	1—1000	1000—1500	1500—1820	1820—1870	1870—1913	1913—1950	1950—1973
西歐	-0.03	0.12	0.14	0.98	1.33	0.76	4.05
東歐	0.00	0.04	0.10	0.63	1.39	0.60	3.81
美國	0.00	0.00	0.36	1.34	1.82	1.61	2.45
拉美	0.00	0.01	0.16	-0.04	1.86	1.41	2.60
日本	0.01	0.03	0.09	0.19	1.48	0.88	8.06
中國	0.00	0.06	0.00	-0.25	0.10	-0.56	2.76
印度	0.00	0.04	-0.01	0.00	0.54	-0.22	1.40
非洲	-0.01	-0.01	0.00	0.35	0.57	0.91	2.02
世界	0.00	0.05	0.05	0.54	1.31	0.88	2.91

資料來源：Angus Maddison-Contours of the World Economy-1-2030 AD-Essays in Macro-Economic History(2007)。

大分流也體現在人均 GDP 水平的變化上。按 1990 年國際美元估算，公元元年時，西歐的人均 GDP 是 576，中國是 450；到公元 1000 年的時候，中國還是 450，但是西歐下跌到 427。也就是說，公元 1000 年的時候，中國比西歐整體上要稍微發達一點，因為羅馬帝國崩潰後，歐洲四分五裂，沒有什麼像樣的國家。到 16 世紀初，西歐的人均 GDP 達到 711，中國也上升到 600。此後 100 年，中國與歐洲的差距進一步拉大，中國還是 600，西歐卻達到了 889。再往後 300 年，東西之間的人均 GDP 差距形成巨大的鴻溝（見表 1.2）。這裏的關鍵是，在近現代國家沒有出現之前，歐洲與其他地區一樣，經濟幾乎不增長；16—17 世紀歐洲近現代國家開始出現雛形，歐洲的經濟增長才開始提速，領先於全球其他地區。這絕非偶然。

表 1.2　現代國家形成前後世界人均 GDP

單位：1990 年國際美元

	1	1000	1500	1600	1700	1820	1870	1913
西歐	576	427	711	889	997	1 202	1 960	3 457
東歐	412	400	496	548	606	683	937	1 695
美國	400	400	400	400	527	1 257	2 445	5 301
拉美	400	400	416	438	527	691	676	1 493
日本	400	425	500	520	570	669	737	1 387
中國	450	450	600	600	600	600	530	552
印度	450	450	550	550	550	533	533	673

	1	1000	1500	1600	1700	1820	1870	1913
非洲	472	425	414	422	421	420	500	637
世界	467	450	566	596	616	667	873	1 526

資料來源：Angus Maddison-Contours of the World Economy-1-2030 AD-Essays in Macro-Economic History(2007)。

關於這一點，生活在那個時代的思想家霍布斯（1588—1679）看得很透徹。在沒有一個公共權力使大家懾服的時候，人們便處在所謂的戰爭狀態之下，這種戰爭是每一個人對每一個人的戰爭。[1] "在這種狀況下，產業是無法存在的，因為其成果不穩定。這樣一來，舉凡土地的栽培、航海、外洋進口商品的運用、舒適的建築、移動與卸除須費巨大力量的物體的工具、地貌的知識、時間的記載、文藝、文學、社會等等都將不存在。最糟糕的是人們不斷處於暴力死亡的恐懼和危險中，人的生活孤獨、貧困、卑污、殘忍而短壽。" [2] 這表明：一個有效國家是經濟發展與社會進步的必要先決條件。

亞當·斯密（1723—1790）生活的時代比霍布斯晚了一個多世紀。流行理論說，亞當·斯密只強調市場這隻 "看不見的手"，而強烈反對國家干預，但這是對他的極大誤讀。如果認真閱讀斯密著作（如《國富論》第三篇與《關於法律、警察、歲入及軍備的演講》），就會發現，暴力始終是其關注的一個重點。在他看來，羅

1　霍布斯.利維坦 [M].黎思復，黎廷弼譯.北京：商務印書館，1985：99。

2　同上，第 99—100 頁。

馬帝國崩潰後，歐洲之所以經濟停滯，是因為暴力盛行。一方面，在一個國家內，"政府總是軟弱無力。在人們感覺財產沒有安全保障，隨時有被人掠奪的危險時，人們自然不想勤勞地工作。在這時候，不可能有大量財產的積聚，因為這時候懶惰人佔絕大多數，他們依靠勤勞者為生，把後者所生產的東西消耗掉"。另一方面，"在國與國之間，戰爭總是不斷發生，一個國家總是不斷侵略和掠奪另一個國家。私人財產現在雖然得以免於附近居民的侵奪，卻又時常處在被外國敵人侵襲的危險中。在這種情況下，積儲資財的可能性也很小"。暴力在亞當·斯密眼中是如此關鍵，以至於他概括："就富裕的增進來說，再沒有比這更大的阻礙了。"[1] 據此，斯密得出結論，"任何國家，如果司法體系不能正常運作，人們對其財產的擁有缺乏安全感，契約的履行缺乏法律的支持，國家的權威不能被用來強制有支付能力者償還債務，那麼，那裏的商業與製造業很少能夠長久繁榮"。[2] 換句話說，有效國家是亞當·斯密政治經濟學的基本前提；沒有一個有效國家的保障，市場主體根本無法正常運作。

到亞當·斯密生活的年代，經過與封建諸侯長達幾個世紀的博弈之後，歐洲不少地方的絕對王權已經佔上風。一位著名的亞當·

1　亞當·斯密. 關於法律、警察、歲入及軍備的演講 [M]. 陳福生，陳振驊譯. 北京：商務印書館，1962：232—233。

2　Adam Smith, *The Wealth of Nations: An Inquiry Into the Nature and Causes of the Wealth of Nations* (Chicago: University Of Chicago Press, 1977), pp.1227. 中譯本《國富論》對這段話的翻譯似乎不夠準確。

斯密研究者伊斯特凡・洪特（Istvan Hont, 1947—2013）這樣概括此後發生的事："對封建貴族權力的壓制帶來了強勢的中央政府，或者叫作絕對王權。這個變化幾乎與軍事革命同時發生，且帶來兩個後果。第一個後果是，歐洲崛起、稱霸全球。這也正是地理發現、擴張的時代，是歐洲殖民冒險的開端……由於地理發現與船堅炮利的技術優勢，歐洲獲取了巨大的外部市場。最終的結果是經濟增長急劇加速。"[1]

上段話提到"絕對王權"這個概念。這個概念流行了很長時間，但約翰・布魯爾在 1989 年出版的《權力之基：戰爭、金錢與英格蘭國家 1688—1783》[2] 一書中挑戰了這種提法，建議用財政—軍事國家替代。哈佛大學歷史學家尼古拉斯・亨歇爾（Nicholas Henshall）在 1992 年出版的《絕對主義的神話：現代早期歐洲王權的變與不變》[3] 一書中也指出，"絕對主義"的提法相當誤導人，同樣建議用財政—軍事國家替代。因此，最近 20 年裏，越來越多的歷史學家開始使用"財政—軍事國家"來稱呼 17—19 世紀在歐洲出現的新型國家。

---

1 Istvan Hont, *Politics in Commercial Society: Jean-Jacques Rousseau and Adam Smith* (Cambridge, MA: Harvard University Press, 2015), p.113.

2 John Brewer, *The Sinews of Power: War, Money and the English State, 1688-1783* (Cambridge, MA: Harvard University Press, 1989).

3 Nicholas Henshall, *The Myth of Absolutism: Change & Continuity in Early Modern European Monarchy* (London: Longman, 1992).

既然被叫作"財政—軍事國家"，那麼這種國家至少具備兩種基礎性國家能力：強制能力（軍事國家）與汲取能力（財政國家）。用歷史學家李伯重的話說，"火槍加賬簿"就是早期經濟全球化的時代特徵。[1] 正是"財政—軍事國家"這種政治創新引領了西方的技術創新與經濟發展。

　　其實，"財政—軍事國家"更應該被叫作"軍事—財政國家"，因為從歷史發展的視角看，軍事革命在先，財政創新在後，且財政創新最初是服務於軍事與戰爭的。"軍事革命"這個概念最初是由英國歷史學家邁克·羅伯茨於 1956 年提出的。[2] 經過長達幾十年的辯論，大部分相關學者現在都同意羅伯斯的看法：在 16—17 世紀，西方發生了一場軍事革命，即在武器、軍隊組織與規模等方面發生了革命性的變化。

　　這當然不是人類歷史上第一次軍事革命。英國著名軍事史學家傑弗里·帕克指出，上一次軍事革命是由中國的秦始皇造就的，那場革命為一個持久的皇權體系奠定了基礎，使得它綿延兩千餘年，沒有太大變化。西方發生的算得上是第二次軍事革命。在帕克看來，正如"秦國的優越軍事組織使它得以征服整個中國；西方國家的優越軍事組織則讓它們得以統治整個世界，因為在很大程度上，

1　李伯重. 火槍與賬簿：早期經濟全球化時代的中國與東亞世界 [M]. 北京：生活、讀書、新知三聯書店，2017：392。

2　Michael Roberts, *The Military Revolution, 1560-1660: An Inaugural Lecture Delivered Before the Queen's University of Belfast* (Belfast: M. Boyd, 1956).

'西方崛起'取決於使用武力"。[1] 其他不少西方學者對暴力在"西方崛起"中的作用也直言不諱。例如，美國著名的國家構建學者查爾斯·蒂利在其著作中會提出下面這個等式：

軍事化（Militarization）= 文明（Civilization）[2]

美國著名歷史學者伊恩·莫里斯撰寫了一本書——《文明的度量》，在他看來，衡量文明的一個重要尺度就是開戰的能力（War-making capacity）。而他討論開戰能力那一章的第一句話是："西方成為世界霸主最明顯的標誌是 1840 年到 1842 年的第一次鴉片戰爭：一支小型英國艦隊開進中國，威脅要切斷用於向北京運送糧食的大運河，迫使清政府不得不忍辱負重地做出巨大讓步。"[3]

莫里斯對過去 6 000 年東西方的開戰能力進行了估算。從表 1.3 可以看到，從公元 500 年到公元 1400 年，東方的開戰能力高於西方；但是 16 世紀以後，西方出現了軍事革命，其開戰能力開始超越東方；到 18 世紀以後，東西方的開戰能力差距已經十分巨大；進入 20 世紀時，西方的開戰能力是東方的 5 倍，佔據壓倒性優勢，那個時候，東方被西方打敗幾乎是沒有任何疑問的。

---

1 Geoffrey Parker, *The Military Revolution: Military Innovation and the Rise of the West,* 1500-1800 (Cambridge: Cambridge University Press, 1996), pp.3-4.

2 Charles Tilly, *Coercion, Capital and European States, AD 990-1990* (Cambridge, MA: Wiley-Blackwell, 1992), p.122.

3 Ian Morris, *The Measure of Civilization: How Social Development Decides the Fate of Nations* (Princeton, NJ: Princeton University Press, 2013), p.173.

表 1.3　公元前 4000 年以來的東西方開戰能力對比

	西方	東方		西方	東方
公元前 4000	0.00	0.00	公元 1	0.12	0.08
公元前 3000	0.01	0.00	公元 100	0.12	0.08
公元前 2500	0.01	0.00	公元 200	0.11	0.07
公元前 2250	0.01	0.00	公元 300	0.10	0.07
公元前 2000	0.01	0.00	公元 400	0.09	0.07
公元前 1750	0.02	0.00	公元 500	0.07	0.08
公元前 1500	0.02	0.01	公元 600	0.04	0.09
公元前 1400	0.03	0.01	公元 700	0.04	0.11
公元前 1300	0.03	0.01	公元 800	0.04	0.07
公元前 1200	0.04	0.02	公元 900	0.05	0.07
公元前 1100	0.03	0.02	公元 1000	0.06	0.08
公元前 1000	0.03	0.03	公元 1100	0.07	0.09
公元前 900	0.04	0.03	公元 1200	0.08	0.09
公元前 800	0.05	0.02	公元 1300	0.09	0.11
公元前 700	0.07	0.02	公元 1400	0.11	0.12
公元前 600	0.07	0.03	公元 1500	0.13	0.10
公元前 500	0.08	0.04	公元 1600	0.18	0.12
公元前 400	0.09	0.05	公元 1700	0.35	0.15
公元前 300	0.09	0.06	公元 1800	0.50	0.12
公元前 200	0.10	0.07	公元 1900	5.00	1.00
公元前 100	0.11	0.08	公元 2000	250.00	12.50

資料來源：Ian Morris, *The Measure of Civilization: How Social Development Decides the Fate of Nations*, pp.180-181。

莫里斯的估算並非憑空而來。在有數據可查的歐洲國家，軍事革命的一個表徵就是軍隊規模的急劇膨脹。表 1.4 列舉了 6 個歐洲國家的軍隊人數及佔比的變化，從中可以看到，從 16 世紀初到 18 世紀初，無論是這些國家的軍隊絕對規模，還是士兵佔人口比重，都在快速上升。16—17 世紀，西班牙是歐洲的霸主；18 世紀，主角換為法國與英國。換句話說，在這幾個世紀，歐洲國家的強制能力都大幅提升了。

表 1.4　歐洲國家軍隊的規模，1500—1980 年

國家	軍隊人數（萬人）					軍隊人數佔人口比重 (%)				
	1500	1600	1700	1850	1980	1500	1600	1700	1850	1980
西班牙	2	20	5	15.4	34.2	0.3	2.5	0.7	1.0	0.9
法國	1.8	8	40	43.9	49.5	0.1	0.4	2.1	1.2	0.9
英格蘭 / 威爾士	2.5	3	29.2	20.1	32.9	1.0	0.7	5.4	1.1	0.6
荷蘭	0	2	10	3	11.5		1.3	5.3	1.0	0.8
瑞典	0	1.5	10	6.3	6.6		1.5	7.1	1.8	0.8
俄國	0	3.5	17	85	366.3		0.3	1.2	1.5	1.4

資料來源：Charles Tilly, *Coercion, Capital and European States, AD 990-1990*, p.79。

　　發明火藥的是中國，最早的炸彈、火槍、火炮也出現在中國，比歐洲早幾百年，為什麼軍事革命在歐洲率先出現，而不是在中國呢？也許起作用的因素有很多，但一個很關鍵的因素可能是戰爭的頻率。各國的歷史都是戰爭的歷史，但歐洲的歷史尤其血腥，幾乎

是一場戰爭接著另一場戰爭。頻繁戰事就會促使當事國在武器創新、組織創新、軍隊規模擴大上下大功夫，從而帶來軍事革命。

有人根據史料繪製了圖 1.3，其中深色綫條代表中國，淺色綫條代表歐洲。據分析，在 1450—1550 年間，中國戰事不多，因而軍事創新停滯；而同時期的西方戰事頻繁，大戰不止，由此激發了軍事創新加速；到 15 世紀末，歐洲的火炮已優於中國。這一止一進，導致出現了第一次小型的軍事分流。1550 年以後的兩百年間，東亞地區烽煙四起，迫使中國反過來向歐洲學習製作先進槍炮的技術，與歐洲國家形成軍事均勢；其間，鄭成功還打敗了不可一世的荷蘭殖民者，收復了台灣。[1] 但 1760—1839 年間，中國戰事較少，因而軍事創新停滯，而歐洲戰火不斷，軍事創新突飛猛進，形成了第二次更大規模的軍事分流。[2] 軍事大分流的結果就是莫里斯提到的第一次鴉片戰爭，它已成為中國永久的恥辱。

這裏需要注意的是，經濟大分流的時點，或更具體地說，英國工業革命的時點恰好在 1760 年到 1820—1840 年之間，與中西軍事大分流的時點幾乎完全吻合。這絕不是巧合，而是因為軍事革命造就了強制能力更為強大的現代國家，而具備強制能力的現代國家為經濟發展奠定了基礎。

1　歐陽泰（Andrade Tonio）.1661，決戰熱蘭遮：中國對西方的第一次勝利 [M]. 陳信宏譯. 北京：九州出版社，2014。

2　Andrade Tonio, *The Gunpowder Age: China, Military Innovation, And the Rise of the West in World History* (Princeton, NJ: Princeton University Press, 2016), pp.5-7.

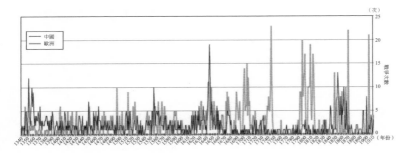

圖 1.3　歐洲與中國的戰爭頻率，1340—1910 年

資料來源：Andrade Tonio, *The Gunpowder Age: China, Military Innovation, And the Rise of the West in World History*, p.6。

那麼，強制能力具體如何影響經濟發展呢？從歐洲的歷史看，其作用表現在對內、對外兩方面。

對內，強制能力可以為當時的"改革開放"保駕護航，創造一個霍布斯、亞當·斯密期盼的和平內部環境。世界上最早的常備軍出現在 16 世紀的西班牙，它是當時的世界霸主。如果細讀亞當·斯密的《國富論》就會知道，雖然其第五篇第一章題為"論君主或國家的費用"，實際上它論證的無非是：常備軍是現代社會的標誌，因為"有了好紀律的常備軍，一個文明國才能抵禦外侮"。[1] 亞當·斯密在世時，世界上還沒有專業的警察。第一支專職警察隊伍於 1829 年誕生於倫敦，並很快在英美與許多歐洲國家普及，其根

1　亞當·斯密. 國富論 [M]. 唐日松譯. 北京：華夏出版社，2005：第五篇第一章。

本使命是保護私有產權不受侵犯。[1]

對外，強制能力可以用來做三件事情：第一是掠奪海外資源，包括勞動力資源；第二是打開海外市場；第三是培養管理人才。

掠奪海外資源的方式是殖民主義與奴隸貿易。歐洲推行殖民主義歷時約 500 年，從 15 世紀初到 19 世紀末。最早推行殖民主義的是葡萄牙和西班牙，15—16 世紀它們把魔爪伸向非洲、亞洲與新 "發現" 的美洲。17 世紀的最初一兩年，英國與荷蘭分別建立了自己的 "東印度公司"；此後 100 多年，它們與法國相繼建立海外殖民地，爭奪的重點是美洲。從 19 世紀中葉起，更多的歐洲國家參與對非洲與亞洲的爭奪，非洲幾乎被徹底瓜分，很多亞洲國家淪為殖民地。

歐洲崛起時，幾乎所有的歐洲大小國家都參與了殖民主義掠奪，包括北歐國家（瑞典、丹麥、芬蘭、挪威）。以比利時為例，其非洲殖民地的面積是比利時本土面積的 80 倍；其殖民過程造成剛果 1 000 萬—1 300 萬人死亡，佔當地人口一半左右，即使活下來，很多人都受到殖民者的砍手懲罰，因此斷手之人隨處可見，比納粹德國時期的統治還殘酷，今天卻很少有人提起。1897 年，比利時開始利用在剛果攫取的錢投資中國，計劃讓剛果士兵進駐中國，把中國勞工運往剛果，還在中國買了幾個小島，命名為 "剛果

1 Sam Mitrani, *The Rise of the Chicago Police Department: Class and Conflict,* 1850-1894 (Champaign: University of Illinois Press, 2013).

自由邦"（Éat Indépendant du Congo）。在中國簽訂的不平等條約中，有人驚奇地發現，其中一個居然是 1898 年與剛果簽訂的中剛《天津專章》，它規定剛果在華也享有治外法權。[1] 當然，那時的剛果只不過是比利時的 "黑手套"。據說，李鴻章會見剛果談判代表團時吃驚地說，"我還以為非洲人都是黑皮膚的"，因為其團員全是比利時人。在 1901 年參與鎮壓義和團運動後，比利時在中國天津建立租界，面積 740 畝，一直維持到 1929 年。[2]

在《資本論》第一卷第七篇《資本的積累過程》中，馬克思曾引用威廉·豪伊特的話說："所謂的基督教人種在世界各地對他們所能奴役的一切民族所採取的野蠻和殘酷的暴行，是世界歷史上任何時期，任何野蠻愚昧和殘暴無恥的人種都無法比擬的。"[3] 依據 19 世紀的大量材料，在列舉殖民主義的斑斑劣跡後，馬克思一針見血地點明了殖民主義與資本原始積累的關係："殖民制度大大地促進了貿易和航運的發展。'壟斷公司'（路德語）是資本積聚的強有力的手段。殖民地為迅速產生的工場手工業保證了銷售市場，保證了通過對市場的壟斷而加速的積累。在歐洲以外直接靠掠奪、

1　高放. 近現代中國不平等條約的來龍去脈 [J]. 南京社會科學，1999（2）。

2　Adam Hochschild, *King Leopold's Ghost: A Story of Greed, Terror, And Heroism in Colonial Africa* (New York: Houghton Mifflin, 1999).

3　William Howitt, *Colonization and Christianity: A Popular History of the Treatment of the Natives by the Europeans in All Their Colonies* (London: Longman, 1838), p.9.

奴役和殺人越貨而奪得的財寶，源源流入宗主國，在這裏轉化為資本。"[1]

伴隨殖民主義而來的是大規模的跨大西洋奴隸貿易。最早進行奴隸貿易的正是最早推行殖民主義的國家：西班牙與葡萄牙從 16 世紀初就開始長途販賣奴隸；荷蘭、英國、法國緊隨其後，並使奴隸貿易的規模越做越大；後來，其他歐洲國家也捲入奴隸貿易，包括丹麥、挪威等國。那時，在西方語言中，"factory" 這個詞通常是指在非洲沿海設立的奴隸貿易據點，還沒有工業生產場所的意思。[2]

在長達 300 多年的時間裏，估計約有 1 200 萬人從非洲被運到美洲當奴隸，部分學者估算的數值更高；加上在航運與販賣過程中死亡的奴隸（約 1 000 萬人），非洲人口損失高達 3 000 萬。有學者估計，17 世紀初，撒哈拉以南非洲人口佔全球人口的比重是 18%，但 300 年後，這個比重跌至 6%；而在此期間，歐美的人口翻了好幾番。[3]

在《資本論》第一卷第七篇《資本的積累過程》中，馬克思也

1 馬克思 . 資本論：第一卷 [M]// 馬克思恩格斯全集：第二十三卷 . 北京：人民出版社，1972：822。

2 Sven Beckert and Seth Rockman, eds., *Slavery's Capitalism: A New History of American Economic Development* (Philadelphia: University of Pennsylvania Press, 2016), p.11.

3 Paul Adams, Erick Langer, Lily Hwa, Peter Stearns, And Merry Wiesner-Hanks, *Experiencing World History* (New York: NYU Press, 2000), p.334.

談到奴隸貿易與原始積累的關係："美洲金銀產地的發現，土著居民的被剿滅、被奴役和被埋葬於礦井，對東印度開始進行的征服和掠奪，非洲變成商業性地獵獲黑人的場所：這一切標誌著資本主義生產時代的曙光。這些田園詩式的過程是原始積累的主要因素。"他特別以英國商業重鎮利物浦為例，指出"利物浦是靠奴隸貿易發展起來的。奴隸貿易是它進行原始積累的方法"。[1]

不僅是奴隸貿易，奴隸制也是工業革命率先在歐美爆發的重要成因。早在 1944 年，加勒比黑人歷史學家艾里克·威廉斯就在《資本主義與奴隸制度》中提出一個著名論點：從英屬加勒比殖民地由奴隸種植的蔗糖與跨大西洋奴隸貿易中獲得的利潤，為工業革命提供了原始資本，使英國成為世界上第一個現代經濟體。直到製造業站穩腳跟，來自奴隸制的利潤與之相比不再那麼確定之後，英國才開始倡導廢除奴隸制。[2] 威廉斯的觀點引發了長達幾十年的辯論。雖然從今天的角度看，他的研究方法看似不怎麼先進，但迄今為止沒有什麼像樣的歷史與經濟研究能夠推翻他的基本判斷。[3]

1　馬克思 . 資本論：第一卷 [M]// 馬克思恩格斯全集：第二十三卷 . 北京：人民出版社，1972：828。

2　也就是說，英國廢除奴隸制的主要原因不是出於人道主義，而是因為英屬加勒比地區製糖業的衰落。Eric Eustace Williams, *Capitalism & Slavery* (Chapel Hill: The University of North Carolina Press, 1994)。

3　Selwyn H. H. Carrington, "Capitalism & Slavery and Caribbean Historiography: An Evaluation," *Journal of African American History*, Vol.88, No.3 (Summer, 2003), pp.304-312.

英國歷史學家羅賓‧布萊克本 1997 年出版了《新世界奴隸制度的形成》一書，對奴隸制與英國經濟增長的關係進行了詳盡的討論。他指出，在 18 世紀末 19 世紀初（英國工業革命的關鍵時期），與實行奴隸制的加勒比種植莊園進行貿易往來，對英國本土經濟發展起到的促進作用大於其他任何因素，無論是國內因素，還是國際因素。在此意義上，這個因素"助力英國資本主義率先進入工業化，並在爭奪全球霸權方面超越其對手"。[1]

　　在大西洋的另一側，美國資本主義的發展與奴隸制的關係更加直接。長期以來，在美國研究中有一個揮之不去的神話 —— 奴隸制及其作用僅限於美國南方，而事實上，整個美國的工業起飛都與奴隸制有著千絲萬縷的聯繫。最近一二十年的研究揭示了一些以前鮮為人知的事實：奴隸種植的棉花是美國最有價值的出口產品（由於紡織業是當時歐美各國的新興支柱產業，棉花對當時美國的重要性與石油對今天沙特阿拉伯的重要性不相上下）；奴隸的總市值超過美國鐵路與工廠價值的總和；美國蒸汽動力最集中的地方是遍佈奴隸種植園的密西西比河兩岸，而不是新英格蘭的梅里馬克河兩岸（人們通常認為梅里馬克河沿綫的紡織業在美國工業革命中發揮了重要的作用）；南方種植園對奴隸的管理廣泛採取類似工廠的分組模式，且其規模普遍比北方企業大；美國早期的管理創新多源自分

1　Robin Blackburn, *The Making of New World Slavery: From the Baroque to the Modern,* 1492-1800 (London: Verso, 1997), p.572.

組與暴力相結合的種植園，而不是像艾爾弗雷德 · 錢德勒（Alfred Chandler）所說的那樣源自鐵路；與販奴相關的海事保險和奴隸人身保險對美國保險業的早期發展起到了巨大的推動作用；以奴隸與他們的子女為抵押品的貸款與再貸款對美國銀行業的早期發展起到了巨大的推動作用。這一切都意味著，空間距離並未將奴隸制的受惠者限制在南方的莊園主；恰恰相反，奴隸制為羅德島的紡織廠提供了棉花，為紐約的銀行帶來了巨大的財富，為麻省的製造商創造了市場，為康涅狄格州的城市（如布里奇波特）建設提供了資金，為運輸、銷售南方農產品和北方工業品的商人帶來了源源不斷的生意。

總而言之，奴隸制對當時美國經濟發展的貢獻無論怎麼估計都不過分。這就可以理解：為什麼美國內戰打響前幾年，南方雜誌《狄波評論》（*De Bow's Review*）刊載的一篇題為《北方與南方》的文章，會把奴隸制稱為"北方繁榮的奶娘"；[1] 為什麼《棉花帝國》的作者、美國資本主義史研究者斯文·貝克特，會將自己編輯的一本有關美國經濟發展史的新書命名為《奴隸制的資本主義》，並得出結論，美國的奴隸制深深鑲嵌在美國資本主義的 DNA 上。[2]

如果將時空視野進一步放寬，就會看到，奴隸貿易與奴隸制把

---

1 Sven Beckert and Seth Rockman, eds., *Slavery's Capitalism: A New History of American Economic Development* (Philadelphia: University of Pennsylvania Press, 2016), p.2.

2 Sven Beckert and Seth Rockman, eds., *Slavery's Capitalism*, p.3.

非洲、加勒比、拉丁美洲、北美、英國以及整個歐洲都連成一體，進而與中國也發生了關係。"奴隸在美洲開採的白銀首先為歐洲各帝國提供了進入中國市場，並換取來自中國消費品的機會；奴隸種植的農產品使英國有可能逃避其人口增長的環境限制，從而取代中國，成為世界經濟的領頭羊。正如彭穆蘭所說，英國之所以能夠打破'馬爾薩斯陷阱'，是因為美洲種植園生產的蔗糖與棉花為其人口提供了卡路里和纖維。"[1] 這也就解釋了為什麼改變人類歷史的工業革命會首先發生在英國，為什麼歐洲的軍事革命、殖民主義、奴隸貿易、奴隸制會導致東西方之間出現所謂的大分流。

歐美國家當時為什麼會如此下作、不擇手段地發展經濟呢？一位英國議員斯特普爾頓（Mr. Stapleton）在 1873 年向其選民說的一段話充分表達了歐洲人的緊迫感："如果中國成為一個大的製造國，那麼歐洲的勞動人口除非把生活水平降低到他們競爭者的水平，否則，我真不知道他們怎樣才能贏得競爭。"[2] 聽起來，這與美國前任總統特朗普的說法幾乎一模一樣。東西大分流就是在這樣的背景下發生的，也遂了西方人的願。

除了掠奪資源外，西方殖民主義者還依仗船堅炮利在全球四處橫行，搶佔市場。曾在北美與南美參與殖民擴張的英國冒險家沃爾

1　Sven Beckert and Seth Rockman, eds., *Slavery's Capitalism*, p.8.

2　轉引自馬克思. 資本論：第一卷 [M]// 馬克思恩格斯全集：第二十三卷. 北京：人民出版社，1972：659。

特·雷利爵士（Sir Walter Raleigh, 1554—1618）根據自己的親身經驗，告誡伊麗莎白一世："誰控制了海洋，誰就控制了貿易；誰控制了世界貿易，誰就控制了世界的財富，最後也就控制了世界本身。"[1] 據說，這句話對女王產生了巨大的觸動，使其海外殖民的野心急劇膨脹，於是英國女王開始注重海軍艦隊的建設，並特許更多更大規模的私人公司在海外進行殖民掠奪。為此，英國在 1600年底建立東印度公司，作為其在印度、中國及其他亞洲國家推行殖民主義掠奪政策的工具。從 18 世紀中葉起，該公司擁有了軍隊和艦隊，形成巨大的軍事力量，靠武力完成了對印度的佔領，獲得了對印度實行殖民統治的權力，操縱了這個國家最重要的管理職能，更不用提對印度貿易的壟斷了。

　　由荷蘭政府建立的東印度公司比英國的東印度公司晚兩年成立，也是一家擁有自己的軍隊與艦隊，可以發行貨幣，可以與相關國家訂立正式條約，對佔領地區（如印度尼西亞、馬六甲、中國台灣）實行殖民統治的暴力集團。曾在荷蘭東印度公司成立之初兩度出任印度尼西亞總督的簡·皮特斯佐恩·科恩（Jan Pieterszoon Coen）以冷酷無情著稱，其基本信條是：暴力乃獲取利潤之必要條件。他在 1614 年給十七人委員會（荷蘭東印度公司的決策中樞機構）的信中直言不諱地說："閣下們，根據經驗，各位應該知道，

1　George Modelski and William R. Thompson, *Seapower in Global Politics,* 1494-1993 (London: Palgrave Macmillan UK, 1988), p.7. 後來在 17 世紀中期，雷利這種說法被約翰·伊夫林（John Evelyn, 1620—1706）抄襲、改造，流傳得更廣。

只有諸位掌控的武器才能為驅動和維持與亞洲的貿易提供保護，而這些武器則必須由貿易的利潤來支付。也就是說，沒有戰爭就無法進行貿易，反過來，沒有貿易也無法進行戰爭。"[1]

有了武力做後盾，這兩家公司的觸角伸向哪裏，它們就把市場拓展到哪裏；如果當地人不願與之往來，它們就用槍炮轟開市場的大門，並把不公平的貿易"規則"強加給對方。鴉片戰爭就是它們開拓市場方式的範例。強買強賣為這兩家公司以及英國和荷蘭帶來了巨大的商業利益，讓它們掙得盆滿鉢滿。於 17 世紀下半葉活躍於倫敦金融城的商人兼政客、英國東印度公司董事托馬斯·帕皮倫在 1696 年出版過一本著名的小冊子，題為《東印度的貿易是對王國最有利的貿易》：這個標題足以說明英國東印度公司對英國的重要性。[2] 而荷蘭東印度公司在其巔峰時期曾擁有 7 萬名僱員（其中五分之一是僱傭兵），據估算，其市值相當於今天的 7.4 萬億美元，是蘋果公司市值的近 8 倍，被人稱為有史以來市值最高的公司。[3]

馬克思在《資本論》中將荷蘭稱作"第一個充分發展了殖民制

1　Stephen R. Bown, *Merchant Kings: When Companies Ruled the World*, 1600-1900 (New York: Thomas Dunne Books, 2010), pp.7-56.

2　Thomas Papillon, *The East-India-Trade A Most Profitable Trade to the Kingdom* (London, 1696).

3　Jeff Desjardins, "The Most Valuable Companies of All-Time," http://www.visualcapitalist.com/most-valuable-companies-all-time/, December 8, 2017.

度"的國家，"十七世紀標準的資本主義國家"。在相當長一段時期裏，它"幾乎獨佔了東印度的貿易及歐洲西南部和東北部之間的商業往來。它的漁業、海運業和工場手工業，都勝過任何別的國家。這個共和國的資本也許比歐洲所有其他國家的資本總和還要多"。[1] 馬克思對英國東印度公司的描述也同樣讓人瞠目結舌："英國東印度公司除了在東印度擁有政治統治權外，還擁有茶葉貿易、同中國的貿易和對歐洲往來的貨運的壟斷。而印度的沿海航運和各島之間的航運以及印度內地的貿易，卻為公司的高級職員所壟斷。對鹽、鴉片、檳榔和其他商品的壟斷權成了財富的取之不盡的礦藏。這些職員自定價格，任意勒索不幸的印度人。總督也參與這種私人買賣。他的寵信們是在使他們這些比煉金術士聰明的人們能從無中生出金來的條件下接受契約的。巨額財產像雨後春筍般地增長起來，原始積累在不預付一個先令的情況下進行。"[2]

除了英國與荷蘭外，設立東印度公司的還有丹麥（1616—1772）、葡萄牙（1628—1633）、法國（1664—1794）、瑞典（1731—1813）、奧地利（1775—1785）。除了各國的東印度公司以外，歐洲列強還按地域設立了其他很多形形色色的特許公司，它們都是推行殖民主義、為母國開拓海外市場的工具，而不是純粹的

---

1 馬克思 . 資本論：第一卷 [M]// 馬克思恩格斯全集：第二十三卷 . 北京：人民出版社，1972：822。

2 同上，第 820 頁。

商業實體。

簡而言之，歐洲發生軍事革命後，各國列強便在掠奪海外資源的同時，不擇手段地拓展海外市場。"由於遠洋貿易巨大的成本和安全風險，歐洲商人集團的遠洋探索和全球貿易都是'武裝貿易'。"[1] 這個時期在歐洲被人稱作"英雄商業時期"（Age of Heroic Commerce）。到 18 世紀末，歐洲列強已開闢了大片的海外市場，"從而為引爆工業革命奠定了決定性的基礎。沒有世界市場，就不可能有工業革命"。[2]

除了需要資本、其他資源、市場之外，發展經濟還需要相關人才，如企業家和工程技術人員。在這方面，軍事組織（國家的常備軍與私人僱傭軍）與國防工程也發揮了相當大的作用。軍事組織與經濟組織都是較為大型的人類組織，兩者運作方式具有不少的共性。其實，"company"這個詞最初是指"一群士兵"，後來才被用來指稱商業公司。同樣，"entrepreneur"這個詞出現於 14 世紀，但在 16—17 世紀，它主要用來指稱政府工程承包人，尤其是軍事要塞或公共工程的承包人。[3] 在 16—18 世紀，歐洲各個政治體之間戰爭不斷，那時規模較大的社會組織不是經濟實體，而是軍事

1　文一. 偉大的中國工業革命："發展政治經濟學"一般原理批判綱要 [M]. 北京：清華大學出版社，2016：第七章第一節。

2　同上。

3　Robert F. Hébert and Albert N. Link, *A History of Entrepreneurship* (Routledge, 2009), p.5.

實體。組織戰事的人往往具有冒險精神、敢於承擔風險，知道如何進行遠距離運作，這些都與所謂的企業家精神暗合。一直到今天，各國還有人說，軍隊是培養企業家最好的學堂。更何況，當時很多組織的性質是混雜的，既是商業組織，又是軍事組織，如各種軍事化的海外壟斷性貿易公司。此外，戰爭本身也創造了各式各樣的商務機會，例如大小規模的軍品生產，陸軍與海軍的補給，建造戰艦與堡壘的承包商與分包商，跨國銀行服務，以及尾隨軍隊提供服務的商販，等等。這些生意的經營者往往與軍隊有著千絲萬縷的聯繫，很多現職或退役的士兵與軍官可以利用自己在軍隊獲取的組織能力，遊走於軍隊與公司之間，變為叱咤商海的企業家。在這個意義上，軍事革命創造一種環境，使得軍人中走出一批又一批企業家與公司經營者、管理者。歷史研究也發現，那時 "企業家通常出現在商人或軍隊之中。軍事領導人特別積極，因為戰爭經常是出於經濟原因而發動的。在戰鬥中設計戰略並執行成功的指揮官們往往承擔了相當大的風險，但也可以從中獲得可觀的經濟利益"。[1]

資本、資源、市場、人才、技術在英國與歐洲其他國家的崛起過程中都扮演了不可或缺的角色。關於英國與歐洲其他國家從農業社會向工業社會轉型，一般的教科書會抽象地談到這些所謂生產要素的作用，完全迴避了這些因素與暴力的內在關係。然而，上面的分析告訴我們，這些毫無色彩的抽象名詞實際上都是以暴力或國家

---

1   Robert F. Hébert and Albert N. Link, *A History of Entrepreneurship* (Routledge, 2009), p.5.

強制能力為基礎的。斯坦福大學的印度裔英國史教授普里亞·薩提亞在 2018 年出版了一本書，其書名就清楚點明了暴力與工業革命的關係——《槍炮帝國：暴力造就工業革命》。[1] 這當然不是新觀點，布萊克本在《新世界奴隸制度的形成》一書最後一段話中也總結道："英國工業化的道路之所以平順，是因為它會毫不猶豫地、無情地使用暴力開路。"[2] 這讓我們不得不感嘆馬克思早在 150 多年前就已經提出的精闢見解：英國與歐洲其他國家發展經濟的一些做法"是以最殘酷的暴力為基礎……所有這些方法都利用國家權力，也就是利用集中的、有組織的社會暴力，來大力促進從封建生產方式向資本主義生產方式的轉變過程，縮短過渡時間。暴力是每一個孕育著新社會的舊社會的助產婆。暴力本身就是一種經濟力"。[3] 不管做不做道德上的判斷，馬克思這段話點明一個簡單的事實：強制能力較強的國家在經濟起飛的關鍵時刻可以領先一步。

不過，強制能力或對暴力的壟斷必須有財力支撐，強制能力的增強也需要國家的汲取能力相應得到增強。伴隨著 16—17 世紀展開的軍事革命，各國軍隊的規模變得越來越大，組織的方式變得越

1　Priya Satia, *Empire of Guns: The Violent Making of the Industrial Revolution* (New York: Penguin Press, 2018).

2　Robin Blackburn, *The Making of New World Slavery: From the Baroque to the Modern,* 1492-1800 (London: Verso, 1997), p.573.

3　馬克思 . 資本論：第一卷 [M]// 馬克思恩格斯全集：第二十三卷 . 北京：人民出版社，1972：819。

來越複雜，戰場涉及的空間範圍也擴張到全球，這一切都使得戰爭的費用急劇攀升。為了支撐戰爭（因為戰爭是有利可圖的），就需要國家增強其汲取能力，或更直白地說，政府必須用財政金融工具來為軍隊的運作籌錢。當然，反過來，軍事競爭也可以倒逼財政、金融手段進步，讓政府學會如何籌錢。關於汲取能力的重要性，早在 16 世紀，現代國家剛剛萌芽之時，被視為現代政治學之父的法國思想家讓‧博丹（Jean Bodin, 1530 — 1596）就已經認識到了，他在幾本著作中談及稅收與戰爭問題，[1] 其代表作《共和六書》中有句名言："財源即國家之神經。"[2] 這句話此後不斷被人引用，尤其是在 17 — 18 世紀，當時軍事革命突飛猛進，殖民主義開始席捲全球。

霍布斯對戰爭與稅收也非常關注，他在英國內戰前後出版的多部著作都涉及稅收，[3] 而且只要談起稅收的必要性，他幾乎無一例外都要提及戰爭："主權者針對人們資產徵收的稅款只不過是主權

1　Martin Wolfe, "Jean Bodin on Taxes: The Sovereignty-Taxes Paradox," *Political Science Quarterly*, Vol.83, No.2 (Jun., 1968), pp.268-284.

2　Rudolf Braun, "Taxation, Sociopolitical Structure, And State-building: Great Britain and Brandenburg-Prussia," in Charles Tilly (ed.), *The Formation of National States in Western Europe* (Princeton, NJ: Princeton University Press, 1975), p.243.

3　Dudley Jackson, "Thomas Hobbes' Theory of Taxation," *Political Studies*, Vol.21, No.2 (June 1973), pp.175-182.

者維護和平、提供防務的代價。"[1] "關稅與貢賦只不過是對那些武裝起來、守護我們的人進行的獎賞,因為分散的個人無論付出多少精力、做出多大努力,都無法抵禦敵人的入侵。"[2] "主權者強加在人們頭上的稅收只不過是一種工資,付給那些手持公共之劍為各行各業保駕護航的人。"[3]

回顧 17—19 世紀的歷史,可以清晰地看到,軍事需求強有力地推動了歐洲各國逐步建立起更為發達的財政體制。蒂利對此的評論十分到位:"在公元 990—1992 年間,戰爭是歐洲國家最重要的活動。國家預算、稅收、債務反映了這個事實……戰爭把歐洲的民族國家交織在一起,戰爭準備創造了各國國家機器的內部結構……隨著國家武裝起來,它的汲取能力大幅攀升。"[4]

當國家同時在強制能力與汲取能力兩方面發力時,演變的結果就是所謂財政—軍事國家,亦即那些能夠通過稅收和其他財政創新手段保障大規模戰事進行的國家。財政—軍事國家在 17 世紀至 19 世紀之間征服了世界各地的大片土地,成為全球霸主,可見汲

1　Sir William Molesworth, ed., *The English Works of Thomas Hobbes of Malmesbury* (London, John Bohn, 1839-45), Vol. IV, p.164.

2　Ibid, p.159.

3　Ibid, pp.333-334.

4　Charles Tilly, *Coercion, Capital and European States, AD 990-1990* (Cambridge: Wiley-Blackwell, 1992), pp.74, 76, 82-83.

取能力有多麼重要。

談到汲取能力，往往有人會認為，它是經濟增長的副產品，只有經濟先增長，汲取能力才能加強，前者是後者的必要條件。不錯，經濟強，汲取能力很可能也強。例如，在 19 世紀以前，荷蘭曾是經濟的火車頭，被人稱作"第一個現代經濟體"。[1] 它的人均稅收在整個 17 世紀比其他任何國家都高，比英國高出一倍至數倍；這種情況延續到 18 世紀，它的人均稅收仍然比英國高 30%—70%。[2] 但這並不意味著，只有經濟先行增長，汲取能力才有可能加強，前者未必是後者的必要條件。事實上，汲取能力本身完全可能先行於增長，再帶動經濟增長。以英國為例，在"光榮革命"以後，它的財政稅收（以人均上繳白銀的重量克計算）明顯上升，從1650—1659 年的 38.7 克上升到 1700—1709 年的 91.94 克，到第一次工業革命的高峰期（1820—1829 年）達到 315.05 克。而同期，經濟增長並沒有這麼快，稅收增長速度大大高於經濟增長速度。據估算，1688—1815 年，英國的 GDP 增長了 3 倍，但實際稅收增長了 15 倍。法國也不遑多讓，1650—1899 年，人均 GDP

---

1 Jan de Vries and Ad van der Woude, *The First Modern Economy: Success, Failure, And Perseverance of the Dutch Economy,* 1500-1815 (Cambridge: Cambridge University, 1997).

2 歐洲各國稅收歷史數據庫，https: //ata. boun. edu. tr/sites/ata. boun. edu. tr/files/faculty/ sevket. pamuk/database/a-_web_sitesi. xls。

增長了 2 倍，但人均稅收增長了 33 倍。[1] 歐洲其他國家的情況也差不太多，人均稅收都翻了很多番，只是有些國家（英國、法國、普魯士、奧地利）的汲取能力比別的國家（奧斯曼帝國、俄國、西班牙、荷蘭）增強得更快（見表 1.5）。可見，國家汲取能力並不是經濟增長的簡單副產品。人均稅收水平提高，這些國家的稅收總水平當然也相應大幅提高。

表 1.5　人均年稅收，1500—1909 年　　　單位：克白銀

年份	英國	荷蘭	法國	西班牙	奧地利	俄國	普魯士	奧斯曼帝國
1500—1509	5.50		7.16	12.86				
1550—1559	8.93		10.88	19.11				5.58
1600—1609	15.22	76.19	18.13	62.56			2.40	5.76
1650—1659	38.70	113.96	56.55	57.26	10.55		8.96	7.43
1700—1709	91.94	210.58	43.52	28.61	15.57	6.25	24.63	7.99
1750—1759	109.14	189.41	48.75	46.21	23.04	14.92	53.19	9.06
1780—1789	172.35	228.16	77.61	59.00	42.95	26.75	35.00	7.10
1820—1829	315.05	151.71	137.12	49.70	49.48	39.61	72.81	18.56
1850—1859	257.59	173.84	185.00	120.61	70.78	55.67	96.47	39.06
1880—1889	361.52	303.91	464.75	271.06	287.81	128.07	247.57	98.16
1900—1909	927.28	525.21	1 026.13	436.36	731.38	266.26	807.60	199.82

資料來源：The European State Finance Database，"Nine-year moving averages of total revenue per capita in England, 1490-1815 (in constant prices of 1451-75)，" http: //www. esfdb. org/Table. aspx?resourceid=11287。

1　Mark Dincecco, "The Rise of Effective States in Europe," *The Journal of Economic History,* Vol.75, No.3 (September 2015). pp.907-908.

當時中國的情況卻完全不同。與英國和歐洲其他國家相比，清朝的汲取能力很低且沒有提高。據估計，清朝中央政府的年度財政收入，在康熙時期（1662—1722）約為 3 500 萬兩，在雍正時期（1723—1735）約為 4 000 萬兩，在乾隆時期（1736—1795）為 4 300 萬—4 800 萬兩，這種狀況一直延續到鴉片戰爭之前。各級政府的財政總收入在 6 000 萬—8 000 萬兩之間擺動。考慮到這是人口快速增長時期，清朝人均財政收入不僅沒有增長，反倒是持續下滑的。[1] 傅瑞斯（Peer Vries）估計鴉片戰爭以前清政府的稅收不會超過 3 億兩白銀，這是非常高的估計，遠高於其他學者的估計，如張仲禮、李中清、王國斌、魏丕信、歐立德等。與當時的英國相比，這個數值卻實在太低：3 億兩約為 110 億克白銀，而中國當時的人口已達 3.5 億—3.6 億，即人均稅收約為 30 克白銀，相當於英國的一個零頭，比其他歐洲列強也低得多。[2]

現在已有一批研究表明，國家能力與經濟的早期發展有著密切的關係。[3] 倫敦政治經濟學院的經濟史學家帕特里克·奧布萊恩

1 Peer Vries, "Public Finance in China and Britain in the Long Eighteenth Century," LSE Working Papers No.167/12, 2012, pp.18-19.

2 Peer Vries, *State, Economy and the Great Divergence: Great Britain and China, 1680s-1850s* (London: Bloomsbury Academic, 2015), pp.94-98；S. A. M.Adshead, *China in World History* (London: Palgrave Macmillan UK, 2000), pp.245-247.

3 Mark Dincecco, "The Rise of Effective States in Europe," *The Journal of Economic History*, Vol.75, No.3 (September 2015), pp.901-918.

2011 年的研究發現：在 1815 年以前，因為英國具有對外維護自身安全、對內維持秩序與產權的國家能力，它得以促進投資與國際貿易，成為第一個工業國家。[1] 作為反面的例證，毛里西奧·瑞尼茨門與漢斯—約阿希姆·沃斯 2014 年出版的專著發現，由於有意外之財（來自美洲的白銀收入），西班牙沒有在加強汲取能力方面做出努力，導致這個曾經的霸主於 17 世紀逐步衰落。[2] 兩位荷蘭學者的研究也發現，荷蘭不平衡的汲取（過於依賴一個省的財政收入）造成汲取能力不足，導致荷蘭共和國防衛能力下降，最終導致它於 1795 年被法國消滅。[3] 圖 1.4 顯示，在東西方之間出現大分流的時代，國家汲取能力與經濟發展水平之間存在著明顯的相關關係。

1 Patrick O'Brien, "The Nature and Historical Evolution of an Exceptional Fiscal State and Its Possible Significance for the Precocious Commercialization and Industrialization of the British Economy from Cromwell to Nelson," *The Economic History Review*, Vol.64, No.2 (2011), pp.408-446.

2 Mauricio Drelichman, Hans-Joachim Voth, *Lending to the Borrower from Hell: Debt, Taxes, And Default in the Age of Philip II* (Princeton: NJ: Princeton University Press, 2014).

3 Jan Luiten van Zanden and Arthur van Riel, *The Strictures of Inheritance: The Dutch Economy in the Nineteenth Century* (Princeton, NJ: Princeton University Press, 2004).

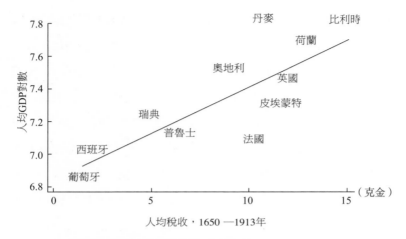

圖 1.4　國家汲取能力與經濟發展水平，1650—1913 年

資料來源：Mark Dincecco, "The Rise of Effective States in Europe," *The Journal of Economic History*, Vol.75, No.3 (September 2015), p.910。

　　這類觀察使得越來越多的學者相信，造成東西方大分流的一個重要原因是國家能力的強弱。荷蘭學者傅瑞斯認為，近代早期之所以會出現"東方的衰敗"和"西方的繁榮"，其根本原因"就在於國家的重要性、作用和功能上"。[1] 華裔學者孫隆基也認為："中國未能成為近代世界經濟的帶頭羊，乃因為它沒能變成一個戰爭財政國家（財政—軍事國家）。"[2]

1　Peer Vries, *State, economy and the Great Divergence: Great Britain and China, 1680s-1850s* (London: Bloomsbury Academic, 2015), pp.94-98.

2　孫隆基. 中國在近代全球經濟中的角色 [EB/OL]. (2015-12-21). http: //www2.scut. edu. cn/economy/2015/1221/c1805a31351/page. htm。

劍橋大學的韓裔政治經濟學教授張夏准有一本書的書名是《富國陷阱：發達國家為何踢開梯子？》（*Kicking Away the Ladder：Development Strategy in Historical Perspective*），說的是發達國家昔日藉助某些梯子爬到了今天的高度，現在卻一腳把梯子踢開，轉而向發展中國家兜售"好制度""好政策"。[1] 在歐美各國的經濟發展初期，戰爭刺激它們強化了自己的國家能力，較強的國家能力轉而幫助這些國家攫取了"第一桶金"。國家能力就是發達國家用過的梯子，現在它們卻把這把梯子隱藏起來，讓發展中國家按它們說的做，而不是按它們做過的做，這是徹頭徹尾的偽善。[2] 今天的發展中國家（包括中國）切不可上當。

國家能力與中日大分流

　　19 世紀下半葉，日本的發展速度比中國快得多，日本在甲午戰爭中打敗了中國，後來蠶食中國東北，最後又試圖侵佔整個中國。到今天為止，從技術、經濟發展指標來看，日本在許多方面也比中國要先進。對於中日之間的大分流，應該如何解釋呢？

　　關於這個問題，有兩種流行的看法：一是明治維新之前，中國

1　Ha-Joon Chang, *Kicking Away the Ladder: Development Strategy in Historical Perspective* (Anthem Press, 2002). 這本書的中譯本書名為《富國陷阱：發達國家為何踢開梯子？》（北京：社會科學文獻出版社，2009 年）。

2　張夏准另一本書的中譯本書名為《富國的偽善：自由貿易的迷思與資本主義秘史》（北京：社會科學文獻出版社，2008 年）。

與日本差不多，都是經濟停滯的落後國家，且統治者都不思進取；二是中日之間的差距是 1868 年日本明治維新之後拉開的，因為日本進行了徹底的改革，而中國的改革不夠徹底。[1]2018 年出版的一本書依然持這樣的看法，並得到多位名家的重磅推薦。該書的作者認為，"日本進入明治維新時代，對外開放，對內改革，走上了富國強兵的近代化道路"，"日本做得更為徹底，引導著明治維新走向了成功"，"假如日本不銳意改革，發憤圖強，就會像中國一樣衰敗腐朽！"。[2]實際上，現在已有不少研究挑戰上述流行看法。

關於第一種流行看法，最近一二十年的研究表明，與西歐一樣，中國與日本也曾經歷了廣泛的商業化和早期的工業化（非機械性的工業化）。借用美國學者彭慕蘭（Kenneth Pomeranz）的說法，"1750 年前後中國和日本的核心區看來與西歐地區相同"，都有"精密複雜的農業、商業和非機械化的工業"。[3]經濟學家安格斯·麥迪遜（Angus Maddison）的估算顯示，1700—1820 年，中國在世界 GDP 中所佔比重從 22.3% 增至 32.9%，而歐洲從 24.9% 增至 26.6%；中國的年均增長率為 0.85%，歐洲為 0.58%，雖然

1 John Fairbank, Edwin Reischauer, And Albert Craig, *East Asia: Tradition and Transformation*, Revised Edition (Boston: Houghton Mifflin, 1989).

2 馬國川. 國家的啟蒙：日本帝國崛起之源 [M]. 北京：中信出版社，2018。

3 彭慕蘭. 大分流：歐洲、中國及現代世界經濟的發展 [M]. 南京：江蘇人民出版社，2003：15，226—227。

都高於世界的平均數（0.52%），但中國比歐洲更高。[1] 據此，中國學者李伯重也相信："在歐洲工業革命之前的幾個世紀中，中國在經濟發展的許多方面並不遜於歐洲。"[2] 不過，在批駁第一種流行看法時，彭慕蘭有點過於強調中日之間的共性，而忽略了它們之間的差異。

第二種流行看法，注意到中日之間的差異，但強調差異出現在明治維新之後，彷彿產生差異的原因只是兩國改革開放的力度不同。最近有研究表明，中日之間的分流並不是明治維新之後才出現的，而是在明治維新之前就已經存在，只不過是明治維新以後兩國的差別進一步擴大了。明治維新之前，中日之間的差別表現在兩方面：一是人均 GDP 的差別，二是國家能力的差別，後者很可能與前者有密切關係。

基於新版麥迪遜數據庫，圖 1.5 顯示，在康熙登基那一年（1661 年），中國的人均 GDP 高於日本；但到乾隆三十一年（1766 年），日本的人均 GDP 已超越中國。2017 年發表的一份研究報告發現，在 1720 年以後的 130 餘年裏，日本的人均 GDP 年均增速明顯加快，達到 0.25%，而中國的人均 GDP 幾乎沒有增加。這使得兩國之間的差距持續擴大，到 19 世紀的最後 10 餘年，兩國差

1　Angus Maddison, *Chinese Economic Performance in the Long Run, 960-2030 AD*, Second Edition (OECD Publication, 2007), p.44.

2　李伯重 . 江南的早期工業化（1550—1850）：修訂版 [M]. 北京：中國人民大學出版社，2010。

距已是天壤之別。很明顯，中日兩國之間在人均 GDP 方面的分流出現在明治維新之前，而不是之後："這些早期的增長突破為 1868年明治維新後轉向現代經濟增長奠定了堅實的基礎。"[1]

在人均 GDP 方面出現分流的同時，中日之間在國家汲取能力方面也出現了分流。圖 1.6 是來自一項對日本德川幕府和中國清朝的比較研究，其作者明確指出，這張圖中的數據大大低估了日本的汲取能力，因為中日之間在汲取能力方面的差距遠比這張圖所顯示的大。儘管如此，從圖 1.6 可看出，從 1650 年到 1850 年，日本的汲取水平基本穩定，而中國的汲取水平急劇下降，致使中日在汲取能力方面的差距日益擴大。據該項研究的作者估計，到第一次鴉片戰爭前後（1839—1842 年），中國的稅收收入只相當於國民收入的 2%，而日本則高達 15%。這項研究的意義在於，它以翔實的數據證明，中日在國家汲取能力方面的巨大差距出現在明治維新之前，而不是明治維新之後。

---

1 Jean-Pascal Bassino, Stephen Broadberry, Kyoji Fukao, Bishnupriya Gupta, And Masanori Takashima, "Japan and the Great Divergence, 730-1874," *Discussion Papers in Economic and Social History*, University of Oxford, Number 156, April 2017, p.3.

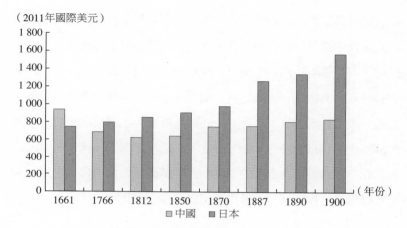

圖 1.5　中日人均 GDP 情況，1661—1900 年

資料來源：Maddison Project Database (Version 2018) by Jutta Bolt, Robert Inklaar, Herman de Jong and Jan Luiten van Zanden, https: //www. rug. nl/ggdc/historicaldevelopment/maddison/ data/mpd2018. xlsx。

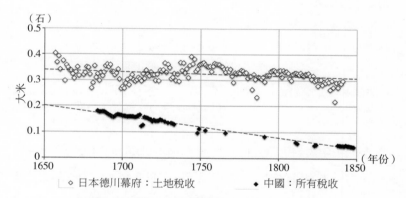

圖 1.6　中國與日本的人均稅收，1650—1850 年

資料來源：Sng Tuan-Hwee and Chiaki Moriguchi, "Asia's Little Divergence: State Capacity in China and Japan before 1850, " *Journal of Economic Growth*, Vol.19, No.4 (December 2014), p.441。

比較強的國家汲取能力或許可以解釋為什麼日本在現代化道路上走得比中國早一些、順一些、快一些。因為日本有比較強的國家能力，德川幕府時期和明治維新時期的日本可以提供更多更好的基礎設施和公共物品，比如道路、橋樑、港口、燈塔、消防、賑災等方面。表 1.6 僅展示了四個方面的對比數據。在明治維新前，中國的城市化率只相當於日本的三分之一，之後還需近一百年，中國的城市化率才達到日本那時的水平。在生態保護方面，日本也比中國做得好得多，對森林的損毀程度可以看作一個指標。

表 1.6　晚清中國與德川幕府統治下的日本基礎設施建設對比

	中國	日本
城市人口（城市化率）	2 050 萬人（5.8%）	510 萬人（16.5%）
道路長度（千米）	11 370	1 440
道路密度（每平方千米）	0.26	0.51 或 3.37
森林覆蓋率（百萬公頃）	18.5（1700 年）降至 9.6（1850 年）	27（1600 年）降至 25.5（1850 年）

資料來源：Sng Tuan-Hwee and Chiaki Moriguchi, "Asia's Little Divergence: State Capacity in China and Japan before 1850," *Journal of Economic Growth*, Vol.19, No.4 (December 2014), p.461。

不錯，中國的道路比日本長得多，但中國的面積大得多，換算成每平方千米的道路密度，中國遠遠落在日本後面。中國的第一條鐵路建於 1876 年，且因遭到抵制於次年拆除；而德川幕府在明治維新前已計劃建設鐵路。[1] 這使得日本在明治維新開始不久就得以用政府投資主導全國鐵路網的快速建設，通車里程不斷增加，而中國遠遠落在後面（見圖 1.7）。

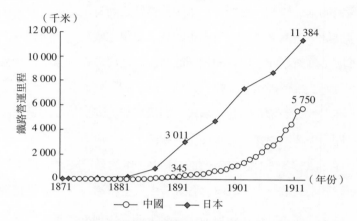

圖 1.7　中日鐵路營運里程，1871—1911 年

資料來源：Mark Koyama, Chiaki Moriguchi, And Sng Tuan-Hwee, "Geopolitics and Asia's Little Divergence: State Building in China and Japan After 1850," HIAS Discussion Paper, No. E51 (July 2017), p.8。

更重要的是，日本是個狹長的島國，而中國的面積是日本的 25 倍。在 1887 年之前，鐵路已連通日本的核心區域；到 1907 年，鐵路已延伸至幾乎整個日本列島。反觀中國，在甲午戰爭之前，鐵路總長度不過 400 來千米，放在中國地圖上，只是一截短綫。即使在辛亥革命之前，中國通鐵路的省份還是很少，其中不少

1　Dan Free, *Early Japanese Railways 1853-1914: Engineering Triumphs That Transformed Meiji-era Japan* (Tokyo: Tuttle Publishing, 2012).

綫路還是外國列強控制的（見圖 1.7）。

提供公共物品需要財政收入支撐，只有政府的汲取能力比較強，才可能做更多的事，而像交通網絡之類的公共物品是經濟進一步發展的基礎設施。無疑，日本明治維新之前打下的基礎會為之後的發展鋪平道路。在研究日本史的著名史學家威廉・比斯利看來，就連明治維新之前已出台的相關改革規劃也可算作一種公共物品，它 "為明治維新提供了一幅 '富強' 的藍圖"。[1]

在現代經濟增長的起步階段，與汲取能力同樣重要的是強制能力，即中央權威對暴力合法使用的壟斷。

從 1185 年到 1867 年，在長達 682 年的幕府時代，日本沒有真正意義上的統一中央政府，各地皆由武士統治。[2] 在 16 世紀後半葉，日本經歷了一場軍事革命：幾乎全面採用槍炮，制定有效部署火力的戰術，改變軍隊的構成和組織，從而實現了戰爭的專業化。這與歐洲的軍事革命非常相似，卻是在沒有中央權威的情形下發生的。儘管如此，這場革命改變了軍隊的組織方式和戰爭的打法，讓人們意識到集中權威的必要性與重要性，為日後追求一個統一的現代國家做了鋪墊。[3]

1　W. G. Beasley, *The Rise of Modern Japan* (New York: St. Martin's Press, 1990), p.50.

2　Marius Jansen, *Warrior Rule in Japan* (Cambridge: Cambridge University Press, 1995).

3　Matthew Stavros, "Military Revolution in Early Modern Japan," *Japanese Studies*, Vol.33, No.3 (2013), 243-261.

1850 年前後，中日同時面臨內憂外患，但兩國的回應方式迥然不同，對各自強制能力的影響至深。

　　為了鎮壓太平天國，清政府起初調動常備軍 "八旗兵" 和 "綠營兵" 與太平軍作戰，但他們不堪一擊，連連受挫。不得已，咸豐皇帝只好鼓勵全國各地豪紳興辦團練（最著名的為湘軍與淮軍）；不僅軍隊由地方勢力指揮，連軍隊的開支也放任地方勢力以各種名目的釐金籌措。從此，有長期集權傳統的中國走向分權；儘管後來清王朝幾次試圖收權，但覆水難收，大勢已去。

　　同樣是應對內外危機，原本軍權相當分散的日本卻走向了集權。作為一個面積不大的島國，來自海上的西方威脅讓日本人認識到，明治維新之前那種分散的封建政治架構已經過時。與列強有過交涉甚至短暫交戰經驗的幕府與各藩，都曾採取過增強自己軍事實力的措施，但限於財力分散，各自為戰顯然已不足以抵禦西方的入侵。實際上，在短暫的內戰（1868—1869 年展開的 "戊辰戰爭"）之前，德川派與倒幕派都認識到只有統一的中央集權體制才能挽救日本，並尋求改變幕藩體制。他們爭奪的是由誰、用什麼方式來主導這個集權過程。內戰結束了長達 600 多年的武士封建制度，促成了天皇制度和新型行政體系的確立。

　　明治維新最關鍵的改革是 1871 年廢藩置縣，徹底終結了幕府體制，其意義不下於秦始皇的廢封建、行郡縣。常常被人忽略的是，與廢藩置縣同時出台的改革是命令大名（封建諸侯）解散私人軍隊，將武器上繳政府。雖然受到部分武士的抵制，但到 1872 年初，日本陸軍與海軍已正式建立。1873 年初，日本又正式推出徵兵制，用平民出身的士兵替代武士階級。[1] 至此，日本已建立了集中統一的常備軍。在創設全國統一軍事體制的同時，日本建立了地方與全國警察體制。基於對暴力的壟斷，日本政府得以在短期內大刀闊斧地推出一系列改革，包括實行新幣制（1871 年）、地租改正（1873 年），將財權集中到中央。到 1877 年，日本已建立起統一的財政制度，進一步加強了其汲取能力。

反觀中國，直到甲午戰爭爆發後，清政府才開始效仿德國和日本組建常備軍，即袁世凱統率的 "新軍"，比日本晚了近四分之一個世紀。更令大清帝國尷尬的是，這支 "只知袁宮保，不知大清朝" 的北洋新軍最終成了辛亥革命的主力；而令中國遺憾的是，直到中國共產黨掌握政權後，才在全國範圍內形成壟斷暴力合法使用的軍事體制，比日本晚了近 80 年。

與中國一樣，日本的改革也曾遭到各方的強烈抵制。鮮為人知的是，明治初期起義的頻率大大高於德川幕府時代（見圖 1.8）。例如，在 1873—1874 年間，反對新稅制、新學制、徵兵制的農民起義此起彼伏；又如，在 1874—1878 年間，武士動亂頻頻爆發。

1　Edward J. Drea, *Japan's Imperial Army: Its Rise and Fall*, 1853-1945 (Lawrence, Kansas: University Press of Kansas, 2009).

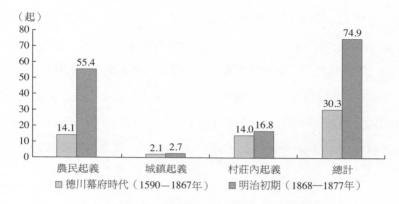

（起）

圖 1.8　日本德川幕府時代和明治初期起義數量對比

資料來源：Roger W. Bowen, *Rebellion and Democracy in Meiji Japan: A Study of Commoners in the Popular Rights Movement* (Berkeley, CA: University of California Press, 1984), p.73。

　　與中國不同的是，有集中統一的軍隊、警察做後盾，日本基本上可以做到以斷然手段在短期內平息騷亂。近代日本 "軍國主義之父" 山縣有朋是日本陸軍的締造者，在建立第一支常備軍的過程中，他已預估到，國家軍隊的第一項任務就是鎮壓內亂。[1] 事後的情形也證明了這一點。當時，日本的警察實際上是軍隊的一個分支；而軍隊本身不過是一支軍事化的警察，其主要任務不是抗擊外敵，而是消除內患。[2] 明治維新時期農民暴動頻發，1868 至 1878 年的十年中，共有 185 起之多，有些暴動中參與的農民達數萬人。

1　Stephen Vlastos, "Opposition Movements in Early Meiji Japan," in *Cambridge History of Japan*: Vol. V: The Nineteenth Century (Cambridge: Cambridge University Press, 1989), p.386.

2　Hyman Kublin, "The 'Modern' Army of Early Meiji Japan," *The Far Eastern Quarterly*, Vol.9, No.1 (Nov., 1949), p.39, Note 53.

但這些暴動都迅速被軍隊與警察平息了。[1] 也許對當局挑戰更大的是武士動亂，在 1874—1877 年間，這樣的動亂發生了 30 多起。[2] 然而，地方性的武士動亂完全不是新組建常備軍的對手。[3] 表 1.7 列舉了 1874—1878 年間幾次規模與影響比較大的武士動亂：這些動亂短的只持續了一兩天，最長的也不過 8 個月。西南戰爭是迄今日本歷史上的最後一場內戰，新組建的常備軍大獲全勝，徹底結束了武士時代。

表 1.7　武士動亂的持續時間

叛亂	持續時間
佐賀叛亂	1874 年 2 月 16 日至 4 月 9 日
神風連之亂	1876 年 10 月 24 日至 10 月 25 日
秋月之亂	1876 年 10 月 27 日至 11 月 14 日
萩之亂	1876 年 10 月 28 日至 12 月 8 日
西南戰爭	1877 年 1 月 29 日至 9 月 24 日
竹橋事件	1878 年 8 月 23 日至 24 日

國內政局穩定後，日本國力快速提升。在 1870—1900 年間，

1　周一良. 日本"明治維新"前後的農民運動 [J]. 北京大學學報（哲學社會科學版），1956，1（3）：52—78。

2　Patricia Ebrey and Anne Walthall, *Modern East Asia from 1600: A Cultural, Social, And Political History*, Third Edition (Boston, MA: Wadsworth, 2014), p.351.

3　D. Colin Jaundrill, *Samurai to Soldier: Remaking Military Service in Nineteenth-Century Japan* (Ithaca, NY: Cornell University Press, 2016).

日本的人均GDP從985美元上升到1 575美元（以2011年國際美元計算），增加了近60%；而同期中國的人均GDP從751美元上升到840美元，只增加了約12%。[1] 以日益增強的國力為基礎，日本在1877年後的20餘年逐步廢除了與西方列強簽訂的不平等條約；到1899年，日本已經完全廢除了治外法權。因此，有學者認為日本"迅速實現了主權"（Rapid Rise to Sovereignty），而中國"為爭取主權苦苦掙扎"（Struggle for Sovereignty）。[2] 在與西方列強博弈的過程中，日本人從對手那裏學到一樣東西：強權即真理（Might Is Right）。一旦自身強大起來，它便開始效仿西方列強，向外進行殖民擴張，走上了"武力擴張，以戰爭促發展"的道路。後來，山縣有朋在總結日本發展經驗時不無自得地說："維新大業成就以來已有40餘年，細想起來，國運的發達主要依靠武備的力量。"[3] 幾乎就在說這番話的同時，他提出了日本應該追求的戰略目標：霸佔中國東北，進而在整個中國謀求"優勢地位"。[4]

1　Maddison Project Database (Version 2018).

2　Kayaoglu Turan, *Legal Imperialism: Sovereignty and Extraterritoriality in Japan, The Ottoman Empire, And China* (Cambridge: Cambridge University Press, 2010).

3　武寅. 從歷史的深層看日本：試析日本軍國主義的社會基礎與歷史根源 [J]. 炎黃春秋，2001（10）：42—45。

4　孫耀珠. 山縣有朋與日本對中國的侵略 [C]// 日本研究論集 2002. 天津：天津人民出版社，2002：248—259。

小結

以上討論顯示，東方與西方之間、中國與日本之間之所以會出現大分流，與國家能力有密切的關係。歷史上類似的大分流還有一些，同樣，國家能力的強弱是重要的解釋變量。例如，第二次世界大戰後，又出現了一次大分流，即東亞經濟體在第三世界長期一枝獨秀，出現了幾個"小龍"，形成所謂東亞奇跡。

20 世紀 70 年代，當這個奇跡剛剛引起人們注意時，經濟學家對此的解釋是，日本、韓國、新加坡，以及中國台灣和中國香港的成功，應歸功於不受干擾的自由市場。這些經濟學家中，好幾位是華人。如香港大學教授陳坤耀斷言，在這些經濟體中，"國家干預幾乎不存在"；[1] 耶魯大學教授費景漢與台灣大學教授郭婉容沒有完全否認政府干預的存在，但確信這些經濟體中的政府干預比別的地方"少得多"。[2] 儘管對東亞完全不了解，米爾頓·弗里德曼也信心滿滿地聲稱："馬來西亞、新加坡、韓國、中國台灣、日本靠私人市場而蓬勃興旺。"[3]

---

1 Edward Chen Kwan-yiu, *Hyper-growth in Asian Economies: A Comparative Study of Hong Kong, Japan, Korea, Singapore and Taiwan* (London: Macmillan, 1979), p.41.

2 John C. H. Fei, Gustav Ranis, Shirley W. Y. Kuo, *Growth with Equity: The Taiwan Case* (Washington, D. C. : The World Bank, 1979), p.34.

3 Milton Friedman and Rose Friedman, *Free to Choose: A Personal Statement* (New York: Harcourt Brace Jovanovich, 1980), p.57.

然而 20 世紀 80 年代一大批實證研究證明，在日本、[1] 中國台灣、[2] 韓國的發展中，[3] 政府扮演了十分關鍵、不可或缺的角色。[4] 到 20 世紀 90 年代，連世界銀行也校正了自己以前的判斷，[5] 承認為促進經濟發展，這些經濟體的政府都 "以各種方式進行了系統性的干預"。[6] 很明顯，能發揮如此巨大作用的政府不可能是一個缺乏基礎性國家能力的政府。正如麻省理工學院教授愛麗絲·安士敦所說，韓國的成功 "在很大程度上靠的是一個強有力的國家，一個能夠將自己政策落實的國家"。不僅韓國是這樣，安士敦的推論是："沒有一個強有力的中央權威，'落後'國家不太可能實現工業化。" 在經濟轉型過程中，哪怕政府不干預市場，它也必須具備很強的能

1　Chalmers Johnson, *MITI and the Japanese Miracle: The Growth of Industrial Policy, 1925-1975* (Stanford: Stanford University Press, 1982).

2　Alice H. Amsden, "The State and Taiwan's Economic Development," in Peter B.Evans, Dietrich Rueschemeyer, Theda Skocpol, eds., *Bringing the State Back In* (Cambridge: Cambridge University Press, 1985), pp.78-106.

3　Alice H. Amsden, *Asia's Next Giant: South Korea and Late Industrialization* (New York: Oxford University Press, 1989).

4　Robert Wade, *Governing the Market: Economic Theory and the Role of Government in East Asian Industrialization* (Princeton, NJ: Princeton University Press, 1990).

5　The World Bank, *World Development Report 1991: The Challenge of Development* (New York: Oxford University Press, 1991), pp.31, 70, 145.

6　The World Bank, *The East Asian Miracle: Economic Growth and Public Policy* (New York: Oxford University Press, 1993), p.5.

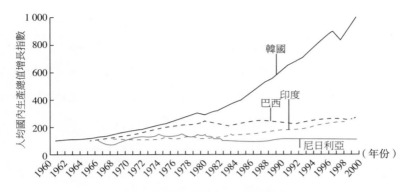

圖 1.9　人均國內生產總值增長指數：四國比較

資料來源：Atul Kohli, *State-Directed Development: Political Power and Industrialization in the Global Periphery* (Cambridge: Cambridge University Press, 2004), p.24。

力，在面對來自轉型中利益受損群體的壓力時，能夠從容應付，避免打斷經濟增長的進程。而 "落後" 國家最缺的，恰恰是強有力的政府。[1]

　　拿東亞經濟體與別的國家進行比較時，國家能力的重要性就更加凸顯了。在 2004 年出版的《國家主導的發展》一書中，普林斯頓大學印度裔教授阿圖爾·科利比較了 4 個國家在 20 世紀下半葉的發展軌跡（見圖 1.9）："這四個案例顯示，在追求經濟轉型方面，各國的國家能力不盡相同：韓國有一個有效的促進增長的政府，尼日利亞的政府腐敗而無效，巴西與印度的政府處於兩個極端

1　Alice H. Amsden, *Asia's Next Giant: South Korea and Late Industrialization* (New York: Oxford University Press, 1989), pp.18, 147-148.

之間。"科利教授的結論是："在發展中世界，創造一個有效的國家一般會先於一個生機勃勃經濟的出現。"[1] 幾年後，他將研究拓展到 31 個經濟體，包括非洲與拉丁美洲很多國家，國家能力的關鍵作用再次得到佐證：以政府機構與工作人員的質量作為衡量國家能力的指標，國家能力越強，長期經濟增長速度越高（見圖 1.10）。

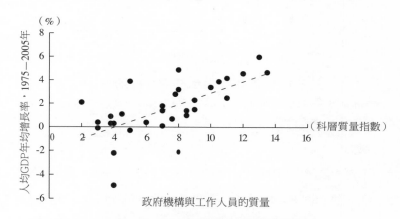

圖 1.10　國家能力與經濟增長的關係

資料來源：Atul Kohli, "States and Economic Development," 2010, www.princeton. edu/~kohli/docs/SED. pdf。

美國布魯金斯研究所兩位學者使用了更大的數據庫，對 141 個發展中國家或轉型國家的國家能力進行了測度。他們同樣發現，國家能力越強，經濟發展水平越高（見圖 1.11）。

1　Atul Kohli, *State-Directed Development: Political Power and Industrialization in the Global Periphery* (Cambridge: Cambridge University Press, 2004), p.2.

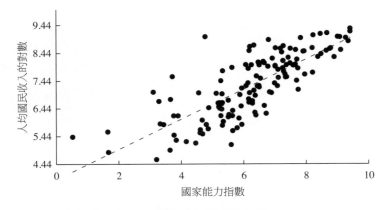

圖 1.11　國家能力與經濟發展水平的關係

資料來源：Susan E. Rice and Stewart Patrick, *Index of State Weakness in Developing World* (Washington, DC: The Brookings Institution, 2008）。

　　我們之所以在這裏不厭其煩地引用多項研究和數據，是為了證明，不管國家能力用什麼指標衡量；不管是歷史案例，還是現實案例；不管是相同案例的比較，還是差異案例的比較；不管是小樣本，還是大樣本；不管是定性分析，還是定量分析，其結論指向完全是一致的：在多數國家中改革開放成功的少、失敗的多；經濟增長持續的少，短命的多。很多人不假思索地認為：只要下決心進行市場導向的改革開放，它必定成功；只要堅持改革開放，經濟必定持續增長；改革開放的結果就是經濟繁榮。當然，不進行改革開放，也許不會出現經濟繁榮。但我們通過上述跨國比較證明，並不是所有的改革開放都能夠成功。

　　改革開放的成功有賴於一個有效政府的存在。歷史的、跨國的和當代的研究都表明，政治經濟體制轉型（改革開放）比較順利、現代經濟增長出現比較早的一些國家，都是國家能力增強在先，經濟發展隨後。這種時間上的先後揭示了邏輯上的關聯，也就是說，經濟發展很可能不僅僅是改革開放的結果；除了改革開放的方向與舉措正確以外，還需要一個有效政府作為前提條件。換句話說，僅有改革開放，沒有國家能力鋪墊是不行的。

當然，我們也不能反過來說，只要國家能力足夠強，不進行改革開放也可以帶來經濟繁榮。有效政府只是經濟繁榮的一個必要條件，改革開放是經濟繁榮的另一個必要條件，改革開放和國家能力的建設與維護是相輔相成的，缺一不可，但兩者都不是充分條件。在紀念改革開放 40 週年的時候，對中國為什麼會成功，我們應該有清晰的認識。

最後，對改革開放與經濟增長而言，為什麼具備基礎性國家能力的有效政府是必要和重要的呢？第一，國家能力比較強，可以為改革開放奠定比較堅實的基礎，包括制度保障、人力資本、基礎設施等。第二，國家能力比較強，可以為改革開放創造比較有利的內外環境。比如，只有具備一定國力，才能獨立自主地制定自己的經濟政策。第三，國家能力比較強，可以比較好地把握改革開放的方向和節奏。改革開放並不是綫性運動，不是要按照一個速度、朝著一個方向不拐彎地直行，有時必須要繞道走、要調整步伐。第四，國家能力比較強，才有能力調節改革開放帶來的損益分配，對利益受損群體進行必要的適度的補償，避免社會矛盾激化，防範政治上的風波。

國家能力如此重要，在未來改革開放的道路上，我們一定要且行且珍惜。

第二章

奠基：從舊中國到新中國

當今，崛起的中國好比一幢高聳入雲的摩天大廈。觀察這樣一幢大廈，人們一般會把目光集中在其地面以上部分，即大廈亮麗、壯觀的外形。然而建造這樣一幢大廈，最艱難的其實並不是修建其地面以上部分，最費時費力的恐怕是進行那些繁瑣複雜的前期準備工作，包括搬遷該處原有住戶、拆除原有建築、進行七通一平（道路通、給水通、電通、排水通、熱力通、電信通、燃氣通及土地平整）、地基開挖、地基打樁、地基澆灌、地庫建造等等。

一個國家事業的奠基跟建築業上的奠基有相似之處。蓋樓前期的奠基有三個特點。第一，佔用的時間恐怕是整個工期的很大部分，彷彿永遠難以完工；而一旦完成奠基，地面以上部分的建造就很快，建築物每天都在長高，成效顯而易見。第二，奠基過程看似很凌亂、很污濁、很麻煩，會帶來粉塵、噪音，令人厭煩，要付出極大的努力才能把基礎打好；而地面以上工程的建造卻讓人覺得按部就班、有條不紊。第三，奠基時期，該建築今後能帶來的種種收益都還看不見，也享受不到；不過，不經過奠基或基礎打得不牢，永遠也不可能得到那些收益。因此，做一個房地產項目也罷，進行一項偉大的建國事業也罷，奠基都是無比重要的。

1954 年，在中華人民共和國第一屆全國人民代表大會第一次會議的開幕式上，毛澤東主席豪邁地宣佈："我們有充分的信心，克服一切艱難困苦，將我國建設成為一個偉大的社會主義共和國。我們正在前進。我們正在做我們的前人從來沒有做過的極其光榮偉大的事業。我們的目的一定要達到。我們的目的一定能夠達到。"

而他說這段話時，中華人民共和國正處於艱難的奠基時期。本章的聚焦點就是 1949—1979 這三十年的奠基時期。

關於中華人民共和國成立以來的前三十年和後四十年的關係，不管是在中國還是在國際上都有兩種看法：一種看法是前三十年和後四十年走的方向正好是相反的，另一種看法是前三十年為後四十年及以後更長遠的發展奠定了堅實的基礎。

先看看最近幾年出版的兩本英文書。一本是 2015 年出版的頗有影響力的書 ——《大浪潮：崛起的發展中世界》。作者是曾在美國政府多個部門擔任要職的經濟學家斯蒂芬·C. 拉德勒，該書獲得索羅斯、弗朗西斯·福山（Francis Fukuyama）、拉里·戴蒙德（人稱"民主先生"）等人的強烈推薦。書中有這麼一句奇怪的話，"1976 年，毛澤東以一人之力大幅度改變了全球貧困的方向：他去世了"，[1] 好像毛澤東是人類解決貧困問題的最大障礙。另一本是 2018 年出版的《當下的啟蒙：為理性、科學、人文和進步辯護》，國內媒體對它有不少報道，據說已有人計劃將它譯成中文，因為其作者是大名鼎鼎的實驗心理學家、認知科學家、哈佛大學教授史蒂芬·平克。在這本書中，平克談道："雖然中國的崛起並非大合流（指發展中國家和發達國家慢慢融合的趨勢）的唯一原因，但該國的龐大規模勢必帶動總的變化趨勢，而且對其進展的解釋也適用於

---

1 Steven Radelet, *The Great Surge: The Ascent of the Developing World* (New York: Simon & Schuster, 2015).

其他地區。毛澤東之死是大合流三個主要原因的象徵。"[1] 與前面那位作者的說法完全相同，平克認為毛澤東在世的時候，中國是貧窮的、弱勢的，什麼事也幹不了；他一離去，中國和世界就開始開放了，發展了。這兩本書的作者都不是孤陋寡聞的無名之輩，也不是中國問題專家，為什麼他們會對毛澤東時代產生如此荒謬的看法？很顯然，是因為它反映了西方主流的看法。國內持這種看法的人，恐怕也為數不少。

另一種看法是以習近平同志為核心的中共中央的看法，在十九大報告中，習近平對前三十年的評價是："我們黨團結帶領人民完成社會主義革命，確立社會主義基本制度，推進社會主義建設，完成了中華民族有史以來最為廣泛而深刻的社會變革，為當代中國一切發展進步奠定了根本政治前提和制度基礎，實現了中華民族由近代不斷衰落到根本扭轉命運、持續走向繁榮富強的偉大飛躍。" 中央領導集體對中華人民共和國成立以來的前三十年和後四十年的看法，跟前面兩位外國學者的看法是截然不同的，認為前三十年為後四十年的發展奠定了基礎。

這兩種看法，前一種可稱為 "斷裂論"，後一種可叫作 "連續論"。斷裂論認為不需要任何基礎，僅靠改革開放就足以產生偉大的成果。1978 年也好，1949 年也罷，只要沒有毛澤東，事情就好

---

1 Steven Pinker, *Enlightenment Now: The Case for Reason, Science, Humanism, And Progress* (New York: Viking, 2018).

辦了。連續論的看法恰恰相反，認為只有奠定了堅實的政治、社會、物質基礎，改革開放才能取得輝煌成就。

先舉個簡單的例子。不久前，微信上曾有人轉發黑龍江農墾八五〇農場的一個帖子。今天的八五〇農場已是非常現代的農場（見圖 2.1 右）。按照斷裂論的看法就是，八五〇農場能有今天，是改革開放以後的成果，此前的創業發展都是不必要的瞎折騰。哪怕稍微了解一點歷史，懂一點歷史唯物論，就會知道這是無稽之談。看看圖 2.1 左，是 1958 年農墾部部長王震在八五〇農場的水庫和復轉官兵一起勞動的情形。據當年參加開荒的人回憶，那時真是非常艱苦，住的都是窩棚。如果沒有當年的奠基，哪裏會有八五〇農場美麗的今天。

1958年王震同志在八五〇農場雲　　　　　今日八五〇農場場區掠影
山水庫和復轉官兵抬土上壩

圖 2.1　黑龍江農墾八五〇農場今昔對比

蘇轍在《新論》中有言："欲築室者先治其基，基完以平，而後加石木焉，故其為室也堅。"這話講的道理我們都懂，就是要蓋一所堅實的房子，最開始要先築其基，把基礎打牢固、平穩，再添磚加瓦把房子建起來，這樣房子才是結實的。

同理，一個國家的繁榮富強必須有三類基礎，分別為政治基礎、社會基礎和物質基礎。

政治基礎有四點：獨立自主、國家統一、社會穩定、剷除"分利集團"。社會基礎強調三點：社會平等、人民健康、教育普及。物質基礎則包括三個方面：以農業為基礎、以工業為主導，以及建立完整的產業體系。這些聽起來都是一些常識性的簡單樸實的話語，但要在前三十年打下這三類基礎卻是十分艱難的，何況是在自力更生基礎上，而在舊中國、在中華人民共和國成立之前的一百多年裏根本不可能做到。

中華人民共和國成立前的國情

中華人民共和國成立之前，外部屢受侵犯，內部四分五裂，政治上"分利集團"強大，社會一盤散沙，經濟落後貧窮，民不聊生，文盲遍地，健康水平低下，被西方人稱為"東亞病夫"。

（一）外部：屢受侵犯

很多人都熟悉圖 2.2 所示的時局圖，它被稱為"不言而喻，一目了然"，揭示當時中國被各國列強試圖瓜分的局勢。

圖 2.2　時局圖

資料來源：作者謝纘泰（1872—1937），最早刊於 1898 年 7 月香港《輔仁文社社刊》。

　　從 1840 年到 1949 年，在中國的土地上發生了一系列戰爭，有些是外國列強直接入侵中國，有些是兩個外國列強在中國的土地上打仗，後來是長達十幾年的抗日戰爭，中國遭到了日本的全面侵犯和佔領。中國幾乎在每一場戰爭中都敗了，每場仗中國都損失慘重，抗日戰爭是慘勝 —— 最後雖然勝利了，但是中國付出了沉重的代價。

　　《中國對外條約辭典（1689—1949）》，一共收錄了從 1689 年到 1949 年中國與外國簽訂的 1 356 個條約，其中絕大部分是 1840 年以後簽訂的。[1] 據中國人民大學高放教授解讀，所有條約不一定全

1　朱寰，王恆偉 . 中國對外條約辭典：1689—1949[M]. 長春：吉林教育出版社，1994。

是不平等的，有的是主權國家之間的條約，但其中包括與 22 個國家簽訂的 745 個不平等條約，幾乎都是與當時的強國簽的。但是其中居然有非洲的剛果，我們當時跟非洲剛果簽的條約也是不平等條約，可以想像中國已經積貧積弱到了什麼樣的程度。

在 745 個不平等條約中，清政府從 1841 年到 1912 年簽訂了 411 個，北洋軍閥政府在位 15 年簽訂了 243 個條約，年均計算，北洋軍閥政府簽的比清政府簽的還多。即使到了國民政府時期，1928 年以後的 22 年間，也有 91 個條約可以被認定為不平等條約。1949 年之前的中國就是如此任人宰割，徹底擺脫這種境地還得靠中國共產黨。

（二）內部：四分五裂

表 2.1 列舉 1912 年到 1930 年之間，中國每年受戰爭影響的省份有多少，參與戰爭的士兵有多少，這都是內部的戰爭。不管從中學歷史課還是從大學黨史課中，我們都會學到這些內容，1912 年以後國內一直處於某種戰爭狀態，內部四分五裂。先是 1913 年的"二次革命"（又被稱為"討袁之役""癸丑之役""贛寧之役"），然後是 1915—1916 年的"護國戰爭"。袁世凱去世後，各路軍閥之間更是戰爭不斷。北伐後，南京國民政府一度宣佈全國統一，但它真正能控制的地方只有上海周邊的幾個省，其他地方仍然被各地軍閥把持。實際上，1949 年以前，中國從未實現過真正的統一。實現全國統一，還得靠中國共產黨。

表 2.1　1912—1930 年中國戰爭分佈狀況

年份	受戰爭影響的省份	士兵人數（萬）	年份	受戰爭影響的省份	士兵人數（萬）
1912	1	64.9	1921	7	105.0
1913	6	57.2	1922	10	106.0
1914	—	45.7	1923	6	119.0
1915	—	52.0	1924	8	133.0
1916	9	70.0	1925	13	147.0
1917	5	69.0	1926	15	158.0
1918	9	85.0	1927	14	170.0
1919	2	91.4	1928	16	183.0
1920	7	90.0	1929	14	—
			1930	10	—

資料來源：貝思飛. 民國時期的土匪 [M]. 徐有威，李俊傑譯. 上海：上海人民出版社，1992：表 2-1。

（三）政治："分利集團"強大

"分利集團"是美國著名經濟學家曼庫爾・奧爾森在 1982 年出版的《國家興衰探源》一書中提出的概念。他認為，過於穩定的政體容易滋生出勢力強大的"分利集團"。"分利集團"主要的目標不是努力擴大社會總收益，把蛋糕做大，而是千方百計"尋租"，想方設法要從現有社會總收益中多分幾杯羹，將現有的蛋糕切出一大塊歸自己，哪怕阻礙社會進步也在所不惜。"分利集團"

的存在與壯大會阻礙社會進步，使國家一步步走向衰退。[1]

　　中華人民共和國成立前，中國最大最頑固的"分利集團"就是壓迫廣大貧苦農民的地主階級。這個政治"分利集團"的能量有多大呢？國民黨元老級人物張靜江（1877—1950），曾任國民黨中央執行委員會常務委員會主席、浙江省政治分會主席、中央特別委員會委員等要職，被蔣介石尊為"革命導師"。他是"四一二"反革命事變的主要策劃者。1928年至1929年，張靜江統治下的浙江鄉村曾推行過溫和的土改（二五減租）。這時間距國民黨北伐以後建立南京政府也就一年左右。國民黨締造者孫中山講要平均地權、進行土改，這道理國民黨是很清楚的。當時主持浙江二五減租的是國民黨浙江省黨部常務委員蕭錚，正是他1927年主持浙江的清黨。土改是必須的，但浙江如此溫和的土改卻遭到國民黨黨內鄉紳集團的激烈反對、阻撓與破壞。"他們或誣指減租農民為共產黨報警逮捕，或藉口收回自種以撤佃相威脅，或賄使地痞流氓及暴徒以武力抗拒減租。天台、遂安、武義等縣都發生了縣黨部指導員因推進減租而被毆打或殺害事件。"[2] 在地主階級施加的壓力下，張靜江很快放棄了二五減租，並給蕭錚貼上"共黨分子"的標籤，命令逮

1　曼庫爾・奧爾森. 國家興衰探源——經濟增長、滯脹與社會僵化 [M]. 呂應中，等譯. 北京：商務印書館，1999。

2　高璐. 論國民黨大陸時期土地改革未能成功的根本原因 [J]. 安徽史學，1998（3）：81—82。

捕他，欲置他於死地。經陳立夫解脫，蕭錚才免於一死。[1]

有感於此，有位國民黨黨內的明白人在 1929 年寫過一篇題為《吾之敗，吾黨之敗》的文章，文中寫道："吾之敗，非敗於時，實敗於本黨同僚也。土地之改革，並非激進黨獨有之政，亦應為吾等革命者共有之政。"作者清楚土地改革非常重要，他說："非改土地的歸屬權，不能激發農民支持革命的戰力；非改土地的歸屬權，不能聚攏發展大工業的勞力；非改土地的歸屬權，不能破除鄉村族權、父權的統治地位；非改土地的歸屬權，不能打破黨內的鄉土集團；非改土地的歸屬權，遲早有一天，我們要敗亡在這個上邊！"

作者不曾想到，如此和風細雨的土改政策卻因國民黨黨內同僚的顛覆而搞得無疾而終，對此他痛心疾首，表示："今日吾敗了，吾被黨內鄉紳們的代言者擊敗了。吾痛心，吾恐若干年後，吾黨因此而敗，敗於激進派的土地革命之手！"[2] 這裏的激進派不光指國民黨黨內的激進派，更是指共產黨要搞激進的土改。作者在 1929 年擔心"若干年後"，而 20 年後，他的擔心就成了現實。

1948 年，國民政府在中國大陸的最後一年，蔣介石下令，凡是共產黨給農民分了地的地方，國民黨收回以後，承認中共的土改成果，並在江蘇北部找了四個縣作試驗區。他明白土改很重要，希望進行下去，但試驗區剛成立，地主們就不幹了，地主們一鬧，試

1　蕭錚.中華地政史 [M]. 台北：台灣商務印書館，1984：271—273。

2　來自網上，作者不詳。網上傳這篇短文是張靜江寫的，應該不是事實。

驗區就又辦不下去了。[1]

可見，蔣介石跟國民黨黨內一些人一樣，明明知道在中國這塊土地上，要想推進社會進步，必須進行土改。但他們就是改不下去，哪怕下了決心，拿出了方法，但一到推行階段，"分利集團"就衝出來了，拚命抵抗。這個"分利集團"就在國民黨黨內，國民黨黨內上上下下的人物都屬這個"分利集團"，一旦要動真格，就會出問題。

1949 年 2 月，蔣介石下野，說什麼官也不要了，回到故鄉奉化後，發現當地跟他離開的時候相比並沒有什麼變化。他在日記中反省："甚感鄉村一切與四十餘年前毫無改革，甚感當政廿年黨政守舊與腐化自私，對於社會與民眾福利毫未著手，此乃黨政、軍事、教育只重作官，而未注意三民主義實行也。今後對於一切教育皆應以民生主義為基礎，亡羊補牢，未始為晚也。"[2] 聽起來，他好像比誰都明白，農村的土地分配不平等是中國的頑疾，必須要解決，但他離開了 40 年，故鄉什麼也沒變，他誰也抱怨不了，因為那 40 年裏至少後 22 年是他領導的中華民國國民政府在執政。他在日記中提到，三民主義沒有被執行。我們知道三民主義中有一條是民生主義，翻成英文就是社會主義。即便他有這個心，也沒這個

1　朱宗震 . 戰後國民黨對中共土改政策的回應 [C]// 劃時代的歷史轉折 —— "1949 年的中國" 國際學術討論會論文集 . 成都：四川人民出版社，1999：208—234。

2　楊天石 . 蔣介石與陳誠在台灣的土地改革 [J]. 文史哲，2018（6）：80。

力，因為國民黨黨內的"分利集團"太強大了。要摧毀這個腐朽的
"分利集團"，還得靠中國共產黨。

（四）社會：一盤散沙

中華人民共和國成立之前，中國社會是一盤散沙。"一盤散沙"
這個說法出自孫中山，意思是中國這麼大一個國家，說起來人口很
多，國土面積很大，但在很多地方人們都局限於狹隘的家族、地域
認同，只知道有家、有家鄉，不知道有中國，或者知道了也不覺得
這種認同有多重要。

孫中山對此痛心疾首，有人做過統計，他一生中至少 25 次公
開提到"一片散沙"，2 次提到"一盤散沙"，8 次提到"散沙"。
最早是 1912 年 4 月 10 日提到，晚至 1924 年 4 月 13 日提到，也
就是他逝世前不久。

1924 年 1 月，孫中山開講"三民主義"，其第一講是民族主
義。他是這樣描述當時的情況的："用世界上各民族的人數比較起
來，我們人數最多，民族最大，文明教化有四千多年，也應該和歐
美各國並駕齊驅。但是中國的人，只有家族和宗族的團體，沒有民
族的精神，所以雖有四萬萬人結合成一個中國，實在是一片散沙，
弄到今日是世界上最貧弱的國家，處國際中最低下的地位。'人為
刀俎，我為魚肉'。我們的地位在此時最為危險。如果再不留心提
倡民族主義，結合四萬萬人成一個堅固的民族，中國便有亡國滅種

之憂。"[1]

他的擔心過了不到十年便噩夢成真，1931 年日本人佔領東北全境，1937 年全面侵略中國。因為當時中國社會一盤散沙，日本的侵略似乎不可抵擋。這就是為什麼在孫中山的三民主義中第一個就是民族主義，他希望把分散的中國人聚集成中華民族這樣一個群體。然而，當時的社會一盤散沙，要把千千萬萬的中國人民動員起來、組織起來，還得靠中國共產黨。

在一盤散沙的社會裏，那時的中國土匪橫行。土匪猖獗到什麼地步呢？可以看下面幾段引文。

第一段出自 1924 年 2 月 10 日的《東方雜誌》，那時國民黨還沒有執政，仍處北洋軍閥時期："在兵匪縱橫的中國裏，最能引起國人注意的事件，當然不出戰禍與匪氛；而最能引起國人注意的人物，也當然是軍閥領袖與土匪頭目了。但是最近三年中，若完全不管一切而僅以轟動一時為標準，則所發生的事件，奉直大戰還不如豫匪的猖獗與臨城的劫車兩者來得聲勢雄壯，而其間所點綴的有勢力的人物……與其以某某將軍、某某大帥等軍閥領袖充數，倒不如徑直選出土匪頭目老洋人與孫美瑤為是。"[2]

---

1 孫中山 . 三民主義 · 民族主義（1924 年 1 月）[M]// 孫中山全集：第九卷 . 北京：中華書局，1986：188—189。

2 南雁 . 老洋人也死了 [J]. 東方雜誌，1924-02-10。

這裏提到的"老洋人"指當時河南西部的一個大土匪張慶。[1] 據記載，1923 年 11 月，老洋人攻陷豫南淅川縣的李官橋鎮，見人就殺，殺死當地百姓達 4 326 名，焚毀房屋 26 000 間。[2] 而張慶不過是三大卷《近代中國土匪實錄》中記載的一個匪首而已，而《近代中國土匪實錄》本身又何嘗不是僅列舉犖犖大者，若至多如牛毛的小股土匪，實在是不可勝道。

第二段出自 1931 年出版的一本小冊子 ——《中國農村經濟關係及其特質》，作者是朱其華（署名朱新繁），中國共產黨早期黨員，書出版時已脫黨。該書利用當時的統計資料，詳細列舉了各省的災況。引人注目的是，除了旱災、水災、蝗災這類自然災害外，幾乎每個省都遭遇兵災、匪災："1930 年土匪人數的保守估計為 2 000 萬左右。動盪的民國基本是無處不匪，無時不匪。"[3] 當時中國的人口是 4.5 億或 5 億左右，成年男人絕對沒有 2 億。若成年男人裏有 2 000 萬左右是土匪，比重超過十分之一，真可謂土匪遍地。就連當時遠東最大的都市上海也不例外。大家知道，英文"Shanghai"是指上海，但以前"Shanghai"還有其他含

1　貝思飛．民國時期的土匪 [M].徐有威，李俊傑譯．上海：上海人民出版社，1992：第 3 章。

2　蘇遼."老洋人"張慶 [M]// 河北文史資料編輯部．近代中國土匪實錄：下卷．北京：群眾出版社，1992：262。

3　朱新繁．中國農村經濟關係及其特質 [M].上海：上海出版局，1931。

義：綁架、強制、誘拐、誘騙。說自己被傷害了，可以說 "I got shanghaied"。今天的人，大概已完全不知道 "Shanghai" 還有這層意思了，而當時 "Shanghai" 之所以有這層含義，與當時的大環境是分不開的。

第三段出自美國人貝思飛（Phil Billingsley）寫的一本書——《民國時期的土匪》。作者在此書中提到一個非常有意思的觀察："在抗日戰爭結束的時候，把共產黨控制的地區與全國其他地區作一比較，結果會令人大吃一驚。在政府（南京國民政府）控制的地區，掠奪性的土匪活動在戰爭期間實際上是有增無減。嚴厲的軍隊徵兵定額使得農業缺乏勞力，苛捐雜稅和無情的徵糧造成大面積的貧困和頻仍的饑荒，大量半飢餓的士兵被遺棄。軍事鎮壓僅僅使問題激化，在 1945 年以後共產黨所接收的大部分老 '白區' 土匪活動盛行。另一方面，在共產黨統治的地區，不論是共產黨的報道還是路過的旅行者的報道，從 1944 年開始，已經根本不再提到土匪活動，即使在陝北的 '盜匪老巢' 也是如此。"[1] 共產黨領導的地方把土匪消滅了，而在國民黨統治的地方匪是有增無減，多麼鮮明的對比！消滅匪患是中國人幾十年、幾百年的夢想，實現這個夢想，還得靠中國共產黨。中華人民共和國成立幾年後，就徹底消滅了匪患。

1　貝思飛 . 民國時期的土匪 [M]. 徐有威，李俊傑譯 . 上海：上海人民出版社，1992：第 9 章。

（五）經濟：落後貧窮

1928 年到 1937 年被有些人稱為國民政府統治下的"黃金十年"。這期間，經濟有沒有發展呢？當然有。但稱為"黃金十年"卻實在不夠格。

那時的經濟結構十分落後。如 1933 年時，由製造業、採礦業和公用事業構成的現代部門僅佔 GDP 淨額的約 3.4%，絕大部分人在從事農業。5 億人口中，只有約 200 萬人從事工業。1917年，十月革命前的俄國往往被人看作落後的典型，而民國時期的中國更落後。在十月革命前的俄國，53% 的工人在擁有 500 人以上工人的大工廠就業；而一直到 1953 年的中國，15 萬家私營企業中只有 167 家僱用了 500 人以上的工人。[1] 中華人民共和國成立前，中國的大工廠屈指可數，存活下來的工廠絕大多數是小作坊。

根據今天那些把"民國範兒"掛在嘴邊的人的描述，民國時期的都市簡直美妙得不得了，很多人都住著豪宅，開著豪車。有多少人知道一直到 1956 年，全中國的私人資本投資總額總計不過 22 億元（相當於 9 億美元），[2] 其中 12 億元集中在上海，其他地方很少。這 22 億元投資由 114 萬人擁有，全國投資超過 100 萬元的資本家總共只有 69 位，投資超過 10 萬元的資本家只有 1 439 位。

1　除特別註明，本小節所引數據來源詳見第五章。

2　周恩來總理接見韓丁一家時的談話記錄 (1971 年 11 月 14 日)，http: //www. crt.com. cn/news2007/News/jryw/2008/930/08930151816782AJ7BECEG96DFCI55I. html。

跟今天的投資者相比，他們的規模都很小很小。中國當時最大的產業是農業，絕大多數人也住在農村，整個產業結構非常落後。

　　當時的經濟增長很慢，圖 2.3 描繪的是 1913 年到 1936 年中國 GDP 的年增長情況。在這些年中，GDP 增長時高時低，平均增長率是 2.7%。如果把這 24 年分為北洋政府時期（1913—1927 年）與南京國民政府時期（1928—1936 年），這張圖告訴我們，前一時期的 GDP 年均增長率是 2.78%，而後一時期的 GDP 年均增長率是 2.57%。也就是說，就經濟增長速度而言，南京國民政府時期還趕不上北洋政府時期。既然如此，國民政府的 "黃金十年" 真是名不副實。

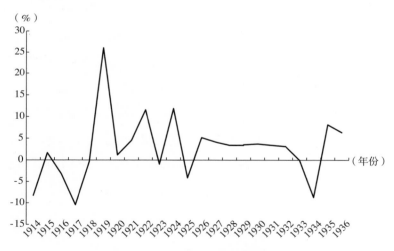

圖 2.3　1913—1936 年的經濟增長速度

　　資料來源：劉巍 . 對中國 1913—1936 年 GDP 的估算 [J]. 中國社會經濟史研究，2008（3）：90-98。

經濟上落後的結果是普遍的貧困。如果今天讓人們回答，1950 年時，是非洲國家富還是中國富，大多數人恐怕會以為，非洲國家一直都比中國貧窮。但事實上，在中華人民共和國剛剛成立時，中國比絕大多數非洲國家都要貧窮（見圖 2.4）。中國那時的人均 GDP 僅比四個非洲國家的略高；其他不少非洲國家的人均 GDP 是中國的 1 倍、3 倍、5 倍、8 倍甚至十幾倍。當時，印度的人均 GDP 也比中國高，而且高出 40%。我們現在經常認為，撒哈拉以南非洲代表貧窮，但當時我們連大多數撒哈拉以南非洲國家都不如。所以，孫中山說，中國是世界上最貧弱的國家，不是沒有根據的。關於這一點，今天很少有人知道，我們自己不知道，非洲人不知道，世界上其他地方的人也不知道。

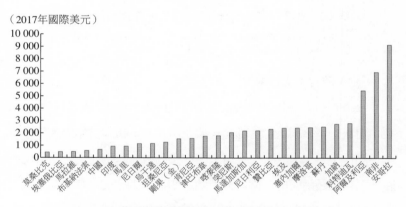

（2017年國際美元）

圖 2.4　中國、印度與非洲國家人均 GDP 的對比（1950 年）

資料來源：The Conference Board, Total Economy Database, April 2019, https: //www. conference-board. org/data/economydatabase/TED1。

70 年過去了，中國已是今非昔比。圖 2.5 展現的是 2019 年中國與非洲國家人均 GDP 的情況。今天，中國的人均 GDP 已超過所有非洲國家，並且是印度的兩倍。

（2017年國際美元）

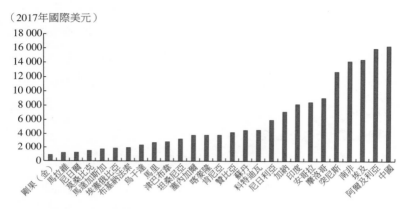

圖 2.5　中國、印度與非洲國家人均 GDP 的對比（2019 年）

資料來源：The Conference Board, Total Economy Database, April 2019, https: //www. conference-board. org/data/economydatabase/TED1。

（六）教育：文盲遍地

今天有的人說到民國的教育便眉飛色舞，形容民國教育如何出色，這裏一個學術大師，那裏一個學術大師，彷彿當年的大學教育水平高得不得了。其實，那時大學總體的教育水平完全無法與現在相比，讀過錢鍾書的《圍城》就應該知道。更何況，有大師也罷，沒大師也罷，大學辦得好也罷，辦得糟也罷，跟絕大多數人沒什麼關係。

1936 年，全國的大學不過百餘所。到中華人民共和國成立前夕，中國總共只有 89 所大學和 52 所專科學校，在校生 8 萬餘人；現在，僅鄭州大學就有 7.2 萬名學生，目前全國在校大學生人數為 2 695.8 萬。從 1912 年到 1949 年，38 年間一共只有 21.8 萬人獲得大學文憑，平均一年不到 6 000 人。現在每年多少人拿到大學文憑？過去十年，每年都有 500 萬以上高等院校畢業生，2018 年達 820 萬。因此，哪怕撇開大學的質量，從數量和規模上就不是一個數量級，中華人民共和國成立前，大學與絕大多數人毫無關係。

香港科技大學人文與社會科學學院院長李中清與內地學者合著的一本書 ——《無聲的革命》，分析了 1949—2002 年北京大學、蘇州大學這兩所大學的學生來源。書中提到，1931 年國民政府的調查顯示，當時能上專科學校的學生，絕大多數出身於地主、富農、商人、學界、政界、醫生、軍、警，來自工農階層的鳳毛麟角。

其實在民國時期，不要說大學教育，就連中等教育甚至小學教育也是奢侈品。小學教育要分為初小（1—4 年級）與高小（5—6 年級），高小畢業就是 "小知識分子" 了。絕大多數人是文盲，連初小都沒上過，相當多的人連自己的名字都不認識、不會寫。1949 年全國教育水平見表 2.2。

表 2.2　1949 年全國教育水平

	畢業人數（萬人）	佔總人口比重 (%)
大學畢業生	18.5	0
中學畢業生	400	0.7
小學畢業生	7 000	13
文盲人口	43 200	80
總人口	54 000	100
平均文化程度（年）		1

資料來源：胡鞍鋼，《中國三大戰略與規劃 —— 教育、人才與科技》（2011 年），http: // www.50forum. org. cn/home/article/detail/id/450. html。

（七）健康：水平低下

衡量健康水平，現在可以用很多指標。但當健康水平低下時，一個指標就夠了，即死亡率。表 2.3 是 1918 年以來有關民國時期死亡率的估算。表中第一列是估算者，其中有中國人、外國人，有官方的、學界的；後幾列是估算對象、適用時間、粗死亡率、印度的相應數據，以及與當時有數據國家進行的比較。

表 2.3　關於中華人民共和國成立前死亡率的估算

估算者	估算對象	適用時間	粗死亡率（％）	印度	與有數據國家相比	資料來源
陳長蘅	全國人口	1916	30 — 40			陳長蘅 . 中國人口論 [M]. 上海：商務印書館，1918：72 — 73

估算者	估算對象	適用時間	粗死亡率（‰）	印度	與有數據國家相比	資料來源
言心哲	全國人口	1925	約 30	31	幾乎最高	言心哲 . 農村社會學概論 [M]. 上海：中華書局，1934：95—96
諾特斯擔	農村人口	1929—1931	>30	24.9	最高	Frank W. Notestein, "A Demographic Study of 38 256 Rural Families in China, " *The Milbank Memorial Fund Quarterly*, Vol. 16, No.1 (Jan., 1938), pp.57-79
喬治·W. 巴克利、安斯利·J. 科爾、邁克爾·A. 斯托托和T. 詹姆斯·特魯塞爾	農村人口	1929—1931	41.9			George W. Barclay, Ansley J.Coale, Michael A. Stoto and T. James Trussell, "A Reassessment of the Demography of Traditional Rural China, " *Population Index*, Vol.42, No.4 (Oct., 1976), pp.606-635
飯田茂三郎	全國人口	1931	40—45	26	最高	飯田茂三郎 . 支那人口問題研究 [M]. 東京：橘書店，1934：108—109

估算者	估算對象	適用時間	粗死亡率（%）	印度	與有數據國家相比	資料來源
陳達	全國人口	1934	33	23.6	最高	Ta Chen, "Births, Deaths, And Marriages", *American Journal of Sociology*, Vol.52, Supplement (1947), pp.25-42
喬啟明	農村人口	1936	30	23.6	最高	喬啟明. 中國農村社會經濟學 [M]. 上海：商務印書館，1945：101—106
國民政府實業部	全國人口	1936	27.6			實業部中國經濟年鑒編纂委員會. 中國經濟年鑒：民國二十五年第三編 [M]. 上海：商務印書館，1936：33
國民政府內務部	全國人口	1938	28.2			內政部. 戰時內務行政應用統計專刊第五種：衛生統計，1938：114—118
米紅、蔣正華	全國人口	1945—1949	36			米紅、蔣正華. 民國人口統計調查和資料的研究與評價 [J]. 人口研究，1996, 20（3）：49

估算者	估算對象	適用時間	粗死亡率（‰）	印度	與有數據國家相比	資料來源
聯合國	全國人口	1910—1943	33.4			United Nations, "Future Population Estimates by Sex and Age, Report IV: The Population of Asia and the Far East, 1950-1980," *Population Studies*, No.31 (New York: United Nations, Dept. of Economic and Social Affairs, 1959), pp.81-86
侯楊方	全國人口	1912—1949	25—35			侯楊方. 中國人口史第六卷 1910—1953 年 [M]. 上海：復旦大學出版社，2001：384—390

　　從表 2.3 看，當時各個估算之間的差距很大，中國每年的死亡率從 25‰ 到 45‰ 不等，即每 1 000 個人裏有 25 人到 45 人死亡，比當時印度的死亡率要高，跟有數據的其他國家比，也是最高的。中華人民共和國成立前，死亡率高，主要是因為嬰兒死亡率高，高達 200‰。嬰兒死亡率是指嬰兒出生後不滿週歲死亡人數同出生人數的比率，200‰ 意味著每千名活產嬰兒在週歲之前會死亡 200 名，即五分之一。嬰兒死亡率是影響平均預期壽命的直接因素之一。因為中華人民共和國成立前嬰兒死亡率那麼高，所以那時中

國的預期壽命只有大約 35 歲。這是 1949 年以前的情況。

需要指出的是，1959—1961 年，中國遭受嚴重自然災害，又出現"大躍進"的錯誤，當時最高的那年（1960 年）的死亡率是 25‰ 左右。換句話說，中華人民共和國成立以後，死亡率最高時，也不過相當於民國時期的平均水平。自三年自然災害之後，困擾中國人幾千年的大饑荒再也沒有出現過。關於 1959—1961 年的"大饑荒"詳見本書的附錄。

所以如果把外部、內部、政治、社會、經濟、民生、教育、健康都做一分析，可以得到一個大致結論，即 1949 年以前，無論是清政府、北洋政府還是國民政府都缺乏最起碼的國家能力，要想在舊中國的基礎上實現繁榮富強是不太可能的。打國家建設基礎，還得靠中國共產黨。

從中華人民共和國成立到改革開放前的中國（1949—1978 年）

現在來看看中華人民共和國成立以來的前三十年，還是使用同一個分析框架：政治基礎、社會基礎和物質基礎。

（一）政治基礎

1. 獨立自主

政治基礎中最重要的一條，是中國完全獨立自主了，因為它已具備最起碼的國家強制能力。

可以說，從晚清七十年開始，中國就難以獨立自主，到了北洋政府時期，中國依然難以自主，中華民國即使在"黃金十年"也難以自主，一直到日本入侵、打內戰的國難當頭，也談不上自主，在對外戰爭中中國每次都是輸家。中華人民共和國成立之後的抗美援朝戰爭，不是我們選擇要打的，而是帝國主義強加給中國，而中國不得不進行的一場戰爭，這場戰爭的結局是中國勝了。

在美國，很長很長的時間裏，研究別的戰爭的書非常多，研究朝鮮戰爭的書卻很少，所以這場戰爭在美國叫作"被人遺忘的戰爭"（The Forgotten War），或者是"不為人知的戰爭"（The Unknown War）、"越戰之前的戰爭"（The War Before Vietnam）。他們之所以不想談論，是因為這場戰爭對美國人來講是恥辱，他們會說跟中國人打了平手，打了平手的話為什麼還要遮遮掩掩？這場戰爭是中華人民共和國成立後，中國打勝的第一場戰爭，也是標誌性的戰爭，從此以後，中國再也沒有輸掉戰爭，沒有遭受外敵入侵。

據《毛澤東年譜》記載，1950 年 10 月 25 日，中國人民志願軍打響了抗美援朝的第一槍。兩天後，毛澤東邀請王季範（湖南第一師範時的老師）和周世釗（湖南第一師範時的同窗好友）到中南海談政治和宗教的關係問題。周世釗問：主席今天為什麼有這種閒情來談宗教與哲學的問題，朝鮮局勢不是很緊張嗎？毛澤東說，朝鮮局勢日趨緊張，這段時間我們為了討論這個問題，有很多天是睡不著覺的。但是，今天我們可以高枕而臥了，因為我們的志願軍已經出國了。周世釗又不無憂慮地表示，國民黨反動統治被推翻，全國得到解放，這是建設新國家的大好機會。全國人民都希望和平建設，志願軍出兵援朝，是不是會影響和平建設呢？毛澤東回答說，如果美帝真的把朝鮮搞垮了，縱不過鴨綠江，我們的東北也時常在它的威脅中過日子，要進行和平建設也有困難。為此，只能"打得一拳開，免得百拳來"。[1] 的確，假如不對"世界第一強國"來勢洶洶的侵略行徑做出回應，成天擔心外敵入侵，怎麼能一心一意搞建設呢？

2. 國家統一

同是人口眾多，為什麼中華人民共和國成立前打不過日本，但中華人民共和國剛成立就敢向"世界第一強國"叫板？因為中國人的力量集中起來了。這就涉及 1949 年以後，中國辦成了另一件大事——自 1840 年以來，經歷了一個世紀的戰亂、動盪以後，中國終於實現了持久的統一。

這件事情，現在的研究似乎說得還不夠到位。大家經常想的是，中國共產黨 1949 年打敗了國民黨，自然而然就順帶實現了統一，好像統一是一件輕而易舉的事。放到歷史中看，這件事情真的不是那麼自然而然的。

遠的不說，國民黨北伐戰爭完成之後，覺得可以宣佈中國統一了。蔣介石的謀士楊永泰為他拿出過一份"削藩策"：第一步離窩毀巢，把山西的閻錫山、河南的馮玉祥、廣西的李宗仁，四川的劉

1　中共中央文獻研究室. 毛澤東年譜 1949—1976：第一卷 [M]. 北京：中央文獻出版社，2013：226—231。

氏叔姪、廣東的李濟深、東北的張學良統統調到中央當官，使他們脫離老窩，從而強化中央集權制；第二步統一整編全國軍隊，遣散各種勢力賴以生存、活動的資本。但沒過多久，各路新軍閥便互相打起來了。

1948 年的中國，共產黨指揮的中國人民解放軍，就有四大野戰軍集團。每個野戰軍集團都有幾十萬甚至上百萬人，這些人來自不同地區，他們的領軍人比國民黨時期的軍閥更有實力。為什麼1949 年中華人民共和國成立以後，這些全部能變成一股統一的力量？對此還需要做深入的研究。

稍微梳理一下就會發現，1947 年底 1948 年初，戰爭可能快結束的前景已慢慢清晰起來的時候，毛澤東等中共領袖們就開始佈局，要創造一個持續統一的局面。1948 年剛開年，毛澤東於 1 月 7 日為中共中央起草了一份黨內文件 ——《關於建立報告制度》。作為統一的第一步，要求建立嚴格的報告制度。這一步看似無關宏旨，實際上意義重大。鑒於東北局沒有按規定向中央報告情況，毛澤東連續三次起草電報對林彪和東北局進行了批評。1948 年 4 月發出《將全國一切可能和必須統一的權力統一於中央》，要求 "將全國一切可能和必須統一的權力統一於中央"。順著往下細讀毛澤東的著作，可以看到毛澤東與中共中央後面怎樣一步步地佈局，使得中華人民共和國成立後所有的野戰軍統一在一個中央政府的領導下。中國完全的穩固的統一，大概一直到 1956 年左右才徹底實現。這樣，毛澤東才有底氣在 1957 年 2 月說："我們的國家現在是空前統一的⋯⋯人民所厭惡的國家分裂和混亂的局面，已經一去不復返了。"[1]而從 1948 年到 1956 年的佈局需要付出極大的努力，包括在軍事、經濟、財政、行政上做出一系列細緻的安排，才能創造一個國家統一的穩固局面。

因此，國家統一的局面是來之不易的。沒有國家統一這個政治基礎保障，想有後面的經濟高速發展與繁榮富強，完全沒有任何可能性。用毛澤東的話說："國家的統一，人民的團結，國內各民族的團結，這是我們的事業必定要勝利的基本保證。"[2]

3. 社會穩定

上一章提到民國時期土匪猖獗。其實，中華人民共和國剛成立時，匪患依然沒有完全消除。匪患對農村的損害非常大，尤其是在廣西、雲南、貴州的大山裏，在鄂西、湖南的很多地方，匪患是非常嚴重的。我們很多年輕人恐怕不知道，在中華人民共和國剛成立甚至成立後的很多年，因為匪患，在很多地方公務人員出差時還需要攜槍自衛。1950—1953 年，解放軍先後抽調了 39 個軍 140 多個師的 150 萬兵力，殲滅土匪、特務武裝和爭取匪特投降共 260 餘萬人，結束了中國匪患久遠、為害甚烈的歷史，有力保障了人民的安居樂業，穩定了社會秩序。

---

1 毛澤東 . 關於正確處理人民內部矛盾的問題 [M]// 毛澤東文集：第七卷 . 北京：人民出版社，1999：204。

2 同上。

可能有人覺得消滅土匪是輕而易舉的一件事，但只要想一想前面幾十年、上百年、幾百年舊中國都無法消滅的匪患，中華人民共和國沒幾年就徹底地消滅了，就可以體會到這是多麼了不起的成就，它為中華人民共和國的繁榮富強奠定了堅實的社會基礎。

　　中華人民共和國成立後的社會穩定還表現在犯罪率極低。圖2.6是前三十年犯罪率的變化軌跡。從圖2.6可以看出，中華人民共和國剛成立時，犯罪率還是比較高的，達十萬分之九十多。那時，敵對政治勢力不甘心失敗，進行各種破壞。"1950年春天到秋天的半年多時間裏，就有近4萬幹部和群眾積極分子遭到反革命分子的殺害。"同時，"流氓、盜匪、兵痞、妓女到處活動，擾亂社會秩序"。其後，犯罪率開始迅速下降。從20世紀50年代初到70年代末，雖然犯罪率有起有伏，但基本上在十萬分之三十至六十之間波動。這中間有1966—1972年這一段時間缺乏統計數據，那是因為在"文化大革命"高潮期，公檢法被砸爛了，沒有採集系統數據。

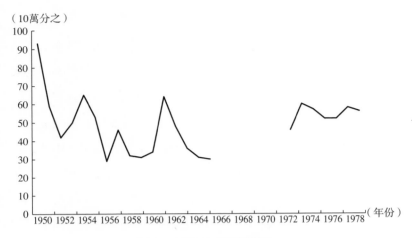

圖 2.6　前三十年的犯罪率

資料來源：轉引自 Xiaogang Deng and Ann Cordilia, "To Get Rich is Glorious: Rising Expectations, Declining Control, And Escalating Crime in contemporary China," *International Journal of Offender Therapy and Comparative Criminology*, Vol.43, No.2 (June 1999), p.212。

　　十萬分之三十至六十到底是高還是低？與其他國家一比較就清楚了：美國同期的犯罪率在十萬分之兩千到六千，英國的犯罪率是十萬分之一千到兩千。中華人民共和國的犯罪率不是低一點，而是低得多。

　　4. 剷除了"分利集團"

　　政治基礎還有一條很重要，就是剷除了"分利集團"。

　　前文提到了奧爾森，他談"分利集團"的書《國家興衰探源》於 1982 年出版。他 1998 年去世，在 2000 年出版的遺著《權力與繁榮》中，奧爾森更直接拿中國與蘇聯做比較，認為中國改革開放成功的原因之一，就在於前三十年的各種運動打破了僵化的制度，徹底剷除了中國的"分利集團"，為日後的改革開放掃平了道路。[1]

奧爾森的潛台詞是，隔一段時間來場"運動"是件好事，可以打爛"分利集團"，有利於其後的經濟增長。正是在這個意義上，耶魯大學法學院教授蘇珊・蘿絲—艾克曼提出了一個有意思的問題："奧爾森是不是個毛主義者？"[2]

（二）社會基礎

繁榮富強的社會基礎同樣很重要。社會基礎涉及三方面：社會平等、人民健康、教育普及。

1. 社會平等

中國共產黨之所以能打天下、坐天下，很重要的一條是土地改革。土改使中國絕大多數農民受益，這是最大的平等。這些年，一些輿論中，有人千方百計想否定土改。的確，土改不符合產權理論、市場經濟原則，但誰規定革命必須服從資本主義制度下的產權理論和市場經濟原則？當社會極度不平等時，革命的原則遠遠高過這兩樣東西。

1　曼瑟・奧爾森. 權力與繁榮 [M]. 蘇長和，嵇飛譯. 上海：上海人民出版社，2005：129—130。

2　Susan Rose-Ackerman, "Was Mancur a Maoist? An Essay on Kleptocracy and Political Stability," *Economics and Politics*, Vol.15 (2003), pp.135-162. 蘇珊・蘿絲—艾克曼不知道的是，20世紀90年代初，中國學者張宇燕曾與奧爾森有幾次對話。奧爾森對毛澤東關於"黨內的走資派""炮打司令部""摻沙子挖牆腳""從大亂達到大治"等論斷表現出極大興趣。當聽說，毛澤東認為"文化大革命"要"七八年再來一次"時，他更是激動得從沙發上站了起來。張宇燕. 跟奧爾森教授學習政治經濟學 [M]// 經濟學與常識. 福州：福建人民出版社，2005：145。

幾千年來，土地分配不均一直是社會不穩定、經濟難以發展的重要原因。前面引用《吾之敗，吾黨之敗》說明，即使是國民黨黨內的明白人也知道，不經過土改，什麼事都做不了。土改到底有多重要呢？通過跨國比較發現，經過土改的國家和沒經過土改（或沒有經過徹底土改）的國家在後期的經濟增長上是不一樣的 —— 經過土改的國家後期的經濟增長都比較快，未經過土改的國家後期增長都比較慢。中國與印度的對比就是一個典型例子。[1]

1997 年，世界銀行的兩位研究人員發表了一份報告，檢驗不平等與經濟增長的關係。他們發現，在 1960 年土地分配不平等現象較嚴重的國家，其後 30 多年的經濟增長速度往往很慢；而在 1960—1992 年間 GDP 年均增長率高於 4.5% 的國家，無一例外都是土地分配比較平等的國家。文中有一張圖，清晰地展現了土地分配不平等與後續經濟增長的負相關關係。[2] 十多年後，上述報告的一位作者利用更大的數據庫，繪製了圖 2.7。稍微懂一點統計相關知識的讀者都可以解讀這張圖的含義。

1 林春 . 再議土地改革：中國和印度的啟示 [J]. 開放時代，2016（2）。

2 Klaus Deininger and Lyn Squire, "Economic Growth and Income Inequality: Reexamining the Links," *Finance & Development*, Vol.34, No.1 (March 1997), pp.38-41.

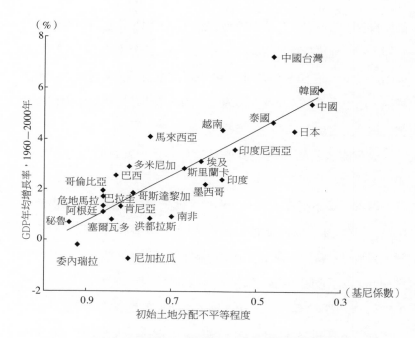

圖 2.7　初始土地分配不平等程度與後續經濟增長

資料來源：Klaus Deininger, *Land Policies for Growth and Poverty Reduction: A World Bank Policy Research Report* (Washington, DC: World Bank, 2003), p.18。

甚至可以這樣講，中華人民共和國土改成果的作用一直延續到改革開放。我們都知道，農村改革是從家庭聯產承包責任制開始的。設想一下，如果分田到戶之前土地不是集體所有的，如果還有地主、富農佔有大量土地，其他人佔地很少或無地，如果土地分配是嚴重不平等的，包產到戶恐怕只會導致階級矛盾激化，不可能取得任何成果。農村改革不能起步，哪裏還會有後面的城市改革。不少人都知道，20 世紀 70 年代末 80 年代初包產到戶時，土地分配是比較公平的，有人甚至批評過於平等了，因為分配時不僅面積上平等，連土地質量也是平等的，導致每家每戶分到的土地往往是零散的好幾塊，而不是連成一片。不搞得這麼公平，農村改革就無法推進。所以，中華人民共和國成立時的土地改革是使得中國社會在很大程度上實現平等的一項偉業。

改革開放前的中國社會平等還有一條，就是收入分配比較平等。

衡量平等不平等，有一個指標，就是基尼係數。基尼係數從0到1，0意味著收入分配完全平等，1意味著收入分配絕對不平等。現實世界當然不會出現這兩種極端的情況。一般而言，基尼係數在0.2以下被認為是絕對平等，0.2—0.3表示比較平等，0.3—0.4被視作相對合理，0.4—0.5則表示收入差距懸殊，再高就非常不平等了。直到20世紀80年代初，中國的基尼係數小於0.3，不平等程度遠遠低於世界平均水平。[1] 改革開放頭幾年，中國經濟理論界做的很重要的一件事情就是批判"大鍋飯"，說當時太平等了，有必要人為製造出一點不平等來，才能產生物質刺激。這從反面說明，當時的社會是非常平等的。

而收入分配平等對經濟後續發展的作用也是非常重要的。與土地平等分配的作用相似，收入平等分配對後續經濟增長也有積極的

---

1 World Bank, *China 2020: Development Challenges in the New Century*, (Washington, DC: World Bank), 1997, p.8.

促進作用，而不平等往往導致經濟停滯不前。[1]大量跨國實證研究證明，收入不平等與隨後的經濟增長呈負相關關係：越不平等的地方，後續經濟增長越慢；比較平等的地方，後續的經濟增長較快。世界銀行前首席經濟學家弗朗索瓦·布吉尼翁對此感嘆：如果對這種潛在的負相關關係進行解讀，那就意味著，收入從富人向窮人進行再分配將促進經濟增長。[2]這些研究表明，公平與效率並不一定是矛盾的，恰恰相反，社會越公平，其後的經濟增長有可能更快，而不是更慢，效率和公平可以是同步的，公平有利於提高經濟增長的速度。因此，平等的社會結構是改革開放後中國經濟高速增長的制度保障之一。

2. 人民健康

社會基礎的第二項是人民健康。毛澤東時代強調公共消費，而不是個人消費，尤其在醫療與教育領域。[3]那時，中國還很窮，但幾

1　Alberto Alesina and Dani Rodrik, "Distribution, political Conflict and Economic Growth," in Alex Cukierman, Zvi Hercowitz, And Leonardo Leiderman, eds. *Political Economy, Growth and Business Cycles*, (Cambridge: MIT Press, 1992), pp.23-50.

2　Fran ois Bourguignon, "The Poverty-Growth-Inequality Triangle," *Indian Council for Research on International Economic Relations Working Paper*, No.125 (2004), Http: //www. icrier. org/pdf/wp125. pdf, p.17.

3　毛澤東說："社會主義社會，不搞社會集體福利事業還成什麼社會主義。"他批評蘇聯《政治經濟學教科書》，"這本書在談到物質利益的時候，不少地方只講個人的消費，不講社會的消費，如公共的文化福利事業。這是一種片面性"。見《毛澤東讀社會主義政治經濟學批註和談話（簡本）》，第 282—284 頁。

平所有的城鄉人口都享有某種形式的基本醫療保障，這使得中國人
民的健康指標大幅改善。當時中國醫療衛生服務的公平性和可及
性受到了聯合國兒童基金會、世界衛生組織和世界銀行的高度讚
譽。[1] 中國低成本、廣覆蓋的衛生保健模式也在 1978 年的阿拉木圖
會議上受到推崇，成為世界衛生組織在全球範圍內推廣初級衛生服
務運動的樣板。[2]

衡量一國的健康水平可以用一個指標 —— 人均預期壽命來
體現。

1949 年，中國的人均預期壽命是 35 歲左右。[3] 當然，不是所有人

1　例如世界銀行的《1993 年世界發展報告：投資與健康》稱中國當年在醫療保障方面
　　取得的成就在低收入國家是 "獨一無二" 的（a unique achievement for a low-income
　　developing country）。World Bank, "World Development Report 1993: Investing in Health"
　　(Washington, DC: World Bank, 1993), p.111；Kenneth W. Newell, Health by the People
　　(Geneva: World Health Orgnization, 1975);World Health Orgnization, "United Nation
　　Children's Fund, Meeting Basic Health Needs in Developing Countries: Altemative Approaches"
　　(Geneva: World Health Organization, 1975); Matthias Stiefel and W. F. Wertheim, "Prodction,
　　equality and Participation in Rural China" (London: Zed Press for the United Nations Research
　　Institute for Social Development, 1983).

2　World Health Organisation, *Primary Health Care : Report of the International Conference
　　on Primary Health Care* (Geneva: WHO, 1978.); Dean T. Jamison, et al., *China, The Health
　　Sector* (Washington, D. C. : World Bank, 1984); BMJ Editorial Board, "Primary Health Care
　　Led NHS: Learning from Developing Countries," *BMJ*, October 7, 1995 [2009-04-19], Http:
　　//bmj. bmjjournals. com/cgi/content/full/311/7010/891; Therese Hesketh and Wei Xing Zhu,
　　"Health in China: From Mao to Market Reform," *BMJ*, May 24, 1997 [2009-04-19], Http: //
　　bmj. bmjjournals. com/cgi/content/full/314/7093/1543.

3　國家衛生和計劃生育委員會 .2015 中國衛生和計劃生育統計年鑒 [M]. 北京：中國協和
　　醫科大學出版社，2015：233。

都只能活到 35 歲。因為當時嬰兒死亡率太高，相當多的人夭折了，把平均數拉低了。年輕人也許不知道，現在 60—70 歲的人可能記得，他們小時候，有些家庭會出現一種情況：家有老三、老五、老七，其他的孩子不幸夭折了。所以當時的人均預期壽命是很低的。

中華人民共和國成立後，除個別年份外，人均預期壽命迅速提高（見圖 2.8）。到改革開放初期，中國的人均預期壽命已達到 68 歲，相比 1949 年翻了近一番。

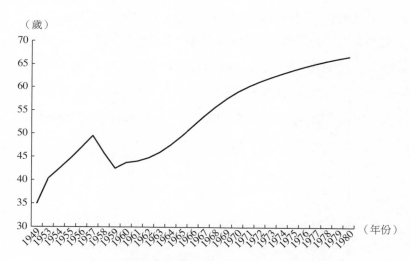

圖 2.8　中華人民共和國的人均預期壽命，1949—1980 年

資料來源：1953—1959 年的數據來自 Judith Banister, *China's Changing Population* (Stanford: Stanford University Press, 1987), pp.116, Table 4.18; 1960 年以後的數據來自 World Bank, "World Development Indicators 1960-2018," http: //databank.worldbank. org/data/download/WDI_excel. zip。

人民健康了，死亡率下降了，這本身是民生中很重要的訴求。

同樣重要的是，人民健康迅速改善還為中國提前帶來了人口紅利。我們對比中國與印度的人口轉型數據，就可以看清這一點。1950年，中印兩國的粗出生率都在 45‰ 左右，粗死亡率都在 25‰ 左右。1950 年到 1980 年，兩國的人口轉型呈現出不同形態：中國的出生率與死亡率都迅速下降，前者降到 20‰，後者降到 5‰；印度的出生率與死亡率緩緩下降，前者降到 35‰，後者降到 12‰。這樣就帶來一個結果，即所謂人口紅利的出現時間差。

圖 2.9 顯示，中國的人口紅利出現在 20 世紀 70 年代後期。這之後將近有 40 年的時間，0—14 歲的人口比重下降，15—59 歲的人口比重上升，60 歲以上的人口比重一直維持在較低水平。換句話說，在這個時期，勞動年齡人口佔總人口比重較大，撫養率比較低，為經濟發展創造了有利的人口條件。中國的改革開放正好趕上了人口紅利窗口期，一直延續至現在。

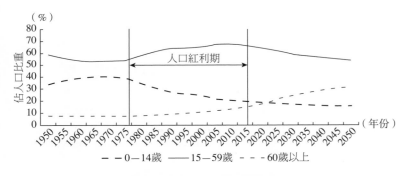

圖 2.9　中國人口轉型的窗口期

資料來源：Misbah T. Choudhry and J. Paul Elhorst, "Demographic Transition and Economic Growth in China, India and Pakistan," *Economic Systems*, Vol.34, No.2 (2010), pp.218-236。

而印度的人口紅利窗口期幾乎晚了 25 年，到 20 世紀 90 年代中期才出現（見圖 2.10）。起點差不多，印度人口紅利窗口期之所以晚出現了一代人的時間，就是因為中國的死亡率在中華人民共和國成立初期就開始大幅度快速地下降。

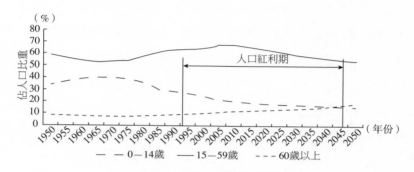

圖 2.10　印度人口轉型的窗口期

資料來源：Misbah T. Choudhry and J. Paul Elhorst, "Demographic Transition and Economic Growth in China, India and Pakistan," *Economic Systems*, Vol.34, No.2 (2010), pp.218-236。

　　人口紅利窗口期是有利於經濟增長的。中國和印度在過去 70 年經濟增長的表現不一樣，前者比後者快得多，原因固然很多，但不可否認的是，健康水平迅速改善、死亡率迅速下降，使得我們提前享有了人口紅利帶來的好處。

3. 教育普及

　　健康水平的提升很重要，教育水平提升普及也非常重要。對一個國家的經濟增長而言，尤其在初期階段，重要的不是高等教育或注重高精尖的教育，而是基礎教育，就是小學、初中、高中這樣的教育，因為如果大多數人是文盲或受教育水平很低，這個國家的經濟就難以持續發展。

在毛澤東時代，各級教育尤其是基礎教育高速發展。學齡兒童入學率由 1949 年的 20% 左右迅速增加到 1976 年的 97.1%，成人文盲率由 1949 年的 80% 急劇下降至 1982 年的 22.8%。[1] 圖 2.11 為 1949 年至 2006 年各級各類學校在校學生數。這張圖告訴我們，前三十年，基礎教育發展很快。小學在校生人數增長了 6 倍，初中生增長了 55 倍，高中生增長了 62 倍。即使是 "文革" 時期曾一度停辦的大學在校生人數也比 1949 年增加了好多倍。[2] 引人注目的是，圖 2.11 還顯示，在 "文革" 後期、改革開放以前，中國小學、初中、高中在校學生人數都曾達到一個高峰。改革開放初期，小學、初中、高中在校學生人數下降了，而不是增長了。出現另一次高峰要等 20 年甚至更長。有人也許會批評那時候教育水平不夠高，有些中學是所謂戴帽學校（小學變初中，初中變高中），但至少大批人都接受了基礎教育，教育得到了很大的普及。

1　賴立，張竺鵬，謝國東. 我國成人文盲十年減少近 1 億　女性文盲率降幅大 [N]. 中國教育報，2007-08-01。

2　國家統計局國民經濟綜合統計司. 新中國五十年統計資料彙編 [M]. 北京：中國統計出版社，1999：81—82。

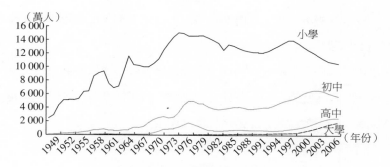

圖 2.11　各級各類學校在校學生數

資料來源：國家統計局國民經濟綜合統計司，《新中國六十年統計資料彙編》，中國經濟與社會發展統計數據庫。

　　讓人們活得健康、有知識不僅是發展的目的，健康和知識也提高了人力資本的素質，反過來促進經濟增長。[1] 沒有前三十年打下的基礎，為改革開放做出巨大貢獻的中國高素質勞動力從何而來？世界體系理論的代表人物、意大利經濟學家喬萬尼·阿瑞吉（Giovanni Arrighi）用大量跨國數據證明，改革開放後，中國經濟之所以能夠快速增長，其奧妙就在於中國的勞動力素質比其他發展中國家高。[2]

（三）物質基礎

　　除了政治基礎與社會基礎，繁榮富強還需要一定的物質基礎。

1. 以農業為基礎

1　參見羅默 (Paul Romer) 和盧卡斯 (Robert Lucas) 為代表的 "新增長理論"。

2　Giovanni Arrighi, *Adam Smith in Beijing: Lineages of the Twenty-First Century* (London: Verso, 2007).

物質基礎第一條，以農業為基礎，這是中華人民共和國成立後提出的口號。

中華人民共和國成立初期，中國是農業國，經濟發展以農業為基礎，先解決吃飯問題。為此，中國當時做了很多事情，一是大興水利，二是有效灌溉，三是增加糧食產量。

（1）大興水利

在機械化科技手段比較低的時候，農業當時就是一個靠天吃飯的產業。沒有水什麼問題都解決不了，要解決水的失調問題，就得建水利設施，包括水庫。中華人民共和國成立前的中國，水庫很少，全國只有 1 200 座。中華人民共和國成立後開始大興水利，建造了不少水庫。到改革開放初期，中國已有約 87 000 座水庫。改革開放以後的很長一段時間，中國的水庫數量沒有增加，反倒是降低了，因為有些水庫被廢棄，年久失修不能用了。所以，水庫總數量的一個極點是在改革開放初期，另一個極點是最近十餘年才達到（見圖 2.12）。

如果僅看大型水庫，2008 年新一輪水庫興建高潮到來之前，全國共有 493 座，其中只有 6 座是 1949 年前建的，接近一半（219 座）興建於 20 世紀 50 年代，97 座是 60—70 年代建設的。從 1980 年到 2007 年的 28 年間，一共修建了 171 座水庫（見圖 2.13）；也就是說，絕大部分大型水庫都是改革開放前修建的（包括丹江口、葛洲壩、劉家峽水庫及水電站）。改革開放前，能修建那麼多水庫是了不得的事情。最近十餘年國家重建水庫，動輒要花

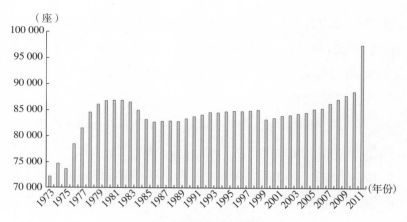

圖 2.12　中國的水庫數量

　　資料來源：中華人民共和國水利部，《中國水利統計年鑒》，中國經濟與社會發展統計數據庫。

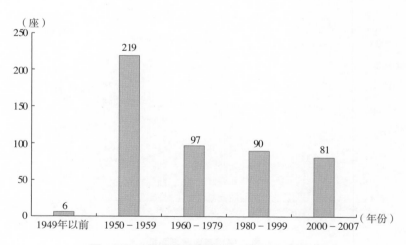

圖 2.13　大型水庫建設情況，1949—2007 年

　　資料來源：中華人民共和國水利部，《中國水利統計年鑒》，中國經濟與社會發展統計數據庫。

幾千億、上萬億（僅 2011─2013 年，全國財政水利資金累計投入就達 13 261 億元）；而當年修水庫主要是靠人工、靠自力更生、靠飽滿的熱情和高度有效的組織，國家的資金投入並不多。

（2）有效灌溉

再看農田基本建設。農田要灌溉，不能說僅有水庫，水就會自動流到田裏去，還得修溝渠、灌溉設施，還要平整土地，這些叫作農田基本建設。農田基本建設水平可以用一個指標衡量，即有效灌溉面積。圖 2.14 顯示，1952 年的有效灌溉面積大概是 2 萬千公頃，到改革開放初期，已達到 4.5 萬千公頃上下，多了不止一倍；20 世紀 50 年代與"文革"後期是有效灌溉面積的兩個快速增長期。推行家庭聯產承包責任制的第一個十年，有效灌溉面積不僅沒

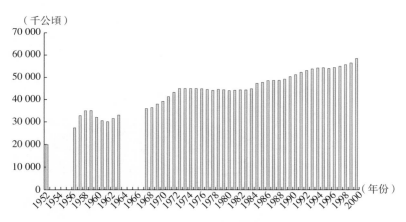

圖 2.14　有效灌溉面積

資料來源：中華人民共和國水利部，《中國水利統計年鑒》，中國經濟與社會發展統計數據庫。

有增長，反倒有些許下降，因為一旦失去了動員大量人力的機會，農田基本建設就成了一種非常費事、費錢的工程。只是到了 1990 年以後，有效灌溉面積才開始再次擴大。

（3）增加糧食產量

水利建設與農田基本建設促進農業生產，這直接反映在糧食總產量和人均糧食產量的變化上。如圖 2.15 所示，中華人民共和國成立後，糧食總產量先是增長的，"大躍進"以後有一個下降的過程，之後基本上持續增長，到 20 世紀 90 年代後期有一個滑坡，過後又開始增長，現在已連續增長十年左右。人均糧食產量情況相近，改革開放包產到戶以後，實際增長並不是很快，是一個較平緩的波動增長，與很多人的想像有距離。到改革開放初期，糧食問題或中國人的吃飯問題就基本解決了。

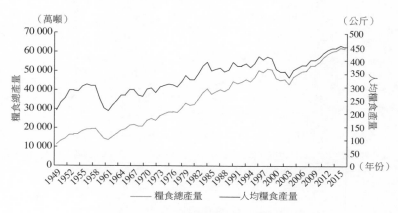

圖 2.15　糧食總產量與人均糧食產量

資料來源：國家統計局國民經濟綜合統計司，《新中國六十年統計資料彙編》，《中國統計年鑑》，中國經濟與社會發展統計數據庫。

2. 以工業為主導

舊中國是典型的農業國。中華人民共和國成立前夕，毛澤東這樣形容當時中國的經濟結構："中國還有大約百分之九十左右的分散的個體的農業經濟和手工業經濟，這是落後的，這是和古代沒有多大區別的，我們還有百分之九十左右的經濟生活停留在古代。"[1]中國經濟要崛起，必須首先來一次工業革命。中國的工業革命是何時發生的？圖 2.16 給出了明確無誤的回答：它基本發生在前三十年中。1952 年，農業佔國內生產總值的 50% 以上，工業約佔整個

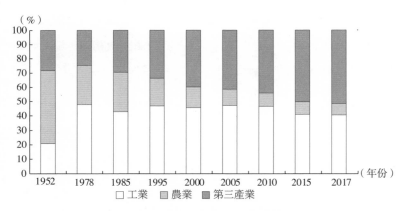

圖 2.16　工業、農業、第三產業佔國民經濟的比重

資料來源：國家統計局國民經濟綜合統計司，《新中國六十年統計資料彙編》，《中國統計年鑒》，中國經濟與社會發展統計數據庫。

1　毛澤東. 在中國共產黨第七屆中央委員會第二次全體會議上的報告（1949 年 3 月 5 日）// 毛澤東選集第四卷. 北京：人民出版社，1991：1430。

國民經濟的 28%；到 1978 年，農業的比重降到 30% 以下，第三產業也縮減到 25% 以下，而工業佔整個國民經濟的比重直綫上升到 48% 左右。可見，前三十年的國民經濟發展，確確實實是以工業為主導。改革開放後，工業在國民經濟中的地位長期維持在這一水平，即佔國民經濟的比重為 45% 以上。如果說中國曾發生過工業革命的話，那麼它發生在前三十年，使得整個國家經濟的結構從以農業為主變成以工業製造業為主。

如果我們看很多關鍵性工業產品，如鋼、生鐵、原煤、發電量這些非常重要的基礎性工業產品，就會發現它們在前三十年的增長速度實際上比後三十年快。不過，輕工產品的增長速度是後三十年快於前三十年（見表 2.4）。所以，提出工業革命發生在前三十年的觀點，是有多方面依據的。

表 2.4　主要工業品增長速度

產品名稱	1949	1952	1978	2008	1978/1952	2008/1978
鋼（萬噸）	15.8	135.0	3 178.0	50 092.0	23.5	15.8
生鐵（萬噸）	25.2	193.0	3 479.0	47 067.0	18.0	13.5
原煤（億噸）	0.3	0.7	6.2	27.9	9.3	4.5
發電量（億千瓦時）	43.1	72.6	2 565.5	32 560.0	35.3	12.7
原油（萬噸）	12.1	43.6	10 405.0	18 973.0	238.6	1.8
水泥（萬噸）	66.0	286.0	6 524.0	140 000.0	22.8	21.5

產品名稱	1949	1952	1978	2008	1978/ 1952	2008/ 1978
平板玻璃 （萬標準箱）	108.0	213.0	1 784.0	55 185.0	8.4	30.9
硫酸（萬噸）	4.0	19.0	661.0	5 132.7	34.8	7.8
純鹼（萬噸）	8.8	19.2	132.9	1 881.3	6.9	14.2
燒鹼（萬噸）	1.5	7.9	164.0	1 852.1	20.8	11.3
化學肥料 （萬噸）	2.7	18.1	869.3	6 012.7	48.0	6.9
金屬切削機床 （台）	1 582.0	13 734.0	183 200.0	500 000.0	13.3	2.7
汽車（萬輛）	—	—	14.9	934.6		62.7
布（億米）	18.9	38.3	110.3	710.0	2.9	6.4
捲煙（萬箱）	160.0	265.0	1 182.0	22 199.0	7.4	18.8
糖（萬噸）	19.9	45.1	227.0	1 449.0	5.0	6.4
原鹽（萬噸）	298.5	494.5	1 953.0	5 953.0	3.9	3.0

資料來源：國家統計局國民經濟綜合統計司，《新中國六十年統計資料彙編》，《中國統計年鑒》，中國經濟與社會發展統計數據庫。

3. 建立完整的產業體系

中華人民共和國成立以來的前三十年，還在全國範圍內建立了三個體系，它們都對後續發展至關重要、必不可少。

第一個是獨立的、門類比較齊全、比較完整的工業體系，包括重工業體系、國防工業體系、高技術工業體系，如電子、航空、航天、核能等體系。建立這樣的體系，是中國當時領導人的一個夢想。毛澤東在 1949 年 3 月中華人民共和國還未成立時就指出，當

時 "還沒有解決建立獨立的完整的工業體系問題，只有待經濟上獲得了廣大的發展，由落後的農業國變成了先進的工業國，才算最後地解決了這個問題"。[1] 他的這個夢想到 20 世紀 70 年代末基本實現了。80 年代初，世界銀行有一個三卷本的關於中國經濟的研究報告提到，那時候在發展中國家中，很少有國家能建立比較完整的工業體系，而中國做到了。[2]

第二個是國民經濟體系。1963 年，在《關於工業發展問題》起草委員會的會議上，周恩來指出，"工業國的提法不完全，提建立獨立的國民經濟體系比只提獨立的工業體系更完整。蘇聯就是光提工業化，把農業丟了"。什麼是國民經濟體系呢？他解釋說："國民經濟體系不僅包括工業，而且包括農業、商業、科學技術、文化教育、國防各個方面。" 當時，作為總理，周恩來確定的目標是 "經過一九六三至一九六五年三年過渡和一九六六至一九七五年十年規劃，基本建立一個獨立的國民經濟體系"。[3] 到改革開放前，這樣一個體系已經建立起來了。

第三個是由鐵路、公路、內河航運、民航空運構成的交通運輸

1　毛澤東 . 在中國共產黨第七屆中央委員會第二次全體會議上的報告（1949 年 3 月 5 日）[M]// 毛澤東選集：第四卷 . 北京：人民出版社，1991：1433。

2　World Bank, *China: Socialist Economic Development, Vol.1., The Economy, Statistical System, And Basic Data* (Washington, DC: World Bank, 1983), p.12.

3　周恩來 . 國民經濟發展的方針和目標 [M]// 周恩來經濟文選 . 北京：中央文獻出版社，1993：519。

體系。當時的體系當然跟今天沒法比，但至少在當時的情況下中國建立了這麼一套交通運輸體系。

這三個體系為後四十年現代化建設奠定了堅實的物質基礎。很多人以為，前三十年經濟沒有怎麼增長，經濟增長主要發生在後四十年。但看數字，不是這麼回事。前三十年經濟增長的確呈大起大落的態勢，但年均增長率也不低，近 8%（見圖 2.17）。在長達 30 年的時間裏，年均增長超過 7.5%，放到今天看也不錯，放到全世界幾乎可以傲視全球了。當然，改革開放後的經濟增長速度更快，且 20 世紀 90 年代初以後增長變得比較平緩，降得緩，起得也緩，表明對國民經濟的控制能力提高了。

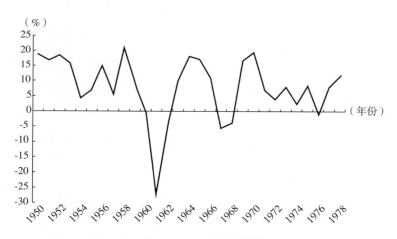

圖 2.17　1950—1978 年中國經濟增長速度

註：1949—1952 年為國民收入增長率，1953 年以後為國內生產總值增長率。

資料來源：國家統計局國民經濟綜合統計司，《新中國六十年統計資料彙編》，《中國統計年鑒》，中國經濟與社會發展統計數據庫。

小結

中華人民共和國成立以來的前三十年和後四十年是什麼關係？我們自己評價，有人恐怕不願意接受，那麼讓我們看看兩位旁觀者的評價。

第一位叫阿瑪蒂亞·森，是一個印度人，國際知名學者，諾貝爾經濟學獎得主。其實他的有些論述常常被國內某些人引用，引得最多的是他對"大躍進"之後中國饑荒的批評。以下是他對前三十年的一個評價："1949 年政治變革時中國的生活條件與當時印度的情況大致相差無幾。兩個國家都屬世界上最窮的國家之列，死亡率、營養不良和文盲程度都很高。"[1] 他忘了說一點，就是中國其實當時比印度還要糟糕。他接著說，到改革前，"印度和中國所處的相對地位就決定性地確立了"，[2] 因為中國在初級教育和初級衛生保健方面取得了非同尋常的進步。因此，他得出結論："改革前中國在教育、保健、土地改革和社會變化方面的成就，對改革後的成績做出了巨大的積極貢獻，使中國不僅保持了高預期壽命和其他相關成就，還為基於市場改革的經濟擴展提供了堅定支持。"[3] 需要指出的是，這裏他忽略了中國在政治上的成就，如前面提到的政治上獨

1　阿瑪蒂亞·森，讓·德雷茲. 印度：經濟發展與社會機會 [M]. 北京：社會科學文獻出版社，2006：71。

2　同上，第 80 頁。

3　同上，第 70 頁。

立自主、國家統一、社會穩定。

這是一個印度人的看法。此人也批評中國的一些政策，但算總賬時，他也會看到沒有前三十年打下的基礎，後幾十年的輝煌就很難實現，因為沙灘上建不起高樓大廈。

第二位學者在內地可能更不知名。他叫郭益耀，一位香港資深經濟學家，已年過八旬，早已退休。他出了兩本書，一本英文的，一本中文的。英文書名挺有意思，主書名叫《中國的新工業化戰略》，沒有什麼吸引人的地方，但副書名很醒目 —— 毛主席是不是真的必要？[1] 熟悉社會主義政治經濟學研究的人大概都知道，早在 1964 年，英國一位蘇聯經濟專家亞歷克·諾夫曾出版過一本書 ——《斯大林是不是真的必要》。[2] 此後，不少討論蘇聯經濟史的圖書與論文都會使用類似的表述。郭益耀也套用這種表述，而他的回答當然是肯定的 —— 沒有毛澤東時代奠定的基礎，後面那些成就都無法實現。

郭益耀另一本書是中文的，乾脆就叫《不可忘記毛澤東 ——一位香港經濟學家的另類看法》，2010 年由牛津大學出版社出

1　Y. Y. Kueh, *China's New Industrialization Strategy: Was Chairman Mao Really Necessary?* (Cheltenham: Edward Elgar, 2008).

2　Alec Nove, *Was Stalin Really Necessary* (New York: Routledge, 2011).

版。[1] 此前，他在香港中文大學新亞書院的院刊上發表過一篇文章，標題也叫《不可忘記毛澤東》。他在這篇文章裏提到，今日中國國力昌盛，有賴"毛道"和"鄧路"。毛澤東的"道"和鄧小平的"路"不是兩條分岔道路，而是一以貫之的道路；兩者不能分割，沒有"毛道"就沒有"鄧路"，或者"鄧路"根本就走不通；只有先沿著毛澤東開闢的道路前行，才能走到鄧小平指出的道路上去。[2]

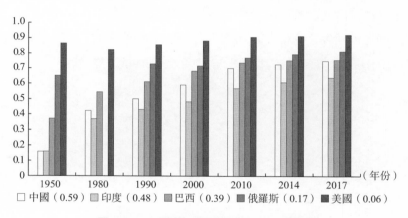

圖 2.18　人類發展指數的變化：五大國比較

註：國家名稱後面的數字代表 1950 年至 2014 年間，該國人類發展指數的增加值。

資料來源：1950 年數據來自 Nicholas Crafts, "Globalization and Growth in the Twentieth Century," IMF Working Paper No.00/44 (March 1, 2000); 1980—2014 年數據來自聯合國開發計劃署網頁 http: //hdrstats. undp. org/indicators/14. html。

1　郭益耀 . 不可忘記毛澤東——一位香港經濟學家的另類看法 [M]. 香港：牛津大學出版社，2010。

2　郭益耀 . 不可忘記毛澤東：談談毛在改革開放和中國和平崛起的歷史作用 [J]. 新亞生活，2009，36（5）。

近年來，人們往往用聯合國開發計劃署的"人類發展指數"作為衡量各國社會發展水平的綜合指標。如圖 2.18 所示，1950 年，中國是世界上人類發展指數最低的國家之一，僅為 0.16，與印度不相上下。到 1975 年，中國的人類發展指數已提升至 0.53，遠遠超過印度的 0.42。

萬丈高樓平地起，最關鍵的是要打牢基礎。前三十年就是打基礎的三十年。打基礎是很艱苦、耗費時日的，而且打基礎的人當時未必能馬上享受高樓大廈的舒適。但是，如果沒有前三十年打下的堅固基礎，就不可能有後四十年那些拔地而起的宏偉樓群。

第三章

探索：從中華人民共和國成立以來的前三十年到後四十年

馬克思、恩格斯寫道："一個幽靈，共產主義的幽靈，在歐洲徘徊。"當《共產黨宣言》最初以德文在 1848 年出版時，"共產主義同盟"還是一個秘密團體，其影響局限在英、法等歐洲國家。過了半個世紀，到 19 世紀末，這個"幽靈"出現在中華廣袤的大地上。又過了半個世紀，到 20 世紀中，社會主義已經變成滾滾洪流，席捲全球。以共產主義為最終奮鬥目標的中國共產黨也在此時奪取了全國政權，神州大地開始英姿勃發地邁向社會主義。再過了半個世紀，到 20 世紀末，一度紅紅火火的社會主義陷入前所未有的低谷，以至有人大膽斷言：歷史已經終結，人類社會只有資本主義一途，別無選擇。

　　在過去 30 多年裏，"市場原教旨主義"甚囂塵上。它的許諾很簡單也很誘人：只要將財產權交給私人，將決策權交給追求自身利益最大化的私人企業主，將政府干預減至最低程度，市場這隻"看不見的手"就會源源不斷地創造出無窮無盡的財富，"下溢效應"（涓滴效應）最終會讓所有人受益。

　　然而，正如卡爾·波蘭尼指出的那樣，"這種自我調節的市場的理念，是徹頭徹尾的烏托邦。除非消滅社會中的人和自然物質，否則這樣一種制度就不能存在於任何時期，它將摧毀人類並將其環境變成一片荒野"。[1]20 世紀末，在"華盛頓共識"肆意蔓延的同

1　卡爾·波蘭尼. 大轉型：我們時代的政治與經濟起源 [M]. 馮鋼，劉陽譯. 杭州：浙江人民出版社，2007：3。

時，窮國與富國、窮人與富人之間的鴻溝越來越大，致使貧富差距最大的拉丁美洲國家紛紛"向左轉"。到 21 世紀初，"市場原教旨主義"的危害已變得如此明顯，以至於它的一些有良知的信徒也看不過眼。香港《信報》創辦人林行止先生自稱寫了 30 多年政經評論，在 2007 年 10 月 16 日的專欄裏，他開始對自己"年輕時是盲目的自由市場信徒……一切講求經濟效益，認為企業的唯一功能在替股東牟取最大利潤"表示反省。[1]2008 年 4 月 28 日，他又發表專欄文章，重申"對過去理直氣壯地維護資本主義制度頗生悔意"，因為"看到了太多不公平手段和欺詐性活動，而一些本以為'放之四海而皆準'的理論則經不起現實考驗"。他懇切地希望"中國不要徹底走資"，認為"社會主義的確能夠維繫社會公平"。[2]

其後不久，一場嚴重的經濟危機從美國蔓延至全世界，作為資本主義象徵的大型企業一個接一個面臨破產倒閉的厄運。從冰島到愛爾蘭，從澳大利亞到日本，從英國到美國，政府迫不得已，紛紛出手將銀行、保險公司、汽車製造企業國有化，由政府託管。難怪美國《新聞週刊》封面文章不無揶揄地驚呼："我們都是社會主義者了！"[3]

"滄海橫流，方顯出英雄本色。" 雖然世界經濟危機也拖累

---

1 林行止. 企業多顯人性 共造和諧社會 [N]. 信報，2007-10-16。

2 林行止. 糧食危機中對富人和中國的期待 [N]. 信報，2008-04-28。

3 Jon Meacham and Evan Thomas, "We Are All Socialists Now," *Newsweek*, February 16, 2009.

了中國經濟，但 2008 年，中國經濟增長速度高達 9.65%；其後 3 年，年均增速是 9.86%；雖然 2012 年以來增速回落，中國的經濟仍然一直維持正增長，並成為全球經濟復甦的火車頭。在這種強烈的反差下，重新審視中國堅守的方向和走過的道路，意義非同尋常。

改革開放前三十年的探索

在中華人民共和國成立前夕，毛澤東就指明了中華人民共和國未來的方向，即 "經過人民共和國到達社會主義和共產主義，到達階級的消滅和世界的大同"。[1] 在他看來，只有社會主義才能救中國，使中華民族不再是 "一個被人侮辱的民族"，而是一個 "站起來" 的民族。[2]

中華人民共和國成立後，毛澤東反覆強調，我們的總任務是，"建設一個偉大的社會主義國家"，"要實現社會主義工業化，要實現農業的社會主義化、機械化"，[3] 要 "改變我國在經濟上和科學文化

1　毛澤東 . 論人民民主專政：紀念中國共產黨二十八週年（1949 年 6 月 30 日）[M]// 毛澤東選集：第四卷 . 北京：人民出版社，1991：1471。

2　毛澤東 . 中國人民站起來了（1949 年 9 月 21 日）[M]// 毛澤東選集：第五卷 . 北京：人民出版社，1977：3—7。

3　毛澤東 . 關於中華人民共和國憲法草案（1954 年 6 月 14 日）[M]// 毛澤東選集：第五卷 . 北京：人民出版社，1977：125—131。

上的落後狀況，迅速達到世界上的先進水平"。[1]1957 年，他把這個目標清楚地概括為"建設一個具有現代工業、現代農業和現代科學文化的社會主義國家"。[2]為實現這個目標，首先必須大力發展生產力。20 世紀 50 年代，中國還十分貧窮落後，毛澤東非常重視生產力的發展。他指出："韓愈有一篇文章叫《送窮文》，我們要寫送窮文。中國要幾十年才能將窮鬼送走。"[3]他還提醒全國人民，"現在我們能造什麼？能造桌子椅子，能造茶碗茶壺，能種糧食，還能磨成麵粉，還能造紙，但是，一輛汽車、一架飛機、一輛坦克、一輛拖拉機都不能造"。[4]他認為，要經過三個五年計劃，即 15 年左右，才可以打下一個基礎；要經過大約 50 年即十個五年計劃，才能建成一個富強的中國。當然，作為社會主義國家，"這個富，是共同的富，這個強，是共同的強，大家都有份，也包括地主

1 毛澤東．社會主義革命的目的是解放生產力（1956 年 1 月 25 日）[M]// 毛澤東文集：第七卷．北京：人民出版社，1999：2。

2 毛澤東．在中國共產黨全國宣傳工作會議上的講話（1957 年 3 月 12 日）[M]// 毛澤東選集：第五卷．北京：人民出版社，1977：403—418。

3 毛澤東．同民建和工商聯負責人的談話（1956 年 12 月 7 日）[M]// 毛澤東文集：第七卷．北京：人民出版社，1999：167—173。

4 毛澤東．關於中華人民共和國憲法草案（1954 年 6 月 14 日）[M]// 毛澤東選集：第五卷．北京：人民出版社，1977：125—131。

階級"。[1]

　　既然方向是明確的，度過 1949—1952 年的國民經濟恢復期以後，毛澤東便開始探索了一條適合中國情況的社會主義改造道路。

（一）所有制方面的探索

　　如表 3.1 所示，1952 年，公有經濟在整個國民經濟中所佔的比重還不大，非公有經濟仍佔統治地位。社會主義改造就是要將農業和手工業的個體所有制改變為社會主義的集體所有制，將私營工商業的資本主義所有制改變為社會主義的全民所有制，使生產資料的公有制成為中國唯一的經濟基礎。在毛澤東看來，社會主義改造的目的也是為了解放生產力，[2] 因為只有先解決所有制問題，才能使生產力獲得解放，為發展新生產力開闢道路，為大大地發展工業和農業生產創造社會條件。[3] 經過 4 年時間，中國於 1956 年基本完成了社會主義改造。到 1957 年，公有經濟已經一躍佔據國民經濟的支配地位。

1　毛澤東 . 在資本主義工商業社會主義改造問題座談會上的講話（1955 年 10 月 29 日）[M]// 毛澤東文集：第六卷 . 北京：人民出版社，1999：495—496。

2　毛澤東 . 社會主義革命的目的是解放生產力（1956 年 1 月 25 日）[M]// 毛澤東文集：第七卷 . 北京：人民出版社，1999：1。

3　毛澤東 . 革命的轉變和黨在過渡時期的總路線（1953 年 12 月）[M]// 毛澤東文集：第六卷 . 北京：人民出版社，1999：316。

表 3.1　　各種經濟成分比重變化表　　　　　　　單位：%

| 年份 | 公有經濟 | | | 非公有經濟 | |
| | 國有經濟 | 集體經濟 | | 資本主義經濟 | 個體經濟 |
		合作經濟	公私合營		
1952	19.1	1.5	0.7	6.9	71.8
1957	33.2	56.4	7.6	0.0	2.8
1978	56.2	42.9			0.9
1997	41.9	33.9		24.2	
2005	31.0	8.0		61.0	

　　資料來源：國家統計局 . 偉大的十年 [M]. 北京：人民出版社，1959：36；從數字看變化：國有經濟地位穩固非公經濟比重上升 [N]. 中新社，2002-10-07；李成瑞 . 關於我國目前公私經濟比重的初步測算 [J]. 探索，2006（04）。

　　有不少人認為，1957 年以前，中國進行社會主義建設是完全照搬蘇聯模式。這完全是誤解。在這一點上，毛澤東很清醒，"我們信仰馬列主義，把馬列主義普遍真理同我們中國實際情況相結合，不是硬搬蘇聯的經驗。硬搬蘇聯經驗是錯誤的。我們對資本主義工商業的改造和農業的合作化是跟蘇聯不同的"。[1] 蘇聯對資本家採取了剝奪政策，甚至試圖在肉體上消滅資本家；中國則通過贖買的方式將私人資本轉化為公有資本，力圖將他們改造成自食其力的社會主義勞動者。蘇聯採取命令主義和專橫的方式進行農業集體

1　毛澤東 . 同工商界人士的談話（1956 年 12 月 8 日）[M]// 毛澤東文集：第七卷 . 北京：人民出版社，1999：176。1979 年，在與外賓談話時，鄧小平也明確指出，"中國的社會主義道路與蘇聯不完全一樣，一開始就有區別，中國建國以來就有自己的特點"。見鄧小平 . 鄧小平文選：第二卷 [M]. 北京：人民出版社，1993：235。

化，並對富農採取以暴力手段徹底剝奪和消滅的政策；中國的農業合作化則不帶有蘇聯那樣的強制性，過程也沒有蘇聯那麼混亂。結果當然也不一樣，"蘇聯農業集體化後幾年是減產的，而我們農業合作化後是增產的"。[1]

雖然毛澤東希望有朝一日實現所有生產資料的全民所有制，但他特別強調，全民所有制和集體所有制這兩種社會主義所有制形式的界限"必須分清，不能混淆"。"蘇聯宣佈了土地國有，我們沒有宣佈土地國有。斯大林不賣拖拉機等生產資料給集體農莊，我們賣給人民公社。所以在我們這裏，勞動、土地及其他生產資料統統都是集體農民的，是人民公社集體所有的。因此，產品也是集體所有的。"[2] 蘇聯在 1936 年宣佈建成社會主義。次年，其國家所有制已佔到全部工業成分的 99.97%，國營農業在農業固定基金中所佔的比重也高達 79.2%。此後，在蘇聯，這種生產資料高度集中於國家的狀況，不僅沒有被削弱，反被不斷強化。[3] 而中國則不同，1956 年以後，雖然國有企業在國民經濟中扮演越來越重要的角色，但

1　毛澤東.同工商界人士的談話（1956 年 12 月 8 日）[M]// 毛澤東文集：第七卷.北京：人民出版社，1999：175。

2　毛澤東.讀斯大林《蘇聯社會主義經濟問題》談話（1958 年 11 月 9—10 日）[M]// 中華人民共和國國史學會.毛澤東讀社會主義政治經濟學批註和談話（簡本）.北京：中華人民共和國國史學會，2000：29。

3　張建勤.中蘇傳統計劃經濟體制比較研究 [M].武漢：湖北人民出版社，2004：131—133。

直到 1978 年，國有企業在國民經濟中的比重也才剛過半（見表 3.1）。同年，在全國工業總產值中，國有企業佔 77.16%，集體企業佔 22.14%。但從工業企業數目上看，國有企業只有 83 700 家，而集體企業多達 264 700 家。[1] 除此之外，中國還在 "大躍進" 和 "文革" 後期，大力扶植一種新型企業，即社隊企業（1984 年後改稱鄉鎮企業）。1978 年，全國社隊企業達 152 萬家，社會總產值達 491 億元，佔全社會總產值的比重為 7.17%，佔農村社會總產值的比重為 24.10%，並安置農村勞動力 2 827 萬人，佔農村勞動力總量的 9.2%。[2] 企業數目如此之多，使得嚴格的中央計劃難以在全國各種類型企業中實現。

（二）計劃經濟的探索

如果說 1956 年以前有 "照抄" 蘇聯的地方，這主要是指在制訂五年計劃方面。大規模推進社會主義工業化是一項極其艱巨的任務，牽涉一系列複雜的問題。毛澤東坦承："對於政治、軍事，對於階級鬥爭，我們有一套經驗，有一套方針、政策和辦法；至於社會主義建設，過去沒有幹過，還沒有經驗。"[3] 由於中華人民共和國

---

1 劉國光，董志凱. 中華人民共和國 50 年所有制結構的變遷 [J]. 當代中國史研究，1999（5—6）：27—28。

2 王鳳林. 我國社隊企業的產生與發展 [J]. 中國農村觀察，1983（4）。

3 毛澤東. 在擴大的中央工作會議上的講話（1962 年 1 月 30 日）[M]// 毛澤東文集：第八卷. 北京：人民出版社，1999：300。

成立初期領導人對社會主義建設還不熟悉，唯一的出路便是向社會主義 "老大哥" 蘇聯學習。中國從 1951 年初就開始著手編制第一個五年計劃（1953—1957），前後共編制了 5 次。其間，毛澤東派出以周恩來為團長，陳雲、李富春為副團長的政府代表團到蘇聯取經。周恩來和陳雲在蘇聯進行了長達一個多月的考察，李富春則率代表團在蘇聯逗留 10 個月之久。[1]

雖然 "一五" 是向蘇聯學習的產物，但它不是一個蘇式計劃。主持制訂該計劃的陳雲便坦承："這個計劃，有比較準確的部分，即國營經濟部分。也有很不準確的部分，如農業、手工業和資本主義工商業，都只能做間接計劃，而這些部分在我國國民經濟中又佔很大比重。我們編制計劃的經驗很少，資料也不足，所以計劃帶有控制數字的性質，需要邊做邊改。"[2] 另外，這個 1953 年開始的計劃，直到 1955 年 7 月才經第一屆全國人民代表大會第二次會議正式通過；同年 11 月 9 日和 12 月 19 日，國務院才先後發佈命令，要求各地、各部門執行。而到 1956 年，計劃規定的任務就已經提前完成了。[3] 可見這個計劃並不像蘇式計劃那麼死板。

1　袁寶華 . 赴蘇聯談判的日日夜夜 [J]. 當代中國史研究，1996（1）：16—26。

2　陳雲 . 關於第一個五年計劃的幾點說明（1954 年 6 月 30 日）[M]// 陳雲文選：第二卷 . 北京：人民出版社，1995：235。

3　柳隨年 . 第一個五年計劃時期的國民經濟 [M]. 哈爾濱：黑龍江人民出版社，1984：17—19。

基於毛澤東有關矛盾普遍性的哲學觀和對 "一五" 的觀察，他並不信奉嚴格的蘇式計劃。他在讀蘇聯《政治經濟學教科書》下冊時，對第 26 章《國民經濟有計劃按比例發展的規律》批評最多。他認為，"有不平衡，有比例失調，才能促使我們更好地認識規律。出了一點毛病，就以為不得了，痛哭流涕，如喪考妣，這完全不是唯物主義者應有的態度"。[1] 因此，"計劃常常要修改，就是因為新的不平衡的情況又出來了"。[2] 毛澤東更多的是強調統籌兼顧，綜合平衡，"兩條腿走路"，在優先發展重工業的條件下，實現幾個同時並舉（包括工農業同時並舉，輕重工業同時並舉，大中小企業同時並舉，洋法土法同時並舉，中央與地方同時並舉）。在這種指導思想下，"二五"（1958—1962）完成制訂，但開始執行不久就被接踵而來的 "大躍進" 打亂。其後出現的國民經濟主要比例關係失調，使得經濟建設不能按原來的部署繼續進行，只得於 1961 年實行國民經濟 "調整、充實、鞏固、提高" 八字方針。這次調整一直持續到 1965 年，致使 "三五" 延遲到 1966 年才開始。[3]

　　但 "三五"（1966—1970）開始之際正是 "文革" 爆發之時。在 "文革" 最初三年，任何計劃工作都難以進行。1967 年，雖然

1　中華人民共和國國史學會. 毛澤東讀社會主義政治經濟學批註和談話（簡本）[M]. 北京：中華人民共和國國史學會，2000：73。

2　同上，第 71 頁。

3　叢進. 曲折發展的歲月 [M]. 鄭州：河南人民出版社，1989：455—456。

制訂出了年度計劃，但無法傳達到基層；1968 年，乾脆就沒有計劃；而 1969 年，除原油產量外，幾乎完全沒有實現計劃指標。[1]

"四五"計劃（1971—1975）指標直到 1971 年 4 月才下達。而到了 1973 年，毛澤東認為，計劃工作仍沒有走上正軌，有必要擬訂《第四個五年國民經濟計劃綱要（修正草案）》。[2]

由此可見，毛澤東時代的計劃體制遠不像蘇聯體制那麼僵化，而總是變動不居。不過，變動不居的代價是經濟增長呈現劇烈的波動性。

中國計劃體制與蘇聯更大的不同是其分權的程度。毛澤東從來不喜歡蘇式中央計劃體制，這主要是因為他從骨子裏厭惡官僚體制。早在 1953 年，他就反對地方工業上繳太多利潤，因為這意味著"用於擴大再生產的投資就太少了，不利於發揮地方的積極性"。[3] 到 1956 年談《論十大關係》時，他反覆強調，"有中央和地方兩個積極性，比只有一個積極性好得多。我們不能像蘇聯那樣，把什麼都集中到中央，把地方卡得死死的，一點機動權也沒

1　王年一. 大動亂的年代 [M]. 鄭州：河南人民出版社，1989：356—361。

2　史雲，李丹慧. 難以繼續的"繼續革命"：從批林到批鄧 [M]. 香港：香港中文大學出版社，2008：243—247。

3　毛澤東. 在中央政治局擴大會議上的講話（1953 年 7 月 29 日）[M]// 毛澤東文集：第六卷. 北京：人民出版社，1999：289。

有"。[1]1958年2月，他又提出在中國搞"虛君共和"的設想。[2]此後，只要一有機會，他就會極力推行權力下放。第一次是1957—1958年，中央大規模下放了財權、計劃管理權、企業管理權。[3]由於"大躍進"受挫，1961年後，在劉少奇、陳雲主持下，中國恢復了對國民經濟的集中統一管理，收回了前幾年下放的權力。然而對毛澤東來說，收權僅僅是擺脫暫時困難的權宜之計。一旦經濟好轉，他決心再一次打破蘇式的中央計劃體制。1966年3月，毛澤東在杭州政治局會議上再次提出"虛君共和"的口號，批評中央收權收得過了頭，指示凡是收回了的權力都要還給地方。用他的話說就是"連人帶馬全出去"。[4]不過，幾個月後開始的"文革"延遲了他的分權計劃。20世紀70年代初，形勢剛剛穩定下來，毛澤東再一次發起了分權運動。這次，他要求將所有"適合"地方管理的企業的管理權統統下放到地方，連鞍鋼、大慶油田、長春第一汽車製造廠、開灤煤礦這些大型企業也不例外。與此同時，財政收支權、

---

1 毛澤東. 論十大關係（1956年4月25日）[M]// 毛澤東文集：第七卷. 北京：人民出版社，1999：31。

2 薄一波. 若干重大決策與事件的回顧（下卷）[M]. 北京：中共中央黨校出版社，1993：796—797。

3 胡鞍鋼. 中國政治經濟史論 [M]. 北京：清華大學出版社，2008：247—251。

4 趙德馨. 中華人民共和國經濟史：1967—1984[M]. 鄭州：河南人民出版社，1989：42—43。

物資管理權也再次下放。[1]

　　此後，周恩來、鄧小平適度加強了中央政府的主導權，但到"文革"結束時，中國已經是一個相當分權化的國家，與蘇式高度中央集權的計劃經濟體制迥然不同。[2] 這種不同的一個重要表現是國家集中統一分配的物資遠比蘇聯少得多。蘇聯按分配權限把物資分為三種，即分配權限屬國家計委的"基金化產品"，分配權限屬中央各部的"集中計劃產品"，以及分配權限屬各加盟共和國的"非集中計劃產品"。蘇聯"基金化產品"在 20 世紀 50 年代初就有 2 370 種之多，而"非集中計劃產品"的份額很小。中國也按分配權限把物資分為三類，即由國家計委統一分配的"統配物資"，由中央各部分配的"部管物資"，以及由地方分配的"三類物資"。[3] 如圖 3.1 所示，到"文革"後期，統配物資與部管物資加在一起只有 217 種。此外，幾次分權讓地方政府嚐到了甜頭，它們對完成國家調撥指標的態度也未必總是唯唯諾諾，更有甚者拒絕按國家調撥價將本地物資賣給外地。[4]

1　史雲，李丹慧. 難以繼續的"繼續革命"：從批林到批鄧 [M]. 香港：香港中文大學出版社，2008：225—232。

2　Thomas P. Lyons, *Economic Integration and Planning in Maoist China* (New York: Columbia University Press, 1987), pp.213-218.

3　張建勤. 中蘇傳統計劃經濟體制比較研究 [M]. 武漢：湖北人民出版社，2004：217。

4　趙德馨. 中華人民共和國經濟史：1967—1984[M]. 鄭州：河南人民出版社，1991：60—62。

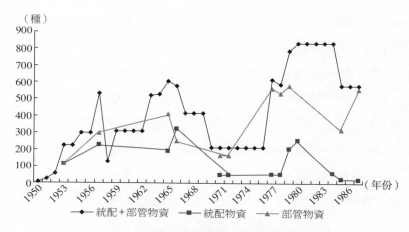

圖 3.1　國家統配物資與部管物資的種類

資料來源：李京文 . 關於我國物資管理體制改革的方向問題 [J]. 經濟與管理研究，1980
（1）：56—62；張建勤 . 中蘇傳統計劃經濟體制比較研究 [M]. 武漢：湖北人民出版社，2004：
217。

（三）破除"資產階級法權"方面的探索

20 世紀 50 年代初期，毛澤東對社會主義道路的探索集中在所
有制上；50 年代中期以後，毛澤東對中國道路的研究開始轉移到
計劃體制上；50 年代後期，他還開始了另一方面的探索，即破除
"資產階級法權"，改變人與人的關係。[1]

實際上，早在 1957 年，毛澤東就提出，雖然生產資料所有制

<hr />

1　胡喬木 . 毛主席在追求一種社會主義（1980 年 6 月 9 日）[M]// 胡喬木談中共黨史 . 北
京：人民出版社，1999：70—72。

方面的社會主義改造完成了，但"人的改造則沒有完成"。[1] 次年，在評論斯大林《蘇聯社會主義經濟問題》一書時，他進一步指出，"經過社會主義改造，基本上解決了所有制問題以後，人們在勞動生產中的平等關係，是不會自然出現的。資產階級法權的存在，一定要從各方面妨礙這種平等關係的形成和發展。在人與人之間的相互關係中存在著的資產階級法權，必須破除。例如，等級森嚴，居高臨下，脫離群眾，不以平等待人，不是靠工作能力吃飯而是靠資格、靠權力，幹群之間、上下級之間的貓鼠關係和父子關係，這些東西都必須破除，徹底破除。破了又會生，生了又要破"。[2] 那時，他用來破除"資產階級法權"的手段是搞整風，搞試驗田，批判等級制，下放幹部，"兩參一改"（幹部參加勞動，工人參加管理，改革不合理的規章制度），等等。其後，1963—1966 年在全國城鄉開展的社會主義教育運動也是為了解決這個問題。但在他看來，這些措施都不足以打破"資產階級法權"，消除"資本主義復辟"的危險。

《五七指示》是毛澤東晚年的理想宣言，從中我們可以看出毛澤東憧憬的是一個逐步消滅社會分工，消滅商品，消滅工農、城

---

1 毛澤東. 對《這是政治戰線上和思想戰線上的社會主義革命》一文的批語和修改（1957年 9 月 15 日）[M]// 建國以來毛澤東文稿：第六卷. 北京：中央文獻出版社，1999：579。

2 中華人民共和國國史學會. 毛澤東讀社會主義政治經濟學批註和談話（簡本）[M]. 北京：中華人民共和國國史學會，2000：40—41。

鄉、體力勞動和腦力勞動這三大差別的扁平化社會，其目標是實現人們在勞動、文化、教育、政治、物質生活方面全方位的平等。"文革"前期對"走資派"的批判，以及"文革"後期對"新生事物"（五七幹校，知識青年上山下鄉，革命樣板戲，工農兵上大學、管大學，工宣隊，貧宣隊，赤腳醫生，合作醫療，老中青三結合，工人—幹部—知識分子三結合，等等）的扶持都可以看作是實現他理想的途徑。

簡而言之，毛澤東對社會主義道路的探索集中在三個方面：一是在所有制問題上，中國沒有偏重純而又純的大型國有企業，而是造就了上百萬集體所有制的中小企業；二是在計劃問題上，中國沒有實行中央集權的計劃體制，而是在很大程度上將財政收支權、計劃權、物資管理權下放給各級地方政府；三是在"資產階級法權"問題上，中國沒有形成森嚴的等級制，而是用種種方式促進人們在經濟、社會、政治、文化地位上的平等，當然"階級敵人"除外。

對前三十年探索社會主義道路這段歷史，鄧小平指出，"我們儘管犯過一些錯誤，但我們還是在三十年間取得了舊中國幾百年、幾千年所沒有取得過的進步"。[1] 對在長時間週期世界經濟增長頗有研究的安格斯·麥迪遜與鄧小平的看法一致：儘管中國在 1952—1978 年間遭到西方國家的排斥與阻隔，還與美國、蘇聯對峙，與

1　鄧小平.在黨的理論工作務虛會上的講話（1979 年 3 月 30 日）[M]// 鄧小平文選：第二卷.人民出版社，1993：167。

韓國、印度發生了戰爭，但相比過去 100 年，中華人民共和國經濟仍取得了巨大的進步。他對中國 GDP 增長速度的估計遠低於官方數據，但即使按他的數據，在此期間，中國 GDP 也翻了三倍，人均 GDP 增加了 82%，勞動生產率提高了 58%。經濟結構也實現了歷史性的轉型：1952 年，GDP 中的工業比重是農業比重的 1/4；而到了 1978 年，工業比重已經大大超過農業比重。[1]

（四）前三十年探索的成就 [2]

與蘇式體制相比，中國成百萬中小企業的存在、各地相對完整的產業體系，以及分權的計劃體制為改革開放後的市場競爭創造了有利的制度條件。除此之外，儘管歷經波折，毛澤東時代不僅取得了較快的經濟增長速度（見圖 3.2），也為改革開放後的高速經濟增長奠定了堅實的 "硬件" 與 "軟件" 基礎。

從 "硬件" 方面講，毛澤東時代為中國建立起了一個獨立的比較完整的工業體系（包括國防工業體系）和國民經濟體系，一個由鐵路、公路、內河航運、民航空運構成的交通運輸網絡，為 20 世紀 80 年代以後的經濟起飛創造了有利條件。更重要的是，這一時期投入了大量人力物力治理大江、大河、大湖，修建了長達 20 多萬公里的防洪堤壩和 8.6 萬座水庫，大大減少了肆虐千年的旱澇

---

1 Angus Maddison, *Chinese Economic Performance in the Long Run: 960-2030 AD* (OECD, 2007), p.59.

2 更詳盡的討論，參見本書第二章。

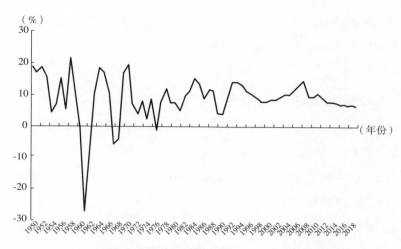

圖 3.2　中國 GDP 增長率，1949—2018 年

資料來源：1953—2004 年數據來自國家統計局國民經濟核算司. 中國國內生產總值核算歷史資料（1952—2004）[M]. 北京：中國統計出版社，2007：表 3 國內生產總值發展速度；2005—2008 年數據來自國家統計局. 中國統計摘要 2009[M]. 北京：中國統計出版社，2009：22。

災害；進行了大規模農田基本建設，使灌溉面積比例由 1952 年的 18.5% 大幅提高到 1978 年的 45.2%，基本上保證了 10 億中國人吃飯、穿衣的需求。[1]

從 "軟件" 方面講，土地改革、社會主義改造以及限制 "資產階級法權" 的種種措施使中國變成一個相對扁平化的社會，不存在任何勢力強大的 "分利集團"。

對於經濟增長，這種 "軟" 基礎設施與 "硬" 基礎設施一樣重

1　胡鞍鋼. 中國政治經濟史論 [M]. 北京：清華大學出版社，2008：524—530。

要。假如沒有前三十年在"軟""硬"兩方面打下的堅實基礎，改革開放後經濟的騰飛是難以實現的。

改革開放後四十年的探索

儘管前三十年取得的成就超過以往任何時代，[1] 但到改革開放開始的時候，中國還是一個窮國。1978 年，全國 7.9 億農村居民中有 2.5 億生活在貧困綫（人均年收入 100 元）以下，相當於當時農村人口的 30.7%。當年，農村居民人均收入才 133.6 元，城鎮居民人均收入也不過區區 343.4 元。[2] 這種狀況離社會主義的理想顯然相去甚遠，用鄧小平的話說，"現在雖說我們也在搞社會主義，但事實上不夠格"。[3]

（一）經濟改革探索

毛澤東逝世後，鄧小平在總結前三十年經驗教訓的基礎上對社會主義道路進行了新的探索。為了掃除下一步的探索的思想障礙，在 1978—1980 年間，鄧小平首先強調解放思想、實事求是；強調馬克思主義也要發展，毛澤東思想也要發展，否則就會僵化。這與當年毛澤東倡導擺脫蘇聯模式的桎梏有異曲同工之妙。鄧小平特別

---

1 Martin Jacques, *When China Rules the World: The Rise of the Middle Kingdom and the End of the Western World* (London: Penguin Group, 2009), p.99.

2 國家統計局 . 中國統計摘要 2009[M]. 北京：中國統計出版社，2009：109，111。

3 鄧小平 . 鄧小平文選：第三卷 [M]. 北京：人民出版社，1993：225。

指出，"不解放思想不行，甚至於包括什麼叫社會主義這個問題也要解放思想"。[1]與毛澤東一樣，鄧小平也把社會主義道路的探索看作是一個開放的過程；他不止一次坦承，"我們總結了幾十年搞社會主義的經驗。社會主義是什麼，馬克思主義是什麼，過去我們並沒有完全搞清楚"，[2]"什麼叫社會主義，怎樣建設社會主義，還在摸索之中"。[3]

不過，有一點從一開始就是清楚的："我們不要資本主義，但是我們也不要貧窮的社會主義，我們要發達的、生產力發展的、使國家富強的社會主義。"[4]既然"貧窮不是社會主義"，社會主義的主要任務就是發展生產力，使社會物質財富不斷增長，使人民生活一天天好起來。

為了促進生產力的發展，鄧小平從 1980 年起就開始提倡一部分人和一部分地方先富裕起來。同樣，為了促進生產力的發展，在鄧小平的帶領下，中國開始探索如何在社會主義基礎上將計劃與市

1 鄧小平 . 社會主義首先要發展生產力（1980 年 4 月—5 月）[M]// 鄧小平文選：第二卷 . 北京：人民出版社，1993：312。

2 鄧小平 . 改革是中國發展生產力的必由之路（1985 年 8 月 28 日）[M]// 鄧小平文選：第三卷 . 北京：人民出版社，1993：136—140。

3 鄧小平 . 吸取歷史經驗，防止錯誤傾向（1987 年 4 月 30 日）[M]// 鄧小平文選：第三卷 . 北京：人民出版社，1993：227。

4 鄧小平 . 社會主義也可以搞市場經濟（1979 年 11 月 26 日）[M]// 鄧小平文選：第二卷 . 北京：人民出版社，1993：231。

場結合起來。1981 年，中共十一屆六中全會提出 "在公有制基礎上實行計劃經濟，同時發揮市場調節的輔助作用"，突破了完全排斥市場調節的傳統計劃經濟理念。1984 年，中共十二屆三中全會又提出 "社會主義經濟是公有制基礎上的有計劃的商品經濟"，突出計劃與市場的內在統一性。1992 年，鄧小平更明確提出 "社會主義市場經濟" 的概念。[1] 此後，市場逐步取代計劃，成為中國生產要素配置的基礎性機制。

對社會主義而言，發展生產力的必要性和重要性毋庸置疑，但發展生產力畢竟不是社會主義與資本主義的分水嶺，市場也不是社會主義特有的東西。那麼除了實行市場經濟、發展生產力外，社會主義最本質的特點是什麼呢？鄧小平認為，第一個特點是公有制，包括全民所有制與集體所有制。改革開放初期，他強調，作為社會主義的基本制度，公有制是不能動搖的，否則就會產生一個新的資產階級。[2] 從 1980 年起，他不再強調純而又純的公有制，而是強調公有制為主體，目的是給非公有經濟的發展留出足夠的空間。1985 年，他說："我們允許個體經濟發展，還允許中外合資經營

---

1 中共中央文獻研究室. 鄧小平年譜（1975—1997）：下卷 [M]. 北京：中央文獻出版社，2004：1347。

2 鄧小平. 實行開放政策，學習世界先進科學技術（1978 年 10 月 10 日）[M]// 鄧小平文選：第二卷. 北京：人民出版社，1993：133。

和外資獨營的企業發展，但是始終以社會主義公有制為主體。"[1] 的確，那時公有制仍佔整個經濟的百分之九十以上。[2] 哪怕在 1992 年他南方談話時，在改革開放前沿的深圳，公有制仍是主體，外商投資只佔四分之一。[3] 即使到鄧小平去世的 1997 年，公有制在整個國民經濟中還佔有四分之三的天地（見表 3.1）。

鄧小平認為社會主義的第二個特點是共同富裕。在他看來，"如果走資本主義道路，可以使中國百分之幾的人富裕起來，但是絕對解決不了百分之九十幾的人生活富裕的問題"。[4] 他強調，"社會主義與資本主義不同的特點就是共同富裕，不搞兩極分化。創造的財富，第一歸國家，第二歸人民，不會產生新的資產階級。國家拿的這一部分，也是為了人民，搞點國防，更大部分是用來發展經濟，發展教育和科學，改善人民生活，提高人民文化水平"。[5] 他解

1　鄧小平．一靠理想二靠紀律才能團結起來（1985 年 3 月 7 日）[M]// 鄧小平文選：第三卷．北京：人民出版社，1993：110。

2　鄧小平．改革是中國發展生產力的必由之路（1985 年 8 月 28 日）[M]// 鄧小平文選：第三卷．北京：人民出版社，1993：138。

3　鄧小平．在武昌、深圳、珠海、上海等地的談話要點（1992 年 1 月 18 日—2 月 21 日）[M]// 鄧小平文選：第三卷．北京：人民出版社，1993：372。

4　鄧小平．建設有中國特色的社會主義（1984 年 6 月 30 日）[M]// 鄧小平文選：第三卷．北京：人民出版社，1993：64。

5　鄧小平．搞資產階級自由化就是走資本主義道路（1985 年 5 月、6 月）[M]// 鄧小平文選：第三卷．北京：人民出版社，1993：123。

釋，"我們提倡一部分地區先富裕起來，是為了激勵和帶動其他地區也富裕起來，並且使先富裕起來的地區幫助落後的地區更好地發展。提倡人民中有一部分人先富裕起來，也是同樣的道理"。同時他警告："如果我們的政策導致兩極分化，我們就失敗了；如果產生了什麼新的資產階級，那我們就真是走了邪路了。"[1]

類似的話，鄧小平反覆說了多次，為的是從理論上將社會主義與資本主義區分開來。但在整個 20 世紀 80 年代，他的關注點一直放在如何進行市場改革，如何加快對外開放，如何推動非公有經濟發展，如何激勵一部分人、一部分地區先富裕起來等問題上。

值得注意的是，1992 年鄧小平南方談話以後，他的關注點發生了變化。一方面，他更關注公有制為主體。在審閱中共十四大報告稿時，他開始重提"兩個飛躍"的設想，即農村在實行一段家庭聯產承包責任制後，還應走集體化集約化的道路。用他的話說，"社會主義經濟以公有制為主體，農業也一樣，最終要以公有制為主體"。[2] 另一方面，他更關注共同富裕問題。1993 年，在與弟弟鄧墾談話時，他感慨："十二億人口怎樣實現富裕，富裕起來以後財富怎麼分配，這都是大問題。題目已經出來了，解決這個問題比解決發展起來的問題還困難……少部分人獲得那麼多財富，大多數

---

1 鄧小平.一靠理想二靠紀律才能團結起來（1985 年 3 月 7 日）[M] // 鄧小平文選：第三卷. 北京：人民出版社，1993：110—111。

2 中共中央文獻研究室.鄧小平年譜（1975—1997）：下卷 [M]. 北京：中央文獻出版社，2004：1349—1350。

人沒有，這樣發展下去總有一天會出問題。分配不公，會導致兩極分化，到一定時候問題就會出來。這個問題要解決。過去我們講先發展起來。現在看，發展起來以後的問題不比不發展時少。"[1] 這兩方面的變化表明，鄧小平對社會主義本質的認識進一步深化了。以前他一度以為，只要把"餅"做大，就可以最終讓十二億人實現共同富裕。這時他認識到，即使經濟快速發展，大多數人也未必一定受益。只有堅持社會主義方向，堅持社會主義的基本制度，才有可能"利用各種手段、各種方法、各種方案來解決這些問題"。[2]

鄧小平在世時，公有制一統天下的局面已被打破。個體經濟、私營經濟、外資經濟迅速發展，還出現了不同所有制互相參股的混合所有制。不過，那時非公有制經濟僅僅被看作是公有制的"必要補充"，現存公有制企業並沒有改變性質。這一點從圖 3.3 中可以看得很清楚：雖然公有制單位僱員佔城鎮就業人口的比重從 1978 年的 99.8% 降到 1996 年的 71.6%，但公有制單位僱員的絕對數卻在同一時期內從 9 499 萬增加到了 14 260 萬。

1　中共中央文獻研究室. 鄧小平年譜（1975—1997）：下卷 [M]. 北京：中央文獻出版社，2004：1364。

2　同上。

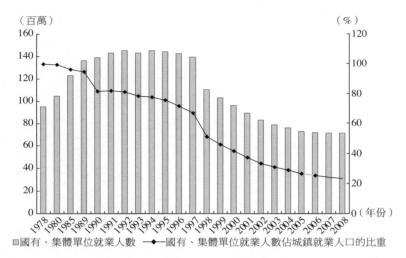

（百萬）　　　　　　　　　　　　　　　　　　　　　　　　　　（%）

□ 國有、集體單位就業人數　　─◆─ 國有、集體單位就業人數佔城鎮就業人口的比重

圖 3.3　城鎮公有制單位就業人數的變化

資料來源：國家統計局 . 中國統計摘要 2009[M]. 北京：中國統計出版社，2009：45。

　　所有制格局的重大變革出現在鄧小平逝世之後。在歷次黨代會報告中，沒有哪次比 1997 年中共十五大報告對所有制改革著墨更多。中共十五大報告對 "公有制" 和 "公有制佔主體" 都提出了新的解釋。"公有制" 不僅包括傳統的國有制和集體所有制，還包括國家和集體控股的股份制、股份合作制，以及以勞動者的勞動聯合和勞動者的資本聯合為主的集體經濟。而 "公有制佔主體" 被解釋成 "公有資產在社會總資產中佔優勢；國有經濟控制國民經濟命脈，對經濟發展起主導作用"。反過來說，有的地方、有的產業公有資產不一定非佔優勢不可；對不是關係國民經濟命脈的行業和領域，國有經濟不必非佔支配地位不可。如此說來，只要堅持這種

"公有制為主體"，國有經濟和集體經濟比重減少一些，不會影響中國的社會主義性質。

中共十五大後，對現存公有制企業進行改制成為所有制改革的重點。抓大放小、鼓勵兼併、規範破產、下崗分流、減員增效成為流行的口號。到 2005 年，國有中小企業改制面已達 85% 以上，集體企業改制面更大，其中大批企業破產消亡了，更多的變成了私營企業；[1] 在淨資產佔全國國有企業三分之二的 2 524 家國有及國有控股大型骨幹企業中，也有 1 331 家改制為多元股東的股份制企業，改制面為 52.7%。[2] 與此同時，原來集體性質的鄉鎮企業也紛紛易幟，到 2006 年，在全國 168 萬家鄉鎮企業中，95% 實行了各種形式的產權制度改革，其中 20 萬家轉成了股份制企業和股份合作制企業，139 萬家轉成了個體私營企業。[3] 經過幾年的改制，2004年末，國家和集體投入佔全國企業法人單位實收資本總額的比重降

1　李榮融 . 進一步推進國有資產管理體制和國有企業改革　實現國有企業的體制創新和可持續發展——在中國改革高層論壇上的演講 [EB/OL]. (2005-07-12).http: //www. sasac. gov. cn/n1180/n3123702/n3123987/n3125287/3188291. html。

2　張卓元 . 30 年國有企業改革的回顧與展望 [EB/OL]. (2008-02-03). http: //finance. sina. com. cn/economist/jingjixueren/20080203/11264487740. shtml。

3　趙悅 . 鄉鎮企業的 "前世今生" [N/OL]. CCTV 中國財經報道， (2007-04-23 日). http: //www. cctv. com/program/cbn/20070424/102108. shtml。

為 56%；[1] 2005 年，公有經濟佔整個國民經濟的比重降為 39%（見表 3.1）；2007 年，國有、國有控股以及集體工業企業佔全部工業總產值的比重降為 32%，國有和集體單位從業人員佔全部城鎮從業人員的比重降為 24.3%。[2]

與毛澤東、鄧小平時代相比，中國的所有制結構發生了巨大變化：公有經濟成分大幅減少，公有經濟的形式也多種多樣。顯然，這與 "傳統的社會主義" 模式已經相去甚遠。儘管如此，中國公有經濟的成分仍然遠遠超過世界上絕大多數國家。除此之外，中國憲法規定，礦藏、水流、森林、山嶺、草原、荒地、灘塗等自然資源，以及城市的土地都屬國家所有；農村和城市郊區的土地，除由法律規定屬國家所有的以外，屬集體所有。這使得中國比世界上絕大多數國家更加 "社會主義"。在改革進程中，國內外總有一批人或明火執仗地鼓噪 "私有化"，或半遮半掩地搖晃 "反壟斷" 旗幟，必欲將剩餘的公有經濟成分完全消滅而後快，從而在中國砍掉社會

---

1 國務院第一次全國經濟普查領導小組辦公室、中華人民共和國國家統計局 . 第一次全國經濟普查主要數據公報（第一號） [EB/OL]. (2005-12-06). http: //news. xinhuanet. com/fortune/2005-12/06/content_3883969. htm。

2 國家統計局 . 改革開放 30 年報告之三：經濟結構在不斷優化升級中實現了重大調整 [EB/OL]. (2008-10-29). http: //www. stats. gov. cn/tjfx/ztfx/jnggkf30n/t20081029_402512864. htm。

主義這面大旗。[1] 中共十七大、十八大、十九大一直重申要堅持十六大提出的兩個"毫不動搖"——"毫不動搖地鞏固和發展公有制經濟","毫不動搖地鼓勵、支持、引導非公有制經濟發展",讓他們相當失望。[2]

（二）政治改革探索

改革開放不僅僅涉及經濟過程,更涉及政治過程,還涉及各種資源在社會群體之間分佈的調整（有意）與變化（無意）。過去40年,一方面,可以說中國政治體制天天在變;另一方面,又可以說中國政治萬變不離其宗。在變與不變之間,中國一直在探索政治新路。

1. 經濟改革的政治方向:始終著眼於絕大多數人福祉的改善

中華人民共和國成立以來,中國共產黨、中國各級政府與中國人民一直在探索適合本國國情與所處發展階段相適應的社會主義道路。回首過去70年,中國已經跨越了兩個歷史發展階段,正行進在第三個歷史階段中,即將跨入第四個歷史階段（見圖 3.4）。無

---

1 美國保守組織"傳統基金會"一位亞洲經濟研究員 2009 年撰文批評,"自當前的中國領導人掌權以來,以市場為導向的自由化已經漸趨淡化。並且,當以市場為導向的自由化逐漸銷聲匿跡時,國家干預開始捲土重來:控制價格,逆轉私有化"。見 Derek Scissors, "Deng Undone," April 29, 2009 and "Liberalization in Reverse," May 4, 2009, http: //www. heritage. org/about/staff/derekscissorspapers. cfm。

2 2019 年,美國彼得森國際經濟研究所高級研究員尼古拉斯·R. 拉迪出版一本新書,書名是《國家捲土重來:中國的經濟改革終止了嗎?》。見 Nicholas R. Lardy, *The State Strikes Back the End of Economic Reform in China?* (Washington, DC: Peterson Institute for International Economics, 2019)。

論處於哪個歷史階段，社會主義的中國始終著眼於改善絕大多數人的福祉。

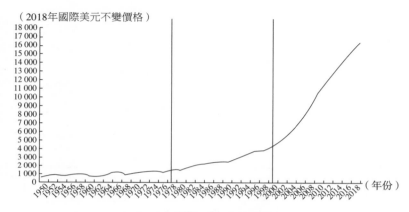

（2018年國際美元不變價格）

圖 3.4　中國發展的歷史階段

資料來源：The Conference Board, Total Economy Database, April 2019, Https: //www. conference-board. org/data/economydatabase/TED1。

　　第一個階段可以稱為"匱乏階段"，從中華人民共和國成立開始，一直持續到 1978 年。按 2018 年國際美元不變價格計算，在這個階段，中國人均 GDP 從 666 美元左右持續攀升，但一直低於 1 500 美元。[1] 之所以把這個階段稱為"匱乏階段"，是因為它的經濟發展水平很低，其產出僅夠維持人們的基本生存。在這個階段，國內的主要矛盾是，人民對於建立先進的工業國的要求同落後的農業國的現實之間的矛盾（工業化），是人民對經濟文化迅速發展的

1　由於使用 2018 年國際美元不變價格計算，人均 GDP 水平也許看起來較高。但無論是與同期其他經濟體相比，還是與中國自身歷史對比，都可以顯示變化的力度。

需要同當前經濟文化不能滿足人民需要的狀況之間的矛盾（教育、健康）。

　　為了在剩餘極其有限的條件下發展經濟，中國在這個階段採取了公有制加計劃經濟的社會主義模式，為的是把不多的剩餘集中起來，優先發展重點產業與關鍵社會事業。與此同時，在匱乏階段，當人均收入十分低下、人們普遍貧窮時，儘量保障絕大多數人的基本生存，是在那種條件下實現社會福利最大化的唯一途徑。由於人均收入只夠維持基本生存，如果分配稍有不均，勢必有人連基本生存也得不到保障。因此，在分配政策上，中國那時十分注重公平，往往採取票證的方式定量供應生活必需品，並推進基本醫療、基本教育覆蓋全民，為下一步發展奠定"硬""軟"兩方面的基礎。這就是毛澤東時代的中國式社會主義 1.0 版本。

　　第二個階段稱為"溫飽階段"，從 1979 年一直持續至 2001 年。1979 年，中國人均 GDP 超過 1 500 美元，標誌著中國進入"溫飽階段"。在這一階段，人均收入水平已足以維持生存，社會福利最大化的途徑是：一方面，打破了"鐵飯碗"，端走了"大鍋飯"，促進經濟快速發展，儘量"讓一部分人、一部分地區先富裕起來"，再提高絕大多數人的收入與消費水平；另一方面，扶貧減貧，著眼於幫助最底層民眾擺脫貧困、解決溫飽問題。這正是中國式社會主義 2.0 版本的精髓。

　　從 1979 年到 2001 年，中國 GDP 年均增長 9.6%，快於前三十年約兩個百分點。作為一個有十幾億人口的超大、超複雜經濟體，中國連續 20 多年高速增長，這在人類史上是絕無僅有的，是名副其實的奇跡。如果說在匱乏階段，人們還吃得不太飽、穿得不太好的話，在溫飽階段，隨著人均收入從 1 500 美元逐步增加至 5 000 美元，絕大多數中國人已有條件吃得越來越有營養，穿得越來越體面。

中國在扶貧減貧方面的成就也許更值得稱道，後面會提供數據證明。

當然，2.0 版本的中國式社會主義也有缺陷。為了追求盡可能高的經濟增長速度，在這一階段，中國在相當大程度上忽視了社會公平、職工權益、公共衛生、醫療保障、生態環境、國防建設等，帶來了一系列嚴重後果，讓人們普遍感到不安全、不平等、不舒適。

2002 年，中國人均 GDP 跨越了 5 000 美元大關，進入"小康階段"，並計劃於 2020 年實現全面建成小康社會的目標。

如果說在溫飽階段私人收入和消費水平的提高有助於社會福利改善的話，那麼進入小康階段後，私人收入和消費水平的提高已不再是社會福利改善的主要動力，它們與社會福利改善的正相關關係開始遞減，甚至走向反面。[1]

正是基於這一認識，早在 1958 年，哈佛大學著名經濟學家加爾布雷思就出版了《豐裕社會》一書。他敏銳地觀察到，當時美國

1　黃有光 . 效率、公平與公共政策 [M]. 北京：社會科學文獻出版社，2003。

的豐裕只是私人產品與服務的豐裕，而公共產品與服務實際上相當貧乏。雖然不少美國家庭擁有私人住宅、汽車、冰箱、洗衣機、電視、空調，但即使在美國引以為傲的紐約市，加爾布雷思看到的也是，"學校都已古老且過分擁擠。警察力量太小而且餉給過低。公園和遊玩場地不夠。街道和空地是污濁的，衛生部門設備不足而且缺乏人手。在城市工作的人們要進城去的交通工具不能確保且很辛苦，而且愈來愈差。市內交通也是擁擠不堪，很不衛生而且齷齪。空氣也很污濁。在馬路上停車是禁止的，但別處又沒有空地"。[1]在加爾布雷思看來，在私人產品與服務和公共產品與服務供給之間必須尋求某種平衡。否則，增加私人產品與服務毫無意義。例如，"汽車消費的增加需要便利這種消費的街道、公路、交通管制和停車場所的供應。警察和公路巡邏隊的保護勞務以及醫院設備也是必需的"。[2]為了取得這種平衡，為了進一步提高社會福利水平，加爾布雷思強調，進入豐裕階段後，社會必須大幅度增加對公共產品與服務的投入。不過，加爾布雷思的忠告並沒有在美國產生多大影響。

1998 年，在為《豐裕社會》出版 40 年紀念版寫序時，他不勝唏噓地感慨："我的批評仍然有效。不錯，政府確有公共開支，但往往用於購買殺人武器，或用於給大公司種種好處。除此之外，限

1　加爾布雷思．豐裕社會 [M]．徐世平譯．上海：上海人民出版社，1965：213。

2　同上，第 215 頁。

制公共支出的壓力像以前一樣十分強大。結果，雖然我們的私人消費比以往任何時候都更加豐裕，但我們的學校、圖書館、公共娛樂場所、醫療保險，甚至執法力量都遠遠不能滿足社會需要……與過去相比，公共部門與私人部門的差距可以說是越拉越大。"[1]

社會主義的中國理應能夠做得更好，也確實做得不錯。

穩定解決了十幾億人的溫飽問題後，3.0 版本的中國式社會主義，開始注重供給側結構性改革，力圖回應私人消費對產品與服務提出的更高質量與更加多樣性的要求。

更為重要的是，隨著私人收入和消費水平提高與社會福利改善的關係開始遞減，3.0 版本的中國式社會主義更加關注與"公共"相關的問題、與"社會"相關的問題，持續探索如何加大對那些能切實改善大多數人福利領域（如公共住房、公共安全、公共交通、生態保護、公共衛生、公共教育、基礎設施、文化藝術、科學技術）的公共投入。具體而言，在基本解決"衣""食"問題後，這些年來，中國更加注重改善"住"（宜居）、"行"（暢通）問題；在大體解決私人的衣食住行問題後，這些年來，中國更加注重解決公共消費問題（平安、生態、健康）、人類安全問題與社會平等問題。

既然私人收入和消費水平提高與福利改善的關係會逐步遞減，收入的再分配就是必要的。3.0 版本的中國式社會主義也更加注重

---

1   John Kenneth Galbraith, *The Affluent Society* (Boston: Mariner Books, 1998), pp.5-6.

縮小地區之間、城鄉之間的差距。

與此同時，3.0 版本的中國式社會主義以從未有過的力度，致力於在 2020 年前徹底消除絕對貧困。在 2020 年全面建成小康社會、實現第一個百年奮鬥目標的基礎上，中國將進入第四個歷史階段——強國階段：到 2035 年基本實現社會主義現代化，到 2050 年把中國建成富強民主文明和諧美麗的社會主義現代化強國。毋庸置疑，4.0 版本的中國式社會主義依然將著眼於絕大多數人福祉的進一步改善。

2. 改革相關方：讓受益者多多的、受損者少少的

從經濟角度看改革，更加偏重改革的總體收益——增長和效率；但從政治角度看改革，即便整個國家總體受益，改革勢必也會形成受益者與受損者。絕對意義上的受益者或受損者，是指他們的福祉絕對水平上升或下降；相對意義上的受益者或受損者，是指某些社會群體所獲得的收益可能要比其他群體大或小。問題是，如何把握和解決改革收益與代價在不同社會群體之間的分配。搞得不好，利益分配不當引發的社會衝突很可能打斷改革進程，拖累經濟增長。

回想 20 世紀 80 年代末 90 年代初，當蘇聯東歐國家開始向資本主義制度轉型時，大家都知道，這個過程會讓很多人很痛苦。例如，倫敦政治經濟學院的拉爾夫·達倫多夫（Ralf Dahrendorf）就將從社會主義到資本主義的過渡形容成經過一條又深又寬的"淚谷"。"休克療法之父"、哈佛大學的傑弗里·薩克斯（Jeffrey

Sachs）教授則告訴蘇東人民，即使改革會讓他們的生活惡化，他們也別無選擇，因為任何其他方案都不過是"半吊子"改革，而"半吊子"改革注定失敗。薩克斯將從社會主義到資本主義的過渡比作跨越一道"壕塹"，他引用一句俄國諺語說，"你不可能分兩步跳過一條壕塹"。換句話說，要麼別跳，要麼不管多痛苦也咬著牙一步跨越。"淚谷"也罷，"壕塹"也罷，這類比喻的潛台詞是，一旦越過，另一側便是人間樂園。這是一種只講改革、不顧改革相關方死活的思路，是一種哪怕讓很多人在改革過程中墮入深淵，付出極大代價也在所不惜的思路。

中國的改革是漸進式的，儘量讓經濟改革成為全贏遊戲，而不是零和遊戲。在過去 40 年裏，中國的經濟改革總是力圖讓受益者越來越多，讓受損者越來越少。在這方面，中國有三點經驗。

首先，中國實行的是漸進式改革，而不是"休克療法"。因為改革過程中有太多不確定因素，如果採取"休克療法"，造成的損傷可能是巨大的、不可逆的，而漸進式改革方式則可以及時止損，另闢蹊徑。

其次，不管在改革的哪一個階段，都要想方設法讓絕大多數民眾受益，避免讓絕大多數民眾利益受損（做出犧牲）。什麼時候堅守了這一條，經濟改革就進行得比較順利；什麼時候偏離了這一條，經濟改革就遍地荊棘。每當某項改革讓大多數人或相當大一部分人成為利益受損者，改革就會受阻。例如，20 世紀 80 年代中後期的高通貨膨脹、90 年代中後期的高失業率都曾影響社會安定，削弱人民大眾對下一步改革的信心和支持。這成為執政者銘記的一條深刻教訓。

最後，如果改革使國家總體受益，提高了整個國家的福利水平，那麼即便受益者群體對受損者群體做出補償，受益者群體仍將受益。但這種補償不會自發實現，必須由政府通過稅收與轉移支付的方式對受損者予以補償。如果政府一時缺乏意願或能力，民眾的反彈會迫使政府意識到這一點（安定團結費）。例如，20 世紀 90 年代中期的國有企業和集體企業進行所有制改革，造成幾千萬職工下崗、失業。作為補償，從 1999 年 7 月 1 日起，國家較大幅度增加了城鎮中低收入者的收入，包括：將國有企業下崗職工基本生活費水平、失業保險金水平、城鎮居民最低生活保障金水平提高 30%；增加機關事業單位在職職工工資和離退休人員的離退休費；提高國有企業離退休人員養老金標準；補發拖欠的國有企業離退休人員統籌項目內的養老金；提高部分優撫對象撫恤標準；等等。落實這些措施，國家財政共增加支出 540 多億元，全國有 8 400 多萬人受益。2002 年，中央提出建立低收入保障制度（低保），中央一個文件又一個文件地催促各地要做到“應保盡保”：2002 年低保突破 2 000 萬人，之後的人數保持在 2 200 萬到 2 300 萬上下。2003 年以後，開始出台系統性的社會政策，從農村重建合作醫療，到全面醫保，到養老保險推廣到農村與城市居民，直到出現社會保障方面的大躍進。

3. 改革路徑：摸著石頭過河

大家都知道，中國的改革路徑是"摸著石頭過河"。有些人認為，"摸著石頭過河"是一種低級的決策方式，沒有"頂層設計"那麼理性、科學和深思熟慮，其實不然。改革永遠充滿了無數個未知變量，而所有參與改革的人，包括決策者和專家都只具備有限理性，無力預見一切可能出現的局面以及自己行為的可能後果，因而也無力做出最佳抉擇。他們能做的僅僅是，優先診治最迫切的議題，在不斷試錯中，通過比較不同的選擇，最終找到未必最佳但令大多數人滿意的方案。

作為一個地域廣、人口多、內部發展程度不平衡的國家，中國進行改革具有特殊的複雜性，因為很多政策的制定與執行都難以"一刀切"，單一方式未必能解決各地（各省、市、縣）的問題，需要考慮更多的變量。在過去幾十年裏，中國已經發展出一套做法，允許、鼓勵甚至要求各地因地制宜，積極尋求解決相同問題的不同方案，將內部差異性轉化為探索改革新徑的試驗田。正因為如此，在過去 40 年間，中國在轉型過程中跨過了無數道被外人認為不可逾越的制度和政策障礙。曾幾何時，領導幹部退休制度改革、工資改革、物價改革、國企改革、金融體制改革、財政體制改革、軍隊與公檢法經商問題、"三農"問題、住房體制改革、教育體制改革、醫療體制改革，都曾被人看作是一道道"險關"，稍微不慎，就可能造成全域性的災難。然而，回首過往，不由人不發出"兩岸猿聲啼不住，輕舟已過萬重山"的感嘆。

很多人以為，"摸著石頭過河"是件很簡單的事，但事實並非如此。其他很多國家即使想學"摸著石頭過河"，也未必學得到手，因為中國之所以能在"摸著石頭過河"方面得心應手，有賴於中國政治體制具備的以下幾個特徵。

第一，體制安排使得決策者對新出現的問題、困難、不平衡十分敏感，並自覺有責任做出回應。

第二，決策者深信只有通過實踐與試驗的方式進行學習，而不是照搬國外的經驗或時髦的理論，才能找到解決政策與制度問題的途徑。

第三，在政治統一的前提下，在相當多領域允許進行分權式決策，從而為通過分權式的實踐與試驗最大限度地探尋解決問題的不同方式創造制度條件。換句話說，體制培育著豐富多彩的學習源，同時又不失全域性的協調。

第四，對從實踐和試驗中產生的新東西，在進行集中式縱向推廣應用的同時，允許或鼓勵分權式橫向推廣應用，尤其是在決策前期。

這些經驗不僅依然適用於當下，也同樣適用於進入強國階段的中國。

（三）改革開放後四十年探索的成就

改革開放後四十年社會主義道路的探索取得了讓世人矚目的成就。

第一，經濟增長速度加快。從 1979 年到 2018 年，中國 GDP

年均增長 9.44%，快於前三十年的 7.86%。以前被人讚譽有加的
"亞洲四小龍"都是些小經濟體，其中最大的韓國也不過 4 000 多
萬人，與中國一個中等規模的省相當。日本在其高速增長期，人口
也只有 1 億上下，與中國最大的省規模差不多。作為一個十幾億
人口的超大、超複雜經濟體，中國連續 40 年高速增長，這在人類
史上是前所未有的，很可能是空前絕後的，是名副其實的奇跡。

第二，經濟增長更加平穩。這從圖 3.2 可看得很清楚，後四十
年經濟波動明顯不像前三十年那麼頻繁，波幅也沒有以前那麼大。
尤其是 1992 年以後，經濟增長曲綫更趨平滑，無論是上升還是下
降，都不再大起大落，標誌著中國政府的宏觀經濟管理水平大有
進步。

第三，貧困人口大幅減少。如圖 3.5 所示，過去 40 年，中
國政府已將貧困標準不斷提高，從最初的 100 元提高到 2 300 元
（2010 年不變價）。即便如此，農村貧困發生率也從 1978 年的
30.7% 下降到 2018 年的 1.7%。[1] 如果按照世界銀行的貧困標準計
算，中國的扶貧成就則更為顯著。從 1981 年到 2004 年，貧困人
口的絕對數量從 6.52 億降至 1.35 億，5 億多人擺脫了貧困。而在
同一時期，全球發展中國家貧困人口的絕對數量只減少了 4 億。
換言之，如果不將中國計算在內，發展中國家貧困人口數量不僅沒

1　國家統計局 . 2018 年全國農村貧困人口減少 1 386 萬人 [EB/OL]. (2019-02-15). http: //
　　www. stats. gov. cn/tjsj/zxfb/201902/t20190215_1649231. html。

有減少，反倒增加了。難怪世界銀行的一份報告讚嘆：中國"在如此短的時間裏使得如此多的人擺脫了貧困，對於全人類來說這是史無前例的"。[1]

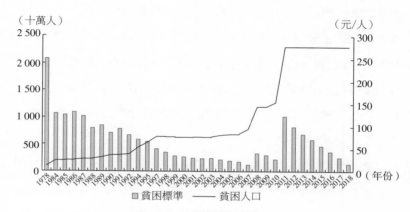

圖 3.5　農村居民貧困狀況

資料來源：國家統計局國民經濟綜合統計司，《中國統計年鑒》《中國統計摘要》，中國經濟與社會發展統計數據庫。

當然，後四十年的探索也不可避免地走過彎路。尤其是在 20 世紀 90 年代，有些人似乎有意無意地接受了"新自由主義"經濟學家鼓吹的"下溢理論"，認為只要經濟持續增長，所有人最終都會受益，其他一切問題都遲早會迎刃而解。在"效率優先、兼顧公

1　世界銀行東亞及太平洋地區扶貧與經濟管理局 . 從貧困地區到貧困人群：中國扶貧議程的演進—— 中國貧困和不平等問題評估 [R]. 北京：世界銀行駐中國代表處，2009。

平"[1]的指導思想下，為了追求儘可能高的經濟增長速度，他們寧願犧牲公平、就業、職工權益、公共衛生、醫療保障、生態環境、國防建設等，結果帶來了一系列嚴重問題。到 20 世紀 90 年代末，有些問題已變得觸目驚心，儘管經濟持續增長，但工農大眾享有的福利保障卻越來越少。大規模下崗失業、上學貴、就醫貴讓無數人痛感缺乏經濟與社會安全。在這個背景下，那些在前期改革中利益受損或受益不多的階層對新推出的市場導向改革不再毫無保留地支持；相反，他們對凡是帶有"市場""改革"標籤的舉措都疑慮重重，生怕再次受到傷害。

當人們普遍感覺到中國改革已經到了必須改弦更張的時候，中央決策者也開始認真反思鄧小平早已發出的警告："如果搞兩極分化……民族矛盾、區域間矛盾、階級矛盾都會發展，相應地中央和地方的矛盾也會發展，就可能出亂子。"[2]2002 年底召開的中共十六大試圖重新解釋"效率優先、兼顧公平"的含意，使用了"初次分配注重效率、再次分配注重公平"的提法。[3]但貧富懸殊的殘酷

1　"效率優先、兼顧公平"最初是由周為民、盧中原牽頭的"社會公平與社會保障制度改革研究"課題組提出來的，其主報告以《效率優先、兼顧公平：通向繁榮的權衡》為題發表於《經濟研究》1986 年第 2 期。1993 年，中共十四屆三中全會通過的《中共中央關於建立社會主義市場經濟體制若干問題的決定》正式使用了"效率優先、兼顧公平"的提法。中共十五大堅持了這個提法。

2　中共中央文獻研究室 . 鄧小平思想年譜 [M]. 北京：中央文獻出版社，1998：453。

3　江澤民 . 在中國共產黨第十六次全國代表大會上的報告 [N]. 人民日報，2002-11-18。

現實告訴人們，初次分配中的不公平問題（例如老闆、經理、幹部與普通職工之間的收入差距）同樣需要重視，單靠財稅等再分配槓桿來調節是遠遠不夠的。[1]2003 年 10 月，中共十六屆三中全會雖然仍然沿用"效率優先、兼顧公平"的提法，但其分量已被"以人為本"的"科學發展觀"大大沖淡。2004 年 9 月召開的中共十六屆四中全會乾脆放棄了"效率優先、兼顧公平"的提法。[2]2005 年 10 月，中共十六屆五中全會通過的《中共中央關於制定國民經濟和社會發展第十一個五年規劃的建議》又進了一步，提出未來中國要"更加注重社會公平，使全體人民共享改革發展成果"。[3]到了中共十七大以後，標準提法已變為"初次分配和再分配都要處理好效率和公平的關係，再分配更加注重公平"。[4]

從 2002 年起，中國政府還開始致力於建立健全覆蓋城鄉全體居民的社會服務和保障體系（包括免費九年義務教育，最低生活保障，基本養老、基本醫療、失業、工傷、生育保險制度等），其進展速度超過以往任何時期，大大充實了鄧小平有關"共同富裕"

1　劉國光 . 把"效率優先"放到該講的地方去 [N]. 經濟參考報，2005-10-15。

2　《中國共產黨第十六屆中央委員會第四次全體會議公報》（2004 年 9 月 19 日）。

3　中共中央關於制定國民經濟和社會發展第十一個五年規劃的建議 [N]. 新華網，2005-10-18。

4　胡錦濤：《高舉中國特色社會主義偉大旗幟　為奪取全面建設小康社會新勝利而奮鬥》（2007 年 10 月 15 日）。

的理念。如果說從 1978 年到 20 世紀 90 年代後期中國只有經濟政策、沒有社會政策的話，那麼在世紀之交，我們看到社會政策已經廣泛出現在神州大地上了。沒有一個堅持社會主義方向的政府，沒有一個以公有制為主體的基本經濟制度，在短短幾年內出現這樣歷史性的 "大轉型" 是難以實現的，這種 "大轉型" 本身也構成中國探索社會主義道路的重要步驟。[1]

小結

到 2019 年，中華人民共和國走過了 70 年。毋庸諱言，70 年過後，對如何建設一個理想的社會主義社會，我們依然沒有一套完美無缺的方案；我們有的只是一個方向，那就是解放和發展生產力，極大地增加全社會的物質財富，消滅剝削和壓迫，消除兩極分化，實現社會公平和正義，逐步建立起一個沒有階級對立的 "自由人的聯合體"，"在那裏，每個人的自由發展是一切人的自由發展的條件"。[2] 歷史經驗告訴我們，建設社會主義最重要的不是有沒有詳盡的藍圖，而是有沒有認清社會主義方向的視野，有沒有不相信 "歷史已經終結" 的睿智，有沒有不折不撓地邁向社會主義未來的勇氣，有沒有不斷探索實現社會主義理想新途徑的膽略。

---

1 王紹光 . 大轉型：1980 年代以來中國的雙向運動 [J]. 北京：中國社會科學，2008（1）：129—148。

2 中共中央編譯局 . 馬克思恩格斯選集：第一卷 [M]. 北京：人民出版社，1972：294。

過去 70 年，中國在堅守社會主義方向的同時，不懈地探索著適合中國國情的社會主義道路。當然，無論是前三十年，還是後四十年，中國都曾走過彎路。但只要是探索，哪能一點彎路都不走呢？關鍵在於，中國領導人從不相信 "歷史已經終結" 之類的謬論，從不相信存在什麼"放之四海而皆準"的"普世"模式。相反，他們更側重於從實踐和試驗中學習，獲取必要的經驗教訓，"可則因，否則革"，不斷調整政策目標和政策工具，以回應不斷變化的環境。[1]

　　正因為中國社會主義道路的探索 "順乎天而應乎人"，無論是前三十年，還是後四十年，中國都取得了輝煌成就，書寫了一篇比韓愈精彩千萬倍的《送窮文》。從經濟社會綜合發展水平看，在 1950 年，中國的人類發展指數在 "極低" 之列，還不到蘇聯的三分之一；而到 2014 年，中國的人類發展指數已跨入"上中"的行列，離當年的 "老大哥" 不過一步之遙。在這 70 年裏，中國的人類發展指數快速攀升了 0.56，遠高於其他國家，證明堅持社會主義方向是正確的選擇。儘管今天的中國還存在著許多問題，面臨著多重嚴峻的挑戰，但只要堅持社會主義的方向，未來的道路一定會越走越寬廣。

1　王紹光 . 學習機制與適應能力：中國農村合作醫療體制變遷的啟示 [J]. 北京：中國社會科學，2008（6）：111—133。

第四章

調控：從計劃到規劃

中華人民共和國成立後這 70 餘年裏，有一種制度如影隨形，那就是五年計劃（或規劃）。[1] 擁有這種制度安排的中國體制到底有沒有優勢，藉助前三章提供的圖表數據，答案便一目了然了。依據安格斯·麥迪遜的估算，直到 19 世紀初，中國仍是世界上最大的經濟體，比西歐三十國加在一起還要大，更不用提當時只有不到二十個州的美國了。但從那以後，在內憂外患的重壓之下，中國在全球經濟中的比重一路下滑，到中華人民共和國成立時跌至谷底。[2] 一個曾經輝煌燦爛的古老文明，在經歷了一個多世紀的劫難之後，於 1949 年建立了中華人民共和國，從此開始了史詩般的偉大復興。

中華人民共和國成立以後，"換了人間"的中國便開始邁上了崛起之路。儘管底子薄、外部環境惡劣，毛澤東時代的中國經濟雖歷經波折，還是取得了不俗的增長速度。1978 年以後，在長達 40 年的時間裏，中國經濟一直高歌猛進，佔全球經濟的比重也一路攀升，按匯率計算，相繼於 2000 年超越意大利，2005 年超越法國，2006 年超越英國，2008 年超越德國，2010 年超越日本，現已穩居世界經濟的第二把交椅。

如果按購買力平價計算，實際上早在 1992 年，中國的經濟總量已經大於日本了。同樣，如果按購買力平價計算，據美國彼得

---

1 為論述方便，本書使用"五年計劃"時泛指"五年計劃"或"五年規劃"。

2 Angus Maddison, *Statistics on World Population, GDP and Per Capita GDP, 1-2008 AD,* http: //www. ggdc. net/MADDISON/Historical_Statistics/vertical-file_02-2010. xls.

森國際經濟研究所的印度經濟學家阿文德‧薩勃拉曼尼亞（Arvind Subramanian）測算，中國在世界經濟中的份額早在 2010 年就超越了美國。[1] 國際貨幣基金組織沒有那麼樂觀，但它提供的數據也顯示，1980 年，中國經濟在世界上的份額不過區區 2.19%，而當時美國經濟的份額是全球的 1/4，在比重上是中國的 10 多倍。1980 年以來，中國經濟的分量一路攀升，美國的分量逐步下降，越往後，變動的幅度越大。為此，國際貨幣基金組織在 2012 年預計，2017 年，中國經濟的全球份額將升至 18.3%，美國經濟的全球份額將降至 17.9%。[2] 那將是個歷史性的轉折點：美國將喪失自 1871 年以來一直佔據的龍頭老大地位，而中國將重回世界第一大經濟體的寶座。在今後相當長一段時間內，雖然中國人均收入仍將低於美國，還需奮勇直追，但這個歷史轉折的意義不容低估。

為什麼 1949 年前的舊中國不行，1949 年後的中華人民共和國卻行？為什麼中華人民共和國不僅在改革開放的 40 年行，而且在整個 70 年都行？中國故事裏有很多華彩篇章，這裏將聚焦其中一個側面：中國是如何立足當下、擘畫未來的。

中國擘畫未來的載體是定期推出的國民經濟與社會發展的中長期計劃（或規劃），往往是以五年為週期的計劃。五年計劃幾乎和

1　阿文德‧薩勃拉曼尼亞. 大預測：未來 20 年，中國怎麼樣，美國又如何?[M]. 倪穎，曹檳譯. 北京：中信出版社，2012：102。

2　IMF, World Economic Outlook Database 2012, http: //www. imf. org/external/pubs/ft/weo/2012/02/weodata/download. aspx.

中華人民共和國同齡，中國於 1953 年實行第一個五年計劃，其間除了 1963—1965 年的調整時期之外，都無一例外地制訂與實施了五年計劃，成為每隔五年一次的政策循環。它是中華人民共和國政治體制既長期延續和繼承又不斷調適和創新的最好寫照，也是中華人民共和國決策體制建設經歷反覆與曲折，並不斷完善、不斷進步的最為生動的見證。

計熟事定，舉必有功

與其他種種計劃相比，中長期國民經濟與社會發展計劃堪稱"人類最雄心勃勃的集體事業"。[1]

在這個星球上，與其他動物相比，人類到底有什麼獨特之處？稍加思索，我們就會意識到，人類最獨特之處便在於其規劃未來的能力。雖然有些動物看起來也具備這種能力（如黑熊在冬季蟄居過冬，鳥兒築巢），但生物學研究發現，其他動物看似事先規劃的行為不過是本能的展現，而不是有意識籌劃的結果。而人類日常生活中離不開計劃，從計劃今天的晚餐到計劃下一次度假，從家庭財務規劃到子女人生規劃。與其他動物行為形成更強烈反差的是，"建築摩天大樓與發射宇宙飛船需要大量預先謀劃"。[2] 不僅現代人具有

---

1 A. F. Robertson, *People and State: An Anthropology of Planned Development* (New York: Cambridge University Press, 1984), p.1.

2 Daniel D. Chiras, *Human Biology: Health, Homeostasis, And the Environment*, 3rd ed (Sudbury, MA: Jones and Bartlett Publishers, 2005), p.11.

規劃未來的能力，看看埃及的金字塔、英國的巨石陣、地中海沿岸留存的羅馬鬥獸場，每一樣都展示出人類謀劃未來的超凡能力。除了驚人的單體工程奇跡外，古人還創造出一個又一個讓人嘆為觀止的系統工程奇跡，如雅典衛城，秘魯的馬丘比丘，中國的長城、都江堰、九大古都、大運河、坎兒井，等等，不一而足。

進入近現代，人類開始嘗試思考規劃整個社會的發展方向。德國經濟學者李斯特（Friedrich List）也許是這方面的先驅者之一。雖然他並沒有明確使用 "經濟計劃" 或 "計劃經濟" 的說法，其名著《政治經濟學的國民體系》（1841 年出版）卻明顯包含了這種意思。他的一句名言是："固然，經驗告訴我們，風力會把種子從這個地方帶到那個地方，因此荒蕪原野會變成稠密森林；但是要培植森林因此就靜等著風力作用，讓它在若干世紀的過程中來完成這樣的轉變，世上豈有這樣愚蠢的辦法？如果一個植林者選擇樹秧，主動栽培，在幾十年內達到了同樣目的，這倒不算是一個可取的辦法嗎？歷史告訴我們，有許多國家，就是由於採取了那個植林者的辦法，勝利實現了它們的目的。"[1] 這句話的矛頭所向是亞當·斯密《國富論》鼓吹的市場至上論，李斯特的目的是為政府干預經濟、主導發展提供理據。

同樣，在講到未來新社會制度時，馬克思多次提到對經濟實行

1　弗里德里希·李斯特. 政治經濟學的國民體系 [M]. 陳萬煦譯. 上海：商務印書館，1961：100—101。

計劃調節的必要性，但也沒有使用"經濟計劃"或"計劃經濟"一詞。[1] 例如，在《資本論》第三卷中，馬克思設想，在未來的社會主義社會裏，"社會化的人，聯合起來的生產者，將合理地調節他們和自然之間的物質變換，把它置於他們的共同控制之下，而不讓它作為盲目的力量來統治自己，靠消耗最小的力量，在最無愧於和最適合於他們的人類本性的條件下來進行這種物質變換"。[2] 不過，馬克思對未來新社會計劃調節的設想還十分抽象。他的忠告是：未來社會主義社會到底應怎麼做，"完全取決於人們將不得不在其中活動的那個特定的歷史環境。但是，現在提出這個問題是虛無縹緲的，因而實際上是一個幻想的問題"。[3]

在經濟思想史上，最早提出"計劃經濟"這個概念的也許是列寧。他在 1906 年的《土地問題和爭取自由的鬥爭》一文中斷言，"只有建立起大規模的社會化的計劃經濟，一切土地、工廠、工具

1　恩格斯認為資本主義其實也具有一定程度的計劃性。1891 年，他在評改德國社會民主黨綱領草案時指出："由股份公司經營的資本主義生產，已不再是私人生產，而是為許多結合在一起的人謀利的生產。如果我們從股份公司進而看那支配著和壟斷著整個工業部門的托拉斯，那麼，那裏不僅私人生產停止了，而且無計劃性也沒有了。"見恩格斯. 1891 年社會民主黨綱領草案批判 [M]// 馬克思恩格斯全集：第二十二卷. 北京：人民出版社，1965：270。

2　馬克思. 資本論：第三卷（下）[M]. 北京：人民出版社，1975：926—927。

3　中共中央編譯局. 馬克思致費迪南·多梅拉·紐文胡斯 [M]// 馬克思恩格斯全集：第三十五卷. 北京：人民出版社，1971：153—154。

都轉歸工人階級所有，才可能消滅一切剝削"。[1] 這時，他對"計劃經濟"的內涵仍語焉不詳。

幾年以後，一位德國人沃爾特‧拉特瑙（Walter Rathenau）提出了自己的計劃經濟理論。[2] 拉特瑙今天已幾乎被人遺忘，但哈耶克卻清楚地記得："我之所以對經濟學產生興趣，影響特別大的是拉特瑙的著作，他是一位充滿激情的計劃主義者。"[3] 當哈耶克還是一位少年時，拉特瑙已發表了一批文章，逐步勾勒出一套計劃經濟模式。雖然他的理論充滿了內部張力，並非完美自洽，但他對自由放任主義的蔑視是毋庸置疑的。難怪有人把他稱為"計劃經濟的一位先驅"。[4]

一戰開始後，拉特瑙的理念有了變為現實的機會。[5] 經他說服，德國戰爭部下設了一個新機構，負責徵用與分配關鍵性原材料，統

1　列寧. 土地問題和爭取自由的鬥爭（1906 年 5 月 19 日）[M]// 列寧全集：第十三卷. 北京：人民出版社，1987：124。

2　《大英百科全書》對此人的介紹完全沒有提到他在這方面的理論貢獻。

3　"Nobel Prize-Winning Economist, Friedrich A. von Hayek," Oral History Program, University of California Los Angeles, 1983 (interviews with Hayek conducted on October 28 and November 4, 11, And 12, 1978), p.11.

4　W. O. Henderson, "Walther Rathenau: A Pioneer of the Planned Economy," *Economic History Review*, Vol.4, No.1 (1951), pp.98-108.

5　Fritz Redlich, "German Economic Planning for War and Peace," *The Review of Politics*, Vol.6, No.3 (Jul., 1944), pp.315-335.

管的原材料最多時達到約 300 種，甚至包括 "農民牛馬廐裏的每一種糞肥"，以滿足軍需生產。[1] 除了生產方面的計劃外，德國在戰時還先後建立起了戰時糧食公司、中央飼料局、中央馬鈴薯局、戰時動植物油脂管理委員會、中央水果蔬菜局、戰時糧食局、帝國穀物局、帝國服裝局等機構，把人們基本消費需求也納入政府計劃管理的範圍。[2] 其實，在一戰期間，不光是德國，其他西方國家也用計劃的方式組織國家戰爭物資生產。例如有經濟史家把此時的美國經濟稱為 "徹頭徹尾的計劃經濟"（a totally planned economy）。[3]

十月革命後，列寧坦承："我們有社會主義的知識，但是沒有組織千百萬人的知識，沒有組織和分配產品等等的知識。老布爾什維克領導者沒有教給我們這些東西。在這方面，布爾什維克黨的歷史沒有什麼可以炫耀的。這門課程我們還沒有學過。"[4] 戰時德國用計劃方式引導經濟發展方向的做法給列寧留下深刻的印象，並對他

1　R. R. 帕爾默，喬‧科爾頓，勞埃德‧克萊默. 兩次世界大戰：西方的沒落？[M]. 北京：世界圖書出版社，2011：34—39；尼爾‧弗格森. 紙與鐵 [M]. 北京：中信出版社，2012。

2　卡爾‧迪特利希‧埃爾德曼. 德意志史：第四卷（上冊）[M]. 北京：商務印書館，1986。

3　Murray N. Rothbard, "War Collectivism in World War I," in Ronald Radosh and Murray N. Rothbard, eds., *A New History of the Leviathan* (New York: E. P. Dutton & Co., Inc., 1972), p.66.

4　列寧. 在全俄中央執行委員會會議上蘇維埃政權的當前任務的報告 [M]// 列寧全集：第三十四卷. 北京：人民出版社，1987：239。

闡發自己的計劃經濟理論產生了相當大的影響。[1] 反過來，列寧的理論又影響了後來戰時共產主義時期和斯大林時期蘇聯計劃經濟的實踐。馬克思主義史學家霍布斯鮑姆斷言："蘇聯的計劃經濟，多少師法了德國在 1914—1918 年期間實行的戰時計劃經濟。"[2] 非馬克思主義史學家愛德華·霍列特·卡爾持類似的看法："從歷史角度看，先於馬克思，弗里德里希·李斯特才是計劃理論之父。拉特瑙在一戰期間便在德國組織了史上第一個現代計劃經濟，列寧對蘇維埃俄國計劃問題的處理方式參照的正是德國的先例。"[3]

列寧在世時，蘇維埃俄國於 1920 年建立了國家電氣化委員會，當年年底便推出了第一個全國性經濟復甦與發展計劃。次年 2 月，蘇維埃俄國成立了國家計劃委員會。幾年後，該委員會開始制訂帶有"控制數字"的年度計劃。列寧去世後，蘇聯（1922 年成立）於 1928 年開始實行第一個五年計劃。在二戰之前，它的頭三個五年計劃（1928—1940）非常成功，國內生產總值年均增長率達到創紀錄的 5.3%，工業產值年均增長率更是高達 11%。這在當時是了不得的成就，使蘇聯在不長的時間裏便從農業國一躍變為世

---

1 任曉偉. 論德國"一戰"期間的計劃經濟及其對列寧的影響：蘇聯計劃經濟模式的歷史原點 [J]. 當代世界社會主義問題，2007（3）。

2 艾·霍布斯鮑姆. 極端的年代（上）[M]. 南京：江蘇人民出版社，1999：66。

3 Edward Hallett Carr, *The Bolshevik Revolution* 1917-1923, Vol.2, (New York: Macmillan 1952), p.363.

界工業強國。[1]

中華人民共和國成立時,蘇聯已進入戰後恢復性第四個五年計劃尾期。那是一個經濟計劃在世界範圍內高歌猛進的年代。計劃是如此走紅,以至於英國經濟學家阿瑟·劉易斯在 1949 年出版的《經濟計劃原理》一書中宣佈:"除非近乎神經失常的人,已沒有人再信奉放任主義了……事實是現在我們都是計劃主義者了。"[2]那時及其後一些年裏,不僅蘇聯及東歐社會主義國家全面實行計劃體制,[3]西方一些老牌資本主義國家(如荷蘭、法國、瑞典、挪威)也以不同方式在經濟與社會發展領域引入計劃的理念。[4]日本戰後馬上全面恢復了戰時的統制經濟,即使在 1949 年轉向 "市場經濟"的同時,又推出了 "經濟復興計劃"(1949—1953)。其後,以1955 年 12 月 "經濟自立五年計劃" 為開端,日本政府的長期經濟計劃一直維持到今天。這意味著 "日本的經濟雖然也算是市場經濟,但是其制度性基礎中,包含著在戰時計劃、統制經濟的基礎上

1　Robert C. Allen, *Farm to Factory: A Reinterpretation of the Soviet Industrial Revolution* (Princeton: Princeton University Press, 2003), p.153.

2　阿瑟·劉易斯. 經濟計劃原理 [M]. 丁忱譯. 北京:商務印書館,1965:14。

3　Marie Lavigne, *The Socialist Economies of the Soviet Union and Europe* (New York: International Arts and Sciences Press, 1974).

4　Stephen S. Cohen, *Modern Capitalist Planning: The French Model* (Berkeley: University of California Press, 1977).

導入的要素"。[1] 有日本學者乾脆把本國經濟體制稱作"計劃經濟"。[2]
第三世界國家（如印度、馬來西亞、印度尼西亞、埃及）更是不甘
落後，紛紛在政府中設立計劃部門，推出發展計劃。[3] "亞洲四小龍"
中的韓國與中國台灣便是其中的典範。[4]

在谷歌掃描過的 3 000 多萬冊圖書中，英文 "five year plan"
（五年計劃）一詞在不同歷史時期出現的頻率可以看作這種體制安
排在全球受重視程度的指標。如圖 4.1 顯示，點燃人們對計劃理念
興趣的第一個轉折點是，蘇聯於 1928 年開始實施的第一個五年計
劃。其後 50 年，除二戰前後外，五年計劃的熱度逐步升溫，到 20
世紀 70 年代中後期達到頂點。當時，逆潮流而動的只有屈指可數
的幾個經濟體：美國、瑞士、列支敦士登、中國香港。[5] 在這種時代
背景下，中華人民共和國成立後不久便開始制訂與實施五年計劃也

1 山之內靖，J. 維克托·考希曼，成田龍一. 總體戰和現代化 [M]. 東京：柏書房，
   2000：285；轉引自馮瑋. 總體戰和現代日本經濟體制三大特徵的形成——近年日本經
   濟史研究新動向 [J]. 歷史研究，2004（5）：157。

2 高橋龜吉. 戰後日本經濟躍進的根本原因 [M]. 瀋陽：遼寧人民出版社，1984：10。

3 Albert Waterston, *Development Planning: Lessons of Experience* (Baltimore: Johns Hopkins
   University Press, 1979).

4 Tibor Scitovsky, "Economic Development in Taiwan and South Korea: 1965-1981," *Food
   Research Institute Studies*, Vol. XIX, No.3 (1985), pp.215-264;Tun-Jen Cheng, Stephan
   Haggard & David Kang, "Institutions and Growth in Korea and Taiwan: The bureaucracy," *The
   Journal of Development Studies*, Vol.34, No.6 (1998), pp.87-111.

5 A. F. Robertson, *People and State: An Anthropology of Planned Development*, p.7.

許並不令人意外。一直到 70 年代末以後，五年計劃的理念才開始呈現頹勢，並於 1990 年後大幅下滑，其最顯著的原因是蘇聯東歐國家——轉軌：放棄公有制與經濟計劃，向資本主義制度轉型。

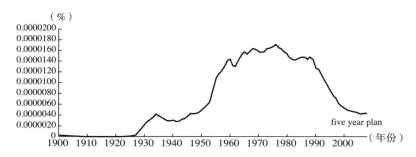

圖 4.1　1900—2000 年英文 "five year plan" 一詞在 Google Books Ngrams 中出現的頻率

那麼實行經濟計劃的效果到底怎麼樣呢？1980 年（經濟計劃理念越過巔峰開始出現頹勢，但一窩蜂的轉型還沒有開始）的情況也許很能說明問題。圖 4.2 列舉了 1980 年各個經濟體人均 GDP 的排序、人類發展指數（HDI）的排序以及兩個排序之差。第一個排序可以用來衡量經濟發展水平，第二個排序可以用來衡量社會滿足人類基本需求的程度。如果一個經濟體的兩種排名相等（排序之差等於零），說明前者決定了後者，但其社會經濟體制本身並沒有改善人類福祉的能力。當時實行 "自由經濟體制" 的中國香港便是如此。如果兩種排序之差是正值，則說明，哪怕經濟發展水平不高，社會經濟體制也可以在改善人類福祉方面有所作為（如中國）；正值越大，體制優勢越明顯。如果兩種排序之差是負值，則說明，即使經濟發展水平較高，社會經濟體制也可能在改善人類福祉方面拖後腿（如沙特阿拉伯）；負值越大，體制劣勢越明顯。

在圖 4.2 中，"兩個排序之差" 正值最大的頭 30 多個國家幾乎都是實行經濟計劃的國家（尤其是社會主義國家），它們包括多數人口大國，佔全球人口較大比重。這說明，無論實行經濟計劃會帶來其他什麼問題，它在滿足人類基本需求方面功不可沒。

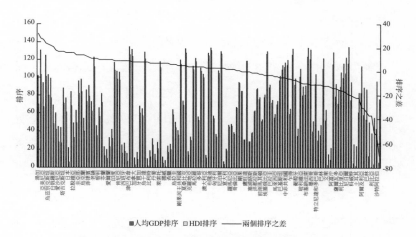

■人均GDP排序　□HDI排序　——兩個排序之差

圖 4.2　各經濟體人均 GDP 與人類發展指數排序，1980 年

資料來源：UNDP, "2010 Report Hybrid-HDI data of trends analysis," http: //hdr. undp. org/en/media/2010_Hybrid-HDI-data. xls。

到 20 世紀八九十年代，計劃理念風光不再。在 1991 年底蘇聯解體前夕，已存在 70 年的國家計劃委員會於當年 4 月被撤銷。在此前後，原本實行經濟計劃的國家紛紛改弦更張，拋棄五年計劃，轉向所謂自由市場經濟。正是在這一時代背景下，本身在美國國務院擔任政策計劃工作的日裔美國人福山大膽斷言：採取計劃機制的社會主義制度已經失敗，"歷史已經終結"，人類社會只有自由資本主義一途，別無選擇。[1] 然而，這種妄自尊大的資本主義必勝信念也只是曇花一現。

　　脫離社會主義軌道的"轉型國家"情況並不是都很美妙。早在轉型之初，已有人預測到，這些國家在情況好轉之前一定會經過一段讓人心酸的"淚谷"。[2] 但誰也沒有料到，"淚谷"竟然非常深、非常長。圖 4.3 顯示人均 GDP 在轉型國家的變化情況。在 28 個蘇東轉型國家中，只有 5 個勉強在 10 年以內讓人均 GDP 恢復到轉型前水平；有 17 個國家花費了 10—20 年才使人均 GDP 恢復到轉型前水平，荒廢了整整一代人的時間。更糟糕的是，到轉型的第 30 年（2019 年），仍有 4 個國家（摩爾多瓦、格魯吉亞、塞爾維亞、烏克蘭）的人均 GDP 未恢復到轉型前水平，這些國家的人們還在"淚谷"中掙扎。其中烏克蘭 2019 年的人均 GDP 不到轉型前的四分之三，即使一切順利，也許還要數十年才能恢復到1989 年的水平。對這些國家而言，轉型的代價是它們經受了比 20 世紀 30 年代"大蕭條"嚴重很多倍的經濟衰退，這在人類歷史上恐怕也是極為罕見的。不僅如此，在不少轉型國家，犯罪橫行，不

1　Francis Fukuyama, "The End of History?" *The National Interest*, 16 (Summer 1989): 3-18; Francis Fukuyama, *The End of History and the Last Man* (New York: Free Press, 1992).

2　Ralf Dahrendorf, "Europe's Vale of Tears," *Marxism Today*, May 1990, pp.18-23.

平等急劇擴大，並經歷了人類和平年代鮮見的預期壽命大幅下降，成百萬人過早逝去。[1] 作為對比，中國的表現堪稱亮麗。在 1989年，中國的人均 GDP 大大低於 28 個轉型國；到 2019 年，中國的人均 GDP 已超過其中約半數國家。

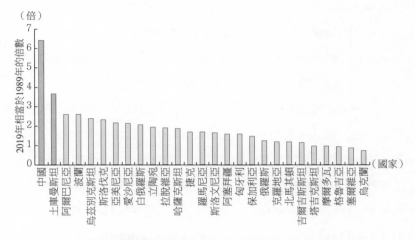

圖 4.3　轉型國家人均 GDP 變化情況，1989—2019 年

（按 2018 年國際美元計算）

資料來源：The Conference Board, Total Economy Database, April 2019, https: //www. conference-board. org/data/economydatabase/TED1。

　　2007 年，在一篇回顧計劃理念興衰的論文中，長期研究蘇聯計劃體制的荷蘭學者邁克爾・埃爾曼（Michael Ellman）得出結論：

1　David Stuckler, Lawrence King, And Martin McKee, "Mass Privatisation and the Post-Communist Mortality Crisis: A Cross-National Analysis," *Lancet*, Vol.373, No.9661 (2009): 399-407.

如果計劃機制不完美，單靠市場機制也不可能帶來什麼好結果。[1] 與此同時，在"華盛頓共識"肆意蔓延的美國後院，"市場原教旨主義"的危害已變得如此明顯，以至於拉丁美洲國家紛紛"向左轉"。到 2008 年，一場嚴重的經濟危機從美國蔓延至全世界，作為資本主義象徵的大型企業一個接一個面臨破產倒閉的厄運。迫不得已，從冰島到愛爾蘭，從澳大利亞到日本，從英國到美國，政府紛紛出手將銀行、保險公司、汽車業國有化。為此美國《新聞週刊》封面文章發出驚呼："我們都是社會主義者了。"[2]

在經濟社會發展中，制訂中長期計劃就意味著不相信市場是萬能的，而是相信未來在一定程度上是可控的。預測未來的確十分困難，因為影響未來的變量太多，準確預測未來的每一個細節既無可能又無必要。在這個意義上，哈耶克斷言人類不可能全面、準確、及時地把握現實與未來的所有細節無疑是對的。[3] 但真理多走一步就可能會變成謬誤。"不可能全面、準確、及時地把握現實與未來的所有細節"並不等於完全不能了解現實與未來。如果完全不能了解現實，哈耶克憑什麼批評現實中的社會主義理論與實踐？如果完全

---

1 Michael Ellman, "The Rise and Fall of Socialist Planning," in S. Estrin, G. Kolodko & M. Uvalic (eds) *Transition and Beyond: Essays in Honor of Mario Nuti* (Basingstoke: PalgraveMacmillan, 2007).

2 Jon Meacham and Evan Thomas, "We Are All Socialists Now," *Newsweek*, February 16, 2009.

3 哈耶克 . 致命的自負 [M]. 北京：中國社會科學出版社，2000。

不能了解未來，哈耶克的信徒們憑什麼相信自由市場這隻"看不見的手"能夠永遠帶領人類社會取得最好結果？只要現實與未來在一定程度上是可知的，計劃便是可能的；只要計劃是可能的，就有必要制訂計劃，明確奮鬥方向，力爭在資源有限的條件下，儘量擴大人民的福祉。

中國學者都十分熟悉雅諾什·科爾奈（János Kornai）對傳統社會主義計劃體制的批判，但恐怕不了解他對計劃的真實看法。科爾奈認為把嬰兒和洗澡水一起倒掉是愚蠢的。在 2006 年出版的自傳中，他對計劃前景的有關論述值得我們引用：

> 共產主義體系的失敗導致計劃理念被污名化，我對此感到十分遺憾。不僅匈牙利的國家計劃辦公室被解散，蘇聯的國家計劃委員會和其他前社會主義國家的中央計劃機構先後遭遇同樣命運。計劃者的作用被削弱，計劃機構在蘇聯集團以外的國家完全喪失了其影響力。你不必是位共產主義者，也無須接受馬克思主義，但應會看到為國民經濟制訂計劃的可行性。制訂計劃有必要進行測算，這種測算會跨越不止一兩個財政年度，並力圖探尋國家發展的各種可能路徑。此類謀劃不一定非要產生一份全面指導經濟參與者具體行為的文件。它只需對各種可能的發展途徑進行測算，供領導人和決策者參考，用作他們討論的背景材料就足矣。這就是拉格納·弗里希（Ragnar

Frisch）、揚・廷貝亨（Jan Tinbergen）[1] 以及六十年代法國計劃者所倡導的那種引導性計劃（與市場經濟相容），而不是共產主義經濟中的那種指令性計劃。也許有一天，當人們對共產主義體系下舊式計劃體系的可怕記憶消失後，計劃理念會再度復興。[2]

在 2014 年初出版的新書《活力、競爭與過剩經濟：兩篇剖析資本主義本質的論文》裏，科爾奈不再糾纏以短缺為特徵的傳統社會主義經濟問題，而是試圖解決以過剩為特徵的資本主義所面臨的挑戰。為了解決資本主義經濟中的供需平衡問題，科爾奈沒有像某些"市場原教旨主義者"那樣盲目地推崇那隻"看不見的手"，而是誠懇地說：

---

1 挪威人拉格納・弗里希和荷蘭人揚・廷貝亨在 1969 年共同獲得了第一個諾貝爾經濟學獎。他們各自的研究都對將計量經濟學模型引入到政府經濟計劃做出了貢獻。事實上，"計量經濟"與"宏觀經濟"這兩個概念就是弗里希引入經濟學的。除此之外，兩人還在各自的國家大力倡導、推動經濟計劃。弗里希被認為是將計劃引入挪威的關鍵人物。見 Arild Sther and IbE. Eriksen, "Ragnar Frisch and the Postwar Norwegian Economy," *Econ Journal Watch*, Vol.11, No.1 (January 2014): 46-80。廷貝亨於 1945—1955 年間擔任荷蘭中央計劃局局長，於 1965—1972 年間擔任聯合國發展計劃委員會主席。參見 Daniel B. Klein and Ryan Daza, "Jan Tinbergen," *Econ Journal Watch*, Vol.10, No.3 (September 2013), pp.660-666。

2 János Kornai, *By Force of Thought: Irregular Memoirs of an Intellectual Journey* (Cambridge, MA: The MIT Press, 2006), p.157.

讓我提出一個看似不合時宜的建議：實行中長期規劃。不是社會主義制度那種已被證明失敗的指令性計劃，而是類似法國一度使用過的那種引導性計劃的改進版。經過必要的試驗，它也許可以更好地協調新增產能與預期需求之間的關係，並阻遏大公司的老闆心血來潮、大肆投資，使他們所在產業的過剩產能雪上加霜。[1]

"滄海橫流，方顯出英雄本色。" 與其他轉型國家不同，計劃理念在中國無須復興，因為它只有改變卻從未消失。雖然中國於 1992 年宣佈從計劃經濟體制轉向社會主義市場經濟體制，並於 1998 年將 "國家計委" 更名為 "國家發展計劃委員會"，於 2003 年將後者更名為 "國家發展和改革委員會"，但 "計劃" 二字的消失並不意味著拋棄了五年計劃。[2] 按江澤民 1992 年的說法，"社會主義經濟從一開始就是有計劃的，這在人們的腦子裏和認識上一直是清楚的，不會因為提法中不出現 '有計劃' 三個字，就發生是不是取消了計劃性的疑問"。[3] 迄今為止，中國已經實施了十三個五年

---

1 János Kornai, *Dynamism, Rivalry, And the Surplus Economy: Two Essays on the Nature of Capitalism* (New York: Oxford University Press, 2014), p.137.

2 胡鞍鋼，鄢一龍，呂捷. 從經濟指令計劃到發展戰略規劃：中國五年計劃轉型之路（1953—2009）[J]. 中國軟科學，2010（8）：14—24。

3 江澤民：《深刻領會和全面落實鄧小平同志的重要談話精神，把經濟建設和改革開放搞得越快越好》（1992 年 6 月 9 日）。

計劃或五年規劃，其中五個五年計劃是轉向社會主義市場經濟體制以後制訂與實施的。雖然 2008 年爆發的世界經濟危機也拖累了中國經濟，但社會主義中國的經濟仍以領跑他國的速度持續增長，中國當之無愧地成為全球經濟復甦的火車頭。[1]

中國的五年計劃（或規劃）可以說是中國經濟社會發展的 "指南針"，是引導各項具體經濟、社會政策的綱領。毫不誇張地說，中國經濟奇跡之路就是以一連串的五年計劃或五年規劃為基石而鋪就的。越來越多的外國觀察者也認識到了這一點。2011 年底，哥倫比亞大學高級研究員安迪·斯特恩（Andy Stern）訪華後撰文，盛讚中國展現了一個更具優勢的經濟模式，其亮點是謀劃未來的能力。在文章的結尾，他表示希望看到美國也能制訂出 "有前瞻性的、長遠的經濟規劃"。[2] 他這篇文章在美國引起了廣泛的關注與討論，因為斯特恩曾擔任美國一個重要工會的主席，並且是奧巴馬時期白宮的常客。值得玩味的是，這篇文章發表在帶有強烈親商、市場經濟色彩的《華爾街日報》上，而該報的中文版把這篇文章譯為 "中國有計劃經濟，美國也應該有"，恐怕是有意誤導讀者。

如果說斯特恩可能因為不了解中國而做了誤判的話，那麼麥健

1　孫宇挺. 高盛：中國過去十年對世界經濟增長貢獻超美國 [EB]. 中國新聞網，2010-10-30。

2　Andy Stern, "China's Superior Economic Model: The Free-Market Fundamentalist Economic Model is Being Thrown onto the Trash Heap of History," *Wall Street Journal*, December 1, 2011.

陸（James McGregor）可以說是位"中國通"。麥健陸 1990 年任《華爾街日報》駐北京中國總編，後來擔任道瓊斯公司中國總執行官、美國商會中國分會主席、安可公關顧問公司（APCO Worldwide）大中華區主席等職，與中國打交道 30 多年。他在《前無古人，後無來者：中國威權資本主義的挑戰》[1] 一書中反反覆覆提到中國的十二五規劃，並提醒讀者理解中國的五年規劃有多麼重要。在他看來，"我們（指西方國家）可以向中國學習的一個重要經驗就是要設立目標、制訂計劃，全力推動整個國家向前走。中國人已揚棄了舊式五年計劃，不再告訴工廠從哪兒得到原材料、生產什麼、如何定價、銷售給誰。他們現在規劃的是，如何在五年內構建國際領先的矽片產業，如何變為中國汽車製造大國"。[2]

紐約亞洲協會美中關係中心主任夏偉（Orville Schell）也許比麥健陸更了解中國。他從 20 世紀 60 年代開始研究中國，出版過 9 部有關中國的著作，擔任過加州大學伯克利分校的新聞研究生院院長，可以算得上美國最著名的 "中國通" 之一。儘管在很多問題上他對中國批評多多，但他完全同意麥健陸的看法："我想我們已經認識到，規劃能力正是美國所缺少的。我們連一年規劃都做不出來，更不用提五年規劃了。我們一些人開始意識到，這對我們而言

1 James McGregor, *No Ancient Wisdom, No Followers: The Challenges of Chinese Authoritarian Capitalism* (Prospecta Press, 2012).

2 轉引自 Bill Powell, "Five Things the U. S. Can Learn from China," *Time*, November 12, 2009, http: //content. time. com/time/magazine/article/0, 9171, 1938734, 00. html。

是個巨大的危險。"那麼，為什麼美國會缺少這種規劃能力呢？2003 年諾貝爾經濟學獎得主羅伯特・恩格爾（Robert Engle）的觀察可謂一針見血：在中國為下一代制訂五年規劃時，美國人卻只在規劃下一次選舉。[1]

這就觸及更深層次的體制問題了。2012 年，一位在美國金融界摸爬滾打多年並在北大擔任過訪問教授的華裔女強人李淯（Ann Lee）出版了一本書 ——《美國能向中國學什麼》。作者認為，美國的政治體制使這個國家變成了一個 "短視社會"（short-term-oriented society），因為美國政客最關心的是用什麼樣的方式可以在下一次選舉中獲得足夠的選票。他們成天唇槍舌劍、爭吵不休，看起來熱鬧非凡，但對國家長遠發展方向卻漫不經心，更無法在重大戰略問題上達成共識。而中國正好相反，共產黨領導使得其官員避免了短視的選戰思維，可以把注意力集中在長期戰略規劃上，寶貴的時間與資源不必荒廢在無窮無盡的競選活動中。用李淯的話說，"爭辯民主需要一個、兩個還是三個政黨才能恰如其分地代表公眾利益，其實忽略了一個更大的問題：在什麼條件下才能創造出這樣一種制度，它將不遺餘力地為最大多數人可持續的前途未雨

1　轉引自 Chen Weihua, "Time for US to Make Plans for the Future," *China Daily*, November 18, 2011, http: //www. chinadaily. com. cn/opinion/2011-11/18/content_14115844. htm。

綢繆"。[1] 更何況，在競選中，為了爭取儘可能多的選票，政客開出的往往是大而無當的空頭支票，被人戲稱為"競選承諾"（election promise）。這種"承諾"既不莊嚴也不慎重，難以兌現，根本不算數。[2] 而制訂與宣佈包含具體奮鬥目標的中長期規劃則不同，它意味著政府主動交給民眾一把評判自己表現的標尺。有了這把標尺，民眾就不那麼容易被糊弄了，政府也可以藉此鞭策自己儘量朝著規劃指引的方向前進。[3] 在書的最後，李淯呼籲："空談沒什麼用。必須制訂行動計劃，不管是五年規劃也好，二十五年規劃也好，必須要有一個路綫圖，用它來督導各相關方為實現既定的里程碑而努力奮鬥，這樣做意義重大，也便於監督。"[4] 為李淯這本書作序的是全球最大政治風險諮詢公司歐亞集團（Eurasia Group）總裁伊恩・布雷默（Ian Bremmer），序言的最後一句話是："在美國，短期戰術思維經常替代了周密的長遠規劃，華盛頓如此，華爾街也是如此。美

1　Ann Lee, *What the U. S. Can Learn from China: An Open-Minded Guide to Treating Our Greatest Competitor as Our Greatest Teacher* (San Francisco: Berrett-Koehler Publishers, Inc.2012), p.90.

2　見維基百科"election promise"條。

3　Ann Lee, *What the U. S. Can Learn from China: An Open-Minded Guide to Treating Our Greatest Competitor as Our Greatest Teacher* (San Francisco: Berrett-Koehler Publishers, Inc.2012), p.117.

4　Ibid, p.201.

國可以從中國學到什麼？答案是，很多很多。"[1]

凡事預則立，不預則廢

上面說到計劃在經濟社會發展中的必要性與重要性，這並不意味著，計劃應該包羅萬象，涉及人們生活方方面面的每一個細節；也不意味著，計劃不會出錯，不會有偏差；更不意味著，只要有了計劃，經濟社會發展就會按部就班地自行展開。換句話說，計劃的必要性與重要性不在於制訂出一份計劃，而在於制訂計劃這件事本身。無論在中文還是西文中，"計劃"既可以是動詞，也可以是名詞。作為名詞的"計劃"是作為動詞的"計劃"的結果。作為名詞的"計劃"是指事先擬定的方案，它固然重要，但真正重要的是作為動詞的"計劃"，即擘畫未來的意圖與能力。關於這兩者的區別，英國首相溫斯頓·丘吉爾有句話說得很到位："計劃（plan）本身不算什麼，謀劃（planning）卻至為關鍵。"其實經歷過第二次世界大戰的他還有一句類似的話：我們可能會做出一些事後證明不盡如人意的決策，但無論如何，有計劃總比沒有計劃好。[2]在丘吉爾看來，作為名詞的"計劃"並不是用來束縛人的，而是用來指導

1 Ann Lee, *What the U. S. Can Learn from China: An Open-Minded Guide to Treating Our Greatest Competitor as Our Greatest Teacher* (San Francisco: Berrett-Koehler Publishers, Inc.2012), p. xi.

2 Richard M. Langworth, ed., *Churchill by Himself: The Definitive Collection of Quotations* (New York: Public Affairs, 2008), p.492.

人行為的。用他的話說，"一流的將軍是那些不拘泥於計劃，卻達到計劃效果的人"。[1] 這裏已經預設了制訂計劃的必要性與重要性。

類似的話，普魯士和德意志名將、軍事家毛奇（Helmuth Karl Bernhard von Moltke）也曾說過："計劃是無用的，但是擬訂計劃卻是必不可少的。"據說二戰期間擔任盟軍在歐洲的最高指揮官的艾森豪威爾（Dwight David Eisenhower）經常引用毛奇這句話，並告誡身邊的人，"靠計劃指引，但不要盲從計劃"。[2] 後來擔任美國總統的尼克松對此印象深刻，只不過他已不清楚這句格言本是毛奇說的。[3]

毛奇、丘吉爾、艾森豪威爾都是傑出的軍事家。作為偉大的軍事家，毛澤東清楚了解計劃的必要性與重要性。他的名言是"'凡事預則立，不預則廢'，沒有事先的計劃和準備，就不能獲得戰爭的勝利"。[4] 其實，計劃的重要性並不局限於軍事戰略領域，在經濟社會發展中同樣重要。美國並不具備進行中長期經濟社會發展規劃的能力，但這並不妨礙曾擔任美國財政部部長的蓋特納（Timothy

---

1 Richard M. Langworth, ed., *Churchill by Himself: The Definitive Collection of Quotations* (New York: Public Affairs, 2008), p.214.

2 Evan Thomas, *Ike's Bluff: President Eisenhower's Secret Battle to Save the World* (Back Bay Books, 2013), p.44.

3 尼克松. 六次危機 [M]. 北京：商務印書館，1972：353。尼克松擔任美國總統前幾個月，艾森豪威爾的孫子戴維同尼克松的小女兒朱莉喜結連理。

4 毛澤東. 論持久戰 [M] // 毛澤東選集：第二卷. 北京：人民出版社，1991：495。

Franz Geithner）認識到"有計劃勝過無計劃"。在他的新書《壓力測試：對金融危機的反思》中，他將這句話重複了很多遍。[1]

計劃之所以必要與重要，不是因為擬訂的計劃可以準確無誤地預測邁向未來的每一個步驟。擬定了職業規劃的個人很可能經常大失所望，擬定了銷售規劃的企業很可能經常發現業績不盡如人意，擬定了科研規劃的研究團隊很可能經常碰壁，擬定了城市規劃的地方很可能會出現私搭亂建。但這能否就表明職業規劃、銷售規劃、科研規劃、城市規劃毫無必要呢？顯然不能！試想如果沒有規劃，個人、企業、科研團隊、城市的情況會更好嗎？

同樣，擬定了經濟社會發展規劃的國家也許從來不會百分之百地實現預定目標。本來，如果一個國家為自己制訂的計劃指標不多，而且每個指標都不高的話，實現預定目標便不是難事。但這樣做就使制訂計劃失去了意義。因此，凡是擬定經濟社會發展規劃的國家都不會這麼做。相反，它們都會把計劃指標設定在必須經過相當努力才能完成的高度之上。中國就是這麼做的。如圖 4.4 所示，從 1953 年實行第一個五年計劃開始，一直到 2010 年完成第十一個五年規劃，中國從未百分之百地完成所有計劃指標。然而，任何人恐怕都不能依據這張圖得出結論：假如不制訂中長期計劃，中國的經濟社會發展會同樣讓世人矚目，甚至更好。如果有人做出這種反事實的推測，它既無法證明，也無法證偽，充其量不過是情緒與

1　Timothy F. Geithner, *Stress Test: Reflections on Financial Crises* (New York: Crown, 2014).

立場的表達而已。過去幾十年來，風雲變幻，中國從未放棄制訂中長期計劃，儘管制訂出來的計劃執行情況不盡如人意，但持之以恆地制訂中長期計劃確保中國沿著預定的方向前行，這正是中國成功的秘密之一。

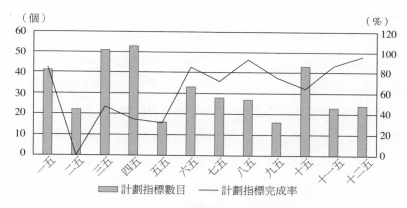

圖 4.4　計劃指標數目與計劃指標完成率

　　註：計劃指標完成率，指完成計劃（完成百分數在 100% 及以上）的指標數與指標總數的比值。

　　資料來源：鄢一龍. 目標治理：看得見的五年規劃之手 [M]. 北京：中國人民大學出版社，2013：293—295，326—340。

　　在以往有關中國五年計劃的研究中，注意力往往集中在計劃指標的完成情況上（有關蘇聯五年計劃的研究也是如此）。它被當作衡量計劃是否成功的標準，成為辯論制訂計劃有無必要的依據。這種思考方式實際上是基於一個未加言明的假設：作為名詞的 "計劃" 比作為動詞的 "計劃" 更加重要。如上所述，這個假設帶有嚴重誤導性。上述思考方式的邏輯應該反轉過來，我們關注的重點應該是計劃的制訂，而不是制訂出來的計劃。把注意力放在計劃的出發點與形成過程上，可以使我們看到計劃研究的不同側面。

首先，關注計劃制訂有利於彰顯計劃的戰略特性。

制訂計劃必須從戰略高度出發，而制訂出來的計劃引人注目的往往是其操作性細節（如計劃指標、計劃指標的分解、計劃執行的路綫圖等）。制訂中長期計劃，必須著眼於全域，包括國內、國外兩個大局的現狀，國內外局勢中已經出現的新情況、新變化、新特點，以及國內外已經出現或可能出現的不確定、不穩定因素。制訂中長期計劃，還必須著眼於長遠，不僅要看到當下，預測以後三五年的走勢，還必須展望未來一二十年的發展方向。[1] 而所謂戰略高度就是從全域與長遠的視角緊扣兩個主題：走向何方？怎樣到那裏去？這就需要一方面把握方方面面錯綜複雜的現象，另一方面化繁為簡、聚焦關鍵。只有這樣，制訂出來的中長期計劃才可能 "壹引其綱，萬目皆張"（《呂氏春秋·用民》），才能引導全國各地區、各部門在今後不同階段的發展。

其次，關注計劃制訂有利於彰顯計劃的動態特性。

制訂計劃一定是個動態過程，不可能一蹴而就，需要諸多當事方的多輪互動才能形成；而制訂出來的計劃則往往是靜態的，一板一眼，似乎按部就班就能實現。當然，不同的計劃理念也許會導致

1　從制訂第一個五年計劃開始，中國幾乎每次制訂五年計劃時，都同時準備更長期的規劃，如十年規劃、二十五年規劃等。

不同的計劃形成過程，並產生不同類型的計劃。如果假定人是理性的，不僅可以充分佔有信息，而且可以科學地處理相關信息，制訂計劃的過程可能嚴重依賴專門機構、專家、專業計劃工作者，可能充斥著技術性分析、模型建立、數據推算。由於相信有可能制訂出完美的計劃，這樣制訂出來的計劃也許篇幅很長、內容很雜、指標很多、設想很細、要求很嚴。反過來，如果假定任何人（包括所謂專家）充其量都只具備有限理性，不僅不可能充分佔有信息，而且無法系統、全面地處理相關信息，制訂計劃的過程就會更加開放，就會允許各當事方進行更多的互動。這樣的計劃理念不相信"完美的計劃"，在其指導下制訂出來的計劃也許篇幅要短得多、內容要集中得多、指標要少得多、設想要粗得多、要求要寬得多。更重要的是，在後一種理念下，制訂計劃的過程不是止於制訂出計劃的那一刻，而是一直延續到計劃執行終結之時。這是因為不管制訂出來的計劃多完美，它都不會與現實狀況完全一致，軍事指揮家都知道，"一旦與敵軍交火，計劃就得有所變化"。同理，一旦付諸實施，經濟社會發展計劃也需適時按實際發展進行相應調整。因此，計劃制訂與計劃實施並不是決然不同的兩個階段，朝著計劃指定的方向前進比死板地執行計劃指標更為重要。

再次，關注計劃制訂有利於彰顯計劃的學習特性。

上面提到，計劃在執行過程中往往會進行必要的調整，這本身就是邊幹邊學。而計劃制訂是連續的，完成一個計劃期後，會進入下一個計劃期。每一個計劃期恐怕都會有成功的經驗與失誤的教訓，別國的經驗教訓也會對本國有借鑒意義。從本國與別國的經驗教訓中學習，有助於不斷調整計劃理念、計劃制訂方式、計劃內容、計劃實施途徑等。如圖 4.4 所示，在"一五"至"五五"期間，中國的計劃指標完成率起伏劇烈；而"六五"以後，計劃指標完成率普遍提高，並將起伏波動收窄到一個不大的空間。這便是計劃制訂的學習特性在起作用。

最後，把注意力放在計劃制訂上，看各國願否制訂計劃、能否制訂計劃，還有助於我們深入了解不同政治經濟制度。

願否制訂計劃。在個人生活中，有些人喜歡在做某件事情之前制訂計劃，而另一些人喜歡隨波逐流。這反映出不同的人生態度。在經濟社會發展方面，有些國家有意識地制訂全方位的中長期計劃，認為這是在資源有限的條件下，快速實現國富民強的最佳途徑；而另一些國家相信，政府出面進行協調與規劃是完全沒有必要的，因為理性個人基於自我短期利益最大化的互動便可以帶來社會長期效益最大化；還有些國家既不用市場在資源配置中的決定性作用取代甚至否定政府作用，也不用更好發揮政府作用取代甚至否定使市場在資源配置中起決定性作用，而是同時運用"看不見的手"和"看得見的手"。這些不同可以揭示不同政治經濟制度的意識形態特徵，而這些特徵並不是簡單的社會主義與資本主義二分法可以揭示的。

能否制訂計劃。在某些政治經濟制度下，即使很多人希望本國制訂中長期計劃，他們也未必能如願以償。這裏的關鍵是，在決策體制中，不同決策主體的交匯處是"否決點"（veto point），還是協商點、協調點、協議點。

有些制度強調個體本位、強調競爭、強調制衡，在決策過程中設置多個否決點，或允許存在多個否決者（veto player）。在這種制度下，不同參與方傾向於各自追求自身利益最大化，並為此而縱橫捭闔、相互掣肘，想方設法否決其他參與方提出的方案。特殊利益集團在這種機制下如魚得水，它們可以通過影響否決者綁架決策過程，阻止有可能損害其利益的政策出台，哪怕這些政策有利於絕大多數人。例如，美國制度的特別之處就在於，其中遍佈否決的權力。顯然，在政策形成過程中，否決的權力越多，政策變化的可能性越小，哪怕在一個節點上有人行使否決權，政策變化就會胎死腹中。這種否決權遍佈的制度安排使一般政策的漸進調適都很難產生，重大政策變局也是難上加難，更不用提涉及面很廣的經濟社會發展中長期計劃了。[1] 據此，曾一度主張"歷史終結論"的美國日裔學者弗朗西斯·福山痛心地把美國的政治制度稱為"否決政體"

---

1 最早注意到美國制度的特殊之處在於其中遍佈否決的權力的是林德布洛姆，見 Charles E. Lindblom, "Still Muddling, Not Yet Through," *Public Administration Review*, Vol.39, No.6, 1979, pp.520-521。最早使用"否決點"概念的是埃倫·M. 伊莫加特（Ellen M. Immergut），見其 "Institutions, Veto Points, And Policy Results: A Comparative Analysis of Health Care," *Journal of Public Policy*, Vol.10, No.4 (1990), pp.391-416。最系統使用"否決者"的是喬治·切貝里斯（George Tsebelis），其代表作是 *Veto Players: How Political Institutions Work* (Princeton: Princeton University Press, 2002)。

（vetocracy）。[1]

　　而另外一些制度則不同，它們強調總體本位、強調合作、強調共識，努力把決策過程中各方的交匯點設置為"接觸點""輸入點""商議點"，而不是"否決點"。在這種機制下，不同參與方只能通過充分表述、反覆協商、高層協調，求大同存小異，最終達成糅合各方意見的政策共識。特殊利益集團在這種機制下用武之地不多，它們可以參與決策，卻很難按照自己的意願左右或阻礙決策進程。這種機制有利於經濟社會發展的中長期計劃的形成。中國便是這方面制度安排的典範。[2] 連福山也不得不承認："中國政治制度的最大優勢在於，她有能力迅速做出重大、複雜的決策，而且這些決策的質量還相當不錯，至少在經濟政策領域如此。"[3]

　　中國無疑具有制訂中長期計劃的意願能力與經驗，這已被過去幾十年的歷史證明。它是中國體制的巨大優勢之一。難能可貴的是，中國在推進中長期計劃的過程中，不斷從自己和別國的經驗教訓中汲取養分，不斷根據實際變化修正計劃的戰略方向，不斷調整

1　Francis Fukuyama, "Oh for a Democratic Dictatorship and not a Vetocracy," *Financial Times*, November 22, 2011, http: //www. ft. com/intl/cms/s/0/d82776c6-14fd-11e1-a2a6-00144feabdc0. html#axzz28PC8kNpJ.

2　王紹光，樊鵬. 中國式共識型決策："開門"與"磨合"[M]. 北京：中國人民大學出版社，2013。

3　Francis Fukuyama, "US Democracy Has Little to Teach China," *Financial Time*, January 17, 2011.

計劃的戰略定位，不斷改變計劃的制訂方式，規避了蘇式計劃經濟的教條和僵硬的制度缺陷。

從"一五"至"五五"，中國計劃工作的重點放在確定與調整計劃的戰略方向上。如"一五"突出計劃的產業排序（優先發展重工業）；"二五"突出計劃的增長指標（將計劃指標設為三本賬：第一本賬為全國必成計劃指標；第二本賬為全國期成計劃指標，即地方必成計劃指標；第三本賬為地方期成計劃指標）；"三五"突出計劃的空間佈局（對第一、二、三綫進行全面部署，加快三綫建設）。計劃戰略方向的每次轉換都意味著在一定程度上汲取了前期教訓，如"一五"以後，毛澤東提出"要適當地調整重工業和農業、輕工業的投資比例，更多地發展農業、輕工業"；又如在"二五"後期直至毛澤東晚年，他反覆強調，在制訂計劃時"要留有餘地"；再如"五五"調低三綫建設投資的比重，調整三綫建設的具體內容。

從"六五"到"九五"，中國計劃工作的重點轉至調整計劃本身的戰略定位（亦指計劃在社會主義經濟體制中的位置）。如果說此前計劃具有全方位、指令性的話，此後，全方位、指令性計劃逐步收縮空間，一步步為指導性計劃與市場調節讓位：先是承認市場有正面作用（1978 年），繼而提出"計劃經濟為主、市場調節為輔的原則"（1982 年），再而提出"計劃調節與市場調節的有機結合"（1984 年），最後賦予市場在資源配置方面的"基礎性作用"（1992 年）和"決定性作用"（2013 年）。35 年過去了，中國從"實行計

劃經濟" 改為 "實行社會主義市場經濟"（《憲法》的修正），市場
作用的範圍和內容從小到大持續擴展，"國民經濟計劃" 被 "國民
經濟與社會發展計劃" 替代，"國民經濟與社會發展計劃" 又被 "國
民經濟與社會發展規劃" 替代。

小結

在英文中，"規劃" 與 "計劃" 沒有差別，都是 "plan"。在
中文中，兩個詞含義相近，但前者更多用於比較全面的長遠的發展
計劃。在這個意義上，"五年計劃" 與 "五年規劃" 在字面上沒有
多大差別。[1] 不過，究其實質，中國現在制訂的國家五年規劃與改革
開放前的五年計劃已大不相同。一方面，從覆蓋的廣度看，五年規
劃比五年計劃更具綜合性、全面性，不僅涉及經濟發展，而且涉及
社會發展；不僅著眼於公有制單位，也著眼於非公有制單位。另一
方面，從覆蓋的深度看，五年規劃更具宏觀性、戰略性，主要關注
產業、區域、城鄉、土地使用、社會服務、生態環境保護等結構問
題，著重提出經濟、社會發展的方向、任務以及相應的發展戰略和

1　其實 "規劃" 一詞早已被使用，如 20 世紀 50 年代中期制定的《1956—1967 年科技
　發展遠景規劃》；60 年代初期，中國曾著手準備的《十五年遠景規劃》《1963—
　1972 年十年科學技術規劃》《農業長期規劃》《中小學教育和職業教育七年（1964—
　1970）規劃要點（初步草案）》《工交長期規劃》；70 年代初擬定的《全國農業機械
　化發展規劃（草案）》；70 年代中期擬定的《1976—1985 年發展國民經濟十年規劃
　綱要》；80 年代初制定的《1981—1990 年發展國民經濟的十年規劃》；制定 "八五"
　時，同時制定的十年規劃等。不過 50 年代初準備的十五年遠景計劃並沒有使用 "規劃"
　一詞。

措施，不再將重點放在指導企業的微觀活動。五年規劃依然發揮著資源配置的作用，在土地、能源、網絡型產業（交通、運輸、電力、電信、金融、互聯網）等戰略性領域尤為如此；但在絕大多數領域，市場在資源配置方面的作用是基礎性、決定性的。五年規劃依然有指標，但指標的性質發生了重大變化："九五"以後，不再出現明確的指令性指標，取而代之的是預測性、指導性指標。雖然從"十一五"開始又引入了約束性指標，但約束的對象不再是企業，而是各級政府。用《"十一五"規劃綱要》和《"十二五"規劃綱要》的話說，現在中國之所以堅持制定五年規劃，主要是為了"闡明國家戰略意圖，明確政府工作重點，引導市場主體行為"；這種規劃是"未來五年中國經濟社會發展的宏偉藍圖，是全國各族人民共同的行動綱領，是政府履行經濟調節、市場監管、社會管理和公共服務職責的重要依據"。[1]

---

1 《中華人民共和國國民經濟和社會發展第十一個五年規劃綱要》（2006 年 3 月 14 日第十屆全國人民代表大會第四次會議批准）；《中華人民共和國國民經濟和社會發展第十二個五年規劃綱要》（2011 年 3 月 14 日第十一屆全國人民代表大會第四次會議批准）。

第五章

支柱：國企與工業化

中華人民共和國成立 70 年，中國經濟最大的變化是實現了工業化，而且工業化的水平越來越高。在這個過程中，國有企業扮演了不可或缺的角色。本章討論在過去 70 年中國企與工業化的關係，主要不是理論分析，更多的是通過各種各樣的數據說明過去 70 年中國經濟發生了多大的變化，中國工業發生了多大的變化，國有企業在其中做出了多大的貢獻。

什麼叫工業化？《現代漢語詞典》對工業的定義是："採取自然物質資源，製造生產資料、生活資料，或對各種原材料進行加工的生產事業。"[1] 工業化則是指從傳統農業社會向現代工業社會轉變的過程，或以機器為特徵的近現代工業逐步發展，並在國民經濟中逐步佔據主要地位的過程。此處在"工業"前面加了"現代"二字，是因為工業還包括傳統手工業；如果工業停留在傳統手工業製造階段，恐怕還不能算工業化。

看一個社會是否進入工業化，可以藉助四個基本指標。

一是結構變化。首先是國民經濟的構成是否發生了變化，農業、工業、第三產業的比重怎樣。其次，在工業部門內部，生產資料的生產是否擴大。這裏所謂生產資料是指不能直接吃、喝、穿、用的東西，而是為生產吃、喝、穿、用的東西而需要製造的其他東西。生產能直接吃、喝、穿、用的東西屬輕工業，生產不能直接吃、喝、穿、用的東西屬重工業。考察結構變化，要關注輕重工業

1　見《現代漢語詞典》第 7 版，第 449 頁。

的比重發生了什麼變化。無論是輕工業也好，重工業也好，還要看其產品結構是否發生了升級換代，其技術含量是否有所提升。

二是量的增長。包括生產總量、人均產量增長。很顯然，量的變化與經濟增長速度有關。

三是效率提升。就是生產同一產品所需時間、勞動力和原材料的多少。用專業術語說，效率既包括勞動生產率，也包括全要素生產率。

四是地區分佈。在一個國家的範圍裏面，工業化是集中在某一個特定的區域，還是擴散到了其他區域？是僅僅在某幾個小的點上實現了工業化，還是在全國範圍內實現了工業化？這應該是衡量工業化不可忽略的一個指標。

早在中華人民共和國成立以前，毛澤東就對中國的工業化提出兩大期待，體現在他說過的兩段話裏。一段話是 1945 年他在中共七大上講的："在新民主主義的政治條件獲得之後，中國人民及其政府必須採取切實的步驟，在若干年內逐步地建立重工業和輕工業，使中國由農業國變為工業國。"[1] 也就是說，他的第一個期待是中國要 "由農業國變成工業國"。

第二段話是 1949 年 3 月毛主席剛剛到達北京時在七屆二中全會上講的，他指出當時 "還沒有解決建立獨立的完整的工業體系問

1　毛澤東．論聯合政府（1945 年 4 月 24 日）[M]// 毛澤東選集：第三卷．北京：人民出版社，1991：1081。

題，只有待經濟上獲得了廣大的發展，由落後的農業國變成了先進的工業國，才算最後地解決了這個問題"。他的第二個期待是，中國不僅要實現工業化，還要在自己的土地上建立獨立的完整的工業體系，變為"先進的工業國"。

下面我們將用數據檢驗中華人民共和國的成就，看毛澤東去世前後，他的兩個期待是否實現了。

在中華人民共和國成立前兩天，1949 年 9 月 29 日，中國人民政治協商會議第一屆全體會議通過了起臨時憲法作用的《中國人民政治協商會議共同綱領》。《共同綱領》第二十八條規定了國有經濟的使命："國營經濟為社會主義性質的經濟。凡屬有關國家經濟命脈和足以操縱國民生計的事業，均應由國家統一經營。凡屬國有的資源和企業，均為全體人民的公共財產，為人民共和國發展生產、繁榮經濟的主要物質基礎和整個社會經濟的領導力量。"注意這裏講的不僅僅是"國有"，而且是"國營"。既然這種"國有""國營"的經濟是"全體人民的公共財產"，在很長一段時間裏，我們曾把國有經濟叫作"全民所有制經濟"。

《共同綱領》第三十五條提出了工業化的使命："應以有計劃、有步驟地恢復和發展重工業為重點，例如礦業、鋼鐵業、動力工業、機器製造業、電器工業和主要化學工業等，以創立國家工業化的基礎。"這裏突出了優先發展重工業的重要性。由此可見，《共同綱領》不是一個簡單的政治聲明，它包含豐富的內容，具體地規劃了中國工業化的道路。

本章分為三部分。第一部分講中華人民共和國的起點，不把起點講清楚，就很難理解後來 70 年到底取得了什麼樣的成就。第二部分講在前三十年，中國如何 "由農業國變為工業國"，如何建立起 "獨立的完整的工業體系"，實現了毛澤東的兩個期待。第三部分講後四十年中國如何由工業國變為工業大國。關於國有企業在整個 70 年歷史過程中發揮的作用將貫穿於這三個部分的始終。

中華人民共和國的起點

關於中華人民共和國的起點，從四個方面加以考察，即經濟、工業、資本、國企。本節從經濟講起，最後講到國企；後兩節將倒過來，從國企講起，再講資本、工業，最後講到經濟。

（一）經濟的起點

對中華人民共和國經濟的起點，我們首先從結構特點分析，其次看量的特點。

從結構上看，1949 年的中國是一個落後的農業國，5 億多人中，只有大約 200 萬人從事工業，工業總產值只佔全國經濟總量的 10% 左右。不要說與歐美國家相比，哪怕與比較落後的蘇聯相比，1949 年的中國也要落後得多。而俄國在一戰前的 1913 年，工業比重已經佔其經濟總量的 43%。基礎工業方面，中國更加落後。

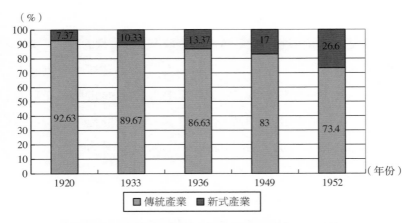

圖 5.1　傳統產業與新式產業在工農業總產值中的比重

資料來源：許滌新，吳承明. 中國資本主義發展史：第三卷 [M]. 北京：人民出版社，2003：756。

　　圖 5.1 展示了傳統產業與新式產業在工農業總產值中的比重。除了農業，這裏所謂傳統產業也包括落後的手工業。由此可以看出，1920 年時，中國新式產業（排除農業和手工業的現代工業及公共事業等）僅佔工農業總產值的 7.37%；到 1936 年也僅佔13.37%。到 1949 年，東北新式產業加進來後，全國新式產業的比重提升至 17%，其餘超過八成仍是傳統產業，主要是農業。如果只看由製造業、採礦業和公共事業構成的現代部門，其份額更小。以 1933 年為例，它大概僅佔 GDP 淨值的 3.4%，實在是經濟中非常小的一個板塊。

　　到 1952 年，中國國民經濟的總體水平已經超過戰前最高水平。這時，新式產業的佔比才上升到 26.6%。圖 5.2 對這一年國內生產總值的構成進行了更細的分解。我們看到，第一產業佔整個 GDP 的 51%，工業，建築業，交通運輸、倉儲和郵政業加起來大約佔四分之一，其他服務業與批發和零售業加起來大約也佔四分之一。總體而言，那時的中國依然是典型的農業國。

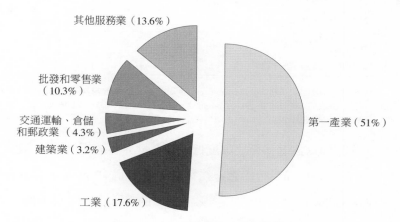

圖 5.2　1952 年國內生產總值構成

資料來源：國家統計局國民經濟綜合統計司，《新中國六十年統計資料彙編》，《中國統計年鑒》，中國經濟與社會發展統計數據庫。

從表 5.1 可以看出，在 1949—1950 年期間，印度的經濟結構比中國稍微先進一點，工業就業人員、服務業就業人員佔就業總量的比重都比中國高，農業就業人員比重比中國低。由於印度的氣候等自然環境比中國好，它的人均 GDP 約高出中國三分之一。那時，雖然中印都是窮國，但中國則更窮一些。

表 5.1　1949—1950 年中國與印度經濟狀況對比

經濟指標	中國	印度
人均 GDP（2018 年不變價國際美元）	666	930
農業佔 GDP 比重	59%	51%
大規模製造業和公共事業佔 GDP 比重	9%	6%
農業就業人員佔就業總數比重	77%	72%
工業就業人員佔就業總數比重	7%	11%
服務業就業人員佔就業總數比重	16%	17%

資料來源：人均 GDP 數據來自 The Conference Board, Total Economy Database, April 2019, https://www. conference-board. org/data/economydatabase/TED1；其他數據來自阿瓦什尼‧塞思. 中國和印度：不同績效的制度根源 [J]. 發展與變遷，2008（5）。

中國人均 GDP 不僅比印度低，與全世界各國相比，中國也是非常低的。世界銀行的數據往往只能追溯到 1960 年，而 the Conference Board（世界大型企業聯合會）的數據從 1950 年開始。在 the Conference Board 的數據庫裏，1950 年有 126 個國家的數據。排除三個海灣石油國家的極端個例，按它們各自人均 GDP 的水平由高到低進行排列，中國位於倒數第 7，也就是在世界上最落後的國家之列。這就是我們經濟的起點。

（二）工業的起點

中華人民共和國工業的起點之低，是今天的人們很難想像的。

舊中國的工業，絕大部分是手工業，機器工業很少。手工業製造的不是農產品，而是工業產品，但是幾乎全靠手工製作。這種生產方式也許已經存在了幾百年甚至上千年，產量低，質量差，品種少，與現代工業不能同日而語。1933 年，中國手工業產值佔工業的 73%，現代機器工業只佔 27%。

即使在機器工業中，絕大部分也是半機械化生產，一半用機器一半用人，人均馬力非常低，技術非常落後。今天談專利數量，用的數字是幾萬件、幾十萬件、幾百萬件，而 1912 年到 1936 年間，中國平均每年只有 11 件專利，可見技術有多麼落後。

從工業部門結構來看，絕大部分工業生產消費品，即直接能吃、喝、穿、用的日常生活用品，佔工業總產值的 70% 左右；生產資料的工業產值比重，只有 30% 左右。那時候，中國著名的廠家無非是一些紗廠、麵粉廠、火柴廠而已。

從地理分佈來看，絕大部分現代工業集中在東部沿海地區，尤其是上海；內地只有幾個大城市，如重慶、武漢點綴著一點點現代工業。進入中國腹地，很難找到現代工業的痕跡。

當時中國的工廠數量少、規模小。1949 年中華人民共和國成立時，總共有 12.3 萬家私人工業企業，其中僱用 10 人以上的約有 1.48 萬家，這種稍大一點的私營工業企業佔總量的 12% 左右（見表 5.2）。也就是說，按當時的標準，僱用 10 人以上就算是上規模的企業了。放在今天，這種企業只比個體戶稍大一點。1949 年，中國的私營工業企業一共才僱用約 164.4 萬工人，其中約 92.5 萬人在 10 人以上的工廠工作。所有這些企業加在一起，資本淨值只有 20 億元左右，總產值只有不到 70 億元。其中 10 人以上企業的資本淨值約為 14 億元，產值約為 46.6 億元。

表 5.2　1949 年的私營工業

	全部私營工業	10 人以上私營工業	10 人以上私營工業佔比（％）
工廠數量	123 165	14 780	12
職工人數	1 643 832	925 477	56.30
資產淨值（億元）	20.08	14 056	70
總產值（億元）	68.28	46 635	68.30

　　中華人民共和國成立後，私人工商業發展勢頭挺好。到 1953 年，全國私營工業企業的數量增加到 15 萬家，但它們規模還是不大：職工在 500 人以上的企業一共只有 167 家，佔總數的 0.1%。而在十月革命之前，俄國僱用 500 人以上的企業已經佔全部企業的 54% 以上了。當時俄國和歐美相比已是一個落後國家，中國都沒法與之相比，更不用說與其他國家相比了。早在 1907 年，德國僱用 1 000 人以上的工廠已經達 580 家之多。

　　1953 年，職工 500 人以上的工廠在中國是鳳毛麟角，而職工在 50 人以上的企業也不多，只佔企業總數的 3.74%。中華人民共和國成立後，職工在 10 人以上的企業雖有了大幅增加，但不到企業總數的三分之一；而在這些 10 人以上的工廠中，仍有 60% 的企業使用手工工具。其他約佔 70% 的工業企業，都是 10 人以下的手工作坊，絕大多數沒有現代動力設備，產品不能定型和按標準化大批量生產。不難想見，這樣的生產方式有多麼落後。

　　1953 年，中國使用機器的工業主要是輕工業而不是重工業，其中食品與紡織工業的職工人數與產值佔全部工業的一半以上。那時的重工業主要是燃料工業，如煤礦，其產品固然可以用於生產資料的生產，但主要是直接用作消費，解決城市人口的燒水、煮飯問題。

落後的工業結構直接反映在落後的工業產品結構中。表 5.3 列舉了中華人民共和國成立之初的主要工業產品，它們在 1949 年之前的最高年產量，以及 1952 年的產量。從這張表中，我們可以解讀出很多東西，這裏只點出三點。

表 5.3　中華人民共和國成立之初主要工業產品產量

產品名稱	單位	1949 年之前最高		指數（以 1949 年之前最高年為 100）	
		年份	產量	1949 年	1952 年
紗	萬噸	1933	44.5	73.5	147.4
布	億米	1936	27.9	67.7	137.3
火柴	萬件	1937	860	78.1	105.9
原鹽	萬噸	1943	392	76.3	126.3
糖	萬噸	1936	41	48.8	109.8
捲煙	萬箱	1947	236	67.8	112.3
原煤	億噸	1942	0.62	51.6	106.5
原油	萬噸	1943	32	37.5	137.5
發電量	億千瓦時	1941	60	71.7	121.7
鋼	萬噸	1943	92.3	17.1	146.3
生鐵	萬噸	1943	180	13.9	107.2

產品名稱	單位	1949 年之前最高		指數（以 1949 年之前最高年為 100）	
		年份	產量	1949 年	1952 年
水泥	萬噸	1942	229	28.8	124.9
平板玻璃	萬標準箱	1941	129	83.7	165.1
硫酸	萬噸	1942	18	22.2	105.6
純鹼	萬噸	1940	10.3	85.4	186.4
燒鹼	萬噸	1941	1.2	125	658.3
金屬切削機床	萬台	1941	0.54	29.6	253.7

第一，當時的工業產品結構相當原始。前 6 種是人們日常消費離不開的輕工產品；第 7—9 種——原煤、原油、電是重工業產品，但主要用於人們直接消費；其餘是重工業產品，主要用作生產資料。今天的年輕人不一定知道的是，當年，在大多數工業產品的前面，往往會加上一個"洋"字。紗叫"洋紗"，布叫"洋布"，以示與"土紗""土布"不同；火柴叫"洋火"，香煙叫"洋煙"，糖叫"洋糖"，[1] 煤油叫"洋油"，煤油燈叫"洋油燈"，石灰叫"洋灰"，就連最不起眼的鐵釘也被叫作"洋釘"。幾乎稍微現代一點的工業產品前面都帶"洋"字。這個"洋"表達的意思是，要麼是從外國進口的，要麼是模仿洋貨製造的。

第二，當時工業產品產量非常低。如果拿前 6 種消費品 1949年之前最高年產量除以當時的人口總數（大約 5 億），平均到每個

---

1 筆者小時候在武漢長大。那時武漢有種早點，叫作"洋糖發糕"，不過是一般的甜味發糕，因為用了糖，就被叫作"洋糖發糕"。

人頭上，紗、布、鹽、糖只有多大一點？任何上過小學的讀者都可以計算出來。再看鋼產量，1949 年之前最高年產量出現在 1943 年，為 92.3 萬噸；1949 年下降到 15.8 萬噸，相當於 1943 年的 17.1%；1952 年鋼產量超過 1949 年之前最高水平，也只有 135 萬噸，每個中國人平均只有 2.4 公斤。發電量也是如此，中國現在每一天的發電量都是 1949 年之前最高全年發電量的 3 倍！

中華人民共和國工業的起點之低，僅與現在比，也許說服力不足，畢竟已經過去了 70 年。而與印度做同期比較，可能更容易凸顯中國工業當時有多麼落後。從表 5.4 可以看得很清楚，1949 年中國的很多產品產量都不如印度。印度當時的人口是 3.5 億，中國當時是 5.4 億。印度在原油、硫酸、水泥、糖、生鐵、鋼這些方面的產量是中國的 2 倍多、5 倍多、6 倍多，一直到 8 倍之多；其紗、布產量及發電量也比中國高。產量超過印度的中國產品只有原鹽、燒鹼、捲煙、純鹼，然而平均到個人，中國與印度也差不了太多。看了這張表，也許我們才能更好地體會，直到 1954 年 6 月，為什麼毛澤東還有這樣的憂慮："現在我們能造什麼？能造桌子椅子，能造茶碗茶壺，能種糧食，還能磨成麵粉，還能造紙，但是，一輛汽車、一架飛機、一輛坦克、一輛拖拉機都不能造。" [1]

1　毛澤東 . 關於中華人民共和國憲法草案（1954 年 6 月 14 日）[M]// 毛澤東文集：第六卷 . 北京：人民出版社，1999：329。

表 5.4　1949 年中國與印度主要工業產品比較

名稱	單位	中國	印度	印度為中國倍數
鋼	萬噸	15.8	137.0	8.67
生鐵	萬噸	25.2	164.0	6.56
糖	萬噸	19.9	118.0	5.90
水泥	萬噸	66.0	186.0	2.82
硫酸	萬噸	4.0	10.0	2.50
原油	萬噸	12.1	25.0	2.08
紗	萬噸	32.7	61.5	1.88
布	億米	18.9	34.6	1.83
發電量	億千瓦時	43.1	49.0	1.14
原煤	億噸	0.3	0.3	1.00
原鹽	萬噸	298.5	202.0	0.68
燒鹼	萬噸	1.5	0.6	0.40
捲煙	萬箱	160.0	44.0	0.28
純鹼	萬噸	8.8	1.8	0.20
人口	萬人	54 167	35 051	0.65

　　第三，中華人民共和國成立三年後，中國主要工業產品的產量已經全面、大幅度超過成立之前最高產量。

　　除了落後以外，中國當時的工業主要集中在佔中國國土面積不到 12% 的東部沿海地區，主要有兩大塊兒，一個是上海，一個是東北，此外還包括天津、青島、廣州、南京、無錫這些城市；除了武漢和重慶以外，內地幾乎很少有現代工業；在邊疆少數民族地區，幾乎完全沒有現代工業的痕跡。[1]

由此可見，無論用什麼指標衡量，當時中國的工業都遠遠落後於世界其他地方。

（三）國家資本的起點

要發展工業、發展現代經濟就需要有資本投入。前面曾提到西方國家工業化的起步是靠殖民主義、奴隸貿易、奴隸制攫取了資本原始積累的"第一桶金"。中華人民共和國的資本積累不可能這麼做。不僅不能這麼做，中國還面臨西方帝國主義的重重封鎖，它們千方百計卡中國的脖子，企圖置中華人民共和國於死地而後快。中華人民共和國只能靠自己進行資本積累。

分析中華人民共和國成立之前資本積累的狀況，我們可以藉助許滌新、吳承明在《中國資本主義發展史》第三卷中使用的"資本體系"作為分析框架。這個體系將資本分成工業資本、交通運輸業資本、產業資本、商業資本、金融業資本。工業資本涵蓋近代化工廠製造業、水電等公用事業、全部礦冶業（包括土法採礦和冶煉）等領域。交通運輸業資本包括鐵路、公路、輪船、民航、郵政、電信等領域。產業資本是工業資本與交通運輸業資本的總和。商業資本涵蓋市場商品一次交易所需資本。金融業資本包括所有新式和舊

---

1 汪海波. 新中國工業經濟史：1949.10—1957[M]. 北京：經濟管理出版社，1994：61。

式銀錢業，但不包括投資公司。[1]

　　在舊中國，無論是這個體系中的哪類資本，其來源都有三種：外國資本、官僚資本、民族資本。表 5.5 描述了這五類三種資本在 1947—1948 年的情況。

表 5.5　資本總額的構成，1947—1948 年

單位：法幣億元，1936 年幣值

	外國資本	官僚資本	民族資本	總計
工業資本	6.244 6	15.987 4	14.849 2	37.081 2
來源佔比	16.84%	43.11%	40.05%	100.00%
交通運輸業資本	1.096 8	26.020 5	1.300 7	28.418
來源佔比	3.86%	91.56%	4.58%	100.00%
產業資本	7.341 4	42.007 9	16.149 9	65.499 2
來源佔比	11.21%	64.13%	24.66%	100.00%
商業資本	1.534 8	0.3	36.4	38.234 8
來源佔比	4.01%	0.79%	95.20%	100.00%
金融業資本	2.288 8	34.4	2.029	38.717 8
來源佔比	5.91%	88.85%	5.24%	100.00%
資本總額	11.165	76.707 9	54.578 9	142.451 8
來源佔比	7.84%	53.85%	38.31%	100.00%

　　資料來源：根據許滌新、吳承明主編，《中國資本主義發展史》第三卷（北京：人民出版社，2003 年）第六章《中國資本主義發展的水平》提供的數據整理。

1　許滌新，吳承明. 中國資本主義發展史：第三卷 [M]. 北京：人民出版社，2003：
　　735—736。

我們看到，當時工業資本規模很小，到 1948 年，外國資本、官僚資本與民族資本加在一起也才約 37.1 億元（按 1936 年幣值）。即使加上交通運輸業資本 28.4 億元，整個產業資本才 65.5 億元左右。而商業資本、金融業資本加在一起是 77 億元左右。換句話說，當時產業資本的體量不如商業與金融業資本加起來的體量。這四類資本的總和是 142 億元多一點點，平均到每個中國人頭上只有 26 元左右。其實，這 142 億元並不都是國內資本。外國資本是指美國、英國等西方國家在中國的投資。減去 11 億元的外國資本，國內資本只有 131 億元，平均每人只有 24 元左右。

當時國內資本的大頭是官僚資本，約 76.7 億元，主要包括國民黨官營企業的資本，其主要來源是抗戰勝利後沒收日、德、意三國以及日偽漢奸的資本。官僚資本集中在兩個領域 —— 交通運輸業與金融業，在前者中佔 91.56%，在後者中佔 88.85%，都佔絕對主導地位。即使在工業領域佔比沒有這麼高，但所佔份額（43.11%）依然比外國資本（16.84%）和民族資本（40.05%）高。

民族資本發展了幾十年，到中華人民共和國成立前規模依然不大，約有 54.6 億元，只佔資本總額的 38.31%。更何況，在這 50 多億元私人資本中，產業資本只有 16.1 億元，佔不到 30% 的份額，70% 以上的私人資本集中在非生產領域，即商業與金融業，尤其是商業。16.1 億元私人產業資本意味著平均每個中國人只有 3 元錢的投資，能指望它擔負起中國工業化的重任嗎？表 5.5 明確告訴我們，到中華人民共和國成立前夕，在與工業化直接相關的產業資本中，份額最大的是官僚資本，約佔這類資本的三分之二。指望私人資本擔負中國工業化重任，顯然不現實。

從時間緯度來看，從辛亥革命一直到中華人民共和國成立前夕，產業資本的構成一直在變化。在第一次世界大戰之前（1911—1914 年），全國的資本總額大概是 17.88 億元；30 多年後，到 1947—1948 年間，增加到 65.5 億元，是原來的 3 倍多 [見表 5.6(a)]。後面我們將會看到，在 1952—1984 這 30 多年裏，中華人民共和國的資本總量翻了多少番。通過對比，我們才會知道，沿著舊中國的老路走下去，只能走多遠。

表 5.6（a） 中華人民共和國成立前的 35 年，產業資本總量的變動

單位：法幣億元，1936 年幣值

數額	1911—1914	1920	1936 包括東北	1936 不包括東北	1947—1948
外國資本	10.22	13.30	57.18	19.59	7.34
本國資本	7.66	12.49	42.73	35.87	58.16
官僚資本	4.78	6.70	22.25	19.89	42.01
民族資本	2.88	5.80	20.48	15.97	16.15
資本總額	17.88	25.79	99.91	55.46	65.50

從辛亥革命到中華人民共和國成立的這 30 多年裏，產業資本中的民族資本有所增加，1947—1948 年是 1911—1914 年的 5.6 倍，增幅雖然看似不小，但因起點很低（2.88 億元），到中華人民共和國成立前一兩年也只有約 16.1 億元。同期，外資先升後降，

1947—1948 年的不及 1911—1914 年的 72%。

在這 30 多年裏，官僚資本份額增量最大。辛亥革命前後，官僚資本不多，只有 4.78 億元，約佔產業資本的四分之一；到中華人民共和國成立前夕，它已增至 42.01 億元，是前者的 8.8 倍。這裏很重要的一個原因是抗戰勝利。中華人民共和國成立前在中國的外國資本主要是日本資本，日本資本主要集中在東北；抗戰勝利後，日本資本的一部分被蘇聯拿走了，後來又還回來一些；但日資的絕大部分被國民黨政府接收，變成了官僚資本。這就是為什麼到 1947—1948 年，份額最大的是官僚資本，已經佔整個中國產業資本的約三分之二。

表 5.6(b)　中華人民共和國成立前的 35 年，
產業資本各項佔產業資本總量的比重　　　　單位：%

比重	1911—1914	1920	1936 包括東北	1936 不包括東北	1947—1948
外國資本	57.16	51.56	57.23	35.33	11.21
本國資本	42.84	48.44	42.77	64.67	88.79
官僚資本	26.76	25.96	22.27	35.87	64.13
民族資本	16.08	22.48	20.50	28.80	24.66
資本總額	100	100	100	100	100

資料來源：根據許滌新、吳承明主編，《中國資本主義發展史》第三卷（北京：人民出版社，2003 年）第六章《中國資本主義發展的水平》提供的數據整理。

綜上所述，到中華人民共和國成立前夕，中國的產業資本中，帝國主義在華的資本佔 11.21%，本國資本佔 88.79%；在本國產業資本所佔的 88.79% 中，官僚資本佔 64.13%，民族資本佔 24.66%。這主要是因為抗戰結束以後，佔外國資本 87% 的日本資本被國民政府沒收了，變成了官僚資本，使得國民黨政府手中的資本份額大幅增加。這其實是一件好事。1949 年 2 月，在西柏坡會見蘇聯來的代表米高揚時，毛主席說過這樣一段話：國民黨在一定程度上為發展中國工業創造了有利條件。為什麼呢？因為 "日本和國民黨促使資本集中到國家手中，例如，東北的工業佔 53%，其中 47% 在國家手中，6% 在私人手中"。這樣，"中國工業的主要部分都掌握在國家手中"了。[1] 也就是說，國民黨政府沒收敵產實行國有化，實際上為中華人民共和國創造了一個有利的條件。實際上，共產黨接收政權時，國有化的份額已經比較大了，尤其是在工業領域。

（四）國有企業的起點

中華人民共和國剛成立時，為什麼會大力發展國有企業？

首先是因為國有化是那時的時代趨勢，可以從四個方面看。

第一，國有化是近代中國各政黨和政治文化精英的共識。孫中山主張 "發達國家資本，節制私人資本"。在他看來，"中國不能和外國比，單行節制資本是不足的。因為外國富，中國貧，外國生

1　沈志華，崔海智. 毛澤東與蘇共領導人第一次正面接觸——關於米高揚訪問西柏坡的俄國解密檔案 [M]// 冷戰國際史研究：第十八卷. 北京：世界知識出版社，2015：388。

產過剩，中國生產不足。所以中國不單是節制私人資本，還是要發達國家資本"。[1] 國民黨政府資源委員會兩位重要的負責人翁文灝和錢昌照也認為，發展經濟必須遵循三個原則：一是現代化主要是工業化，中國建設必須以工業化為中心；二是工業化必須以重工業建設為中心；三是重工業建設必須以國營事業為中心。[2] 不僅國民黨的官方人士這麼看，知識界也這麼看，就連親西方的留美學生也不例外。1948 年春，北美中國學生基督協會曾對中國留美學生做過一次蓋洛普式調查，它發現，"目前在美的大學生對於久遠的基本經濟政策是主張社會主義"，51.5% 的留學生主張中國工業化過程中重工業和公用事業應該國營，更有 6% 的人主張輕工業也應該國營，而主張完全民營者不足 5%。[3] 這方面的材料非常之多，可以說是舉不勝舉。

第二，國有化是戰後世界各國的共識。以中國的鄰國 —— 戰後朝鮮為例，無論南北意識形態有多大差別，大多數知識分子、新聞工作者、政黨都相信，計劃經濟體制是朝鮮最好的選擇。朝鮮最激進的右翼政黨（獨立黨）、最激進的左翼政黨（共產黨）、最保

---

1 孫中山．三民主義．民生主義（1924 年 8 月 10 日）[M] // 孫中山全集：第九卷．北京：中華書局，1986：391。

2 吳兆洪．我所知道的資源委員會 [M] // 全國政協文史資料研究委員會工商經濟組．回憶國民黨政府資源委員會．北京：中國文史出版社，1988：106。

3 莫如儉．中國留美學生政治意見測驗統計 [J]．觀察，1948，4（20）。

守的政黨（民主黨）統統持這種看法。就連駐朝鮮美國陸軍司令部軍政廳任命的民政長官安在鴻也不例外。[1]

　　其實朝鮮也只是世界潮流的一部分。當時，亞洲、非洲、拉丁美洲的發展中國家走的幾乎都是這條道路。歐洲的老牌資本主義國家亦是如此。早在俄國十月革命後一年，英國工黨《黨章》第四條便明確了追求國有化、公有化的目標。二戰結束不久，執政的工黨便開始推行經濟國有化。1946 年，英格蘭銀行與所有民航公司被國有化，並開辦全國醫療服務；1947 年，所有電信公司被國有化，並創立國家煤礦局；1948 年，鐵路、運河、道路搬運和電力公司被國有化；1951 年，鋼鐵工業和汽油提煉工業被國有化。[2] 一直到 20 世紀 80 年代中期，歐洲各國投資中公有部門的佔比依然很高：奧地利達 65%，法國達 55%，英國達 25%，西德達 20%。[3] 到 80 年代末，私有化的聲浪開始日漸高漲。1988 年，世界銀行曾出版過三卷本的《國有企業私有化技巧》，據其統計，至少有 83 個國家已開始嘗試私有化。[4] 需要指出的是，那時絕大多數蘇

1　Tae-Gyun Park, "Different Roads, Common Destination: Economic Discourses in South Korea during the 1950s," *Modern Asian Studies*, Vol.39, No.3 (Jul., 2005), pp.661-682.

2　Martyn Sloman, *Socialising Public Ownership* (London: Palgrave Macmillan, 1978).

3　Steve H. Hanke, "Europe's Nationalized Industries," *The Free Market*, April 1985.

4　Rebecca Candoy-Sekse and Anne Ruiz Palmer, *Techniques of Privatization of State-Owned Enterprises, Vol. III, Inventory of Country Experience and Reference Materials*, World Bank Technical Paper, No. WTP 90 (Washington, D. C. : The World Bank.1988).

聯東歐國家還沒有開始私有化。世界銀行的這個報告從反面告訴我們，國有化在世界各國（包括那些非社會主義陣營國家）曾經達到什麼樣的廣度與深度。

第三，蘇聯模式的影響。中華人民共和國要建設社會主義，卻沒有經驗，當時唯一可以借鑒的社會主義模式是蘇聯模式。既然蘇聯社會主義是建立在國有制基礎上的，中國當時必定會受到影響。但是，中國後來採取的公有制形式與蘇聯不完全相同。在中國，集體所有制的比重更大；另外，中國大量的國有企業是地方國企，並不由中央政府直接掌控。

第四，解放區公營經濟的傳統。中國與蘇聯另一個不同點是：蘇聯是革命後才開始建設新的經濟、政治體制，而中國共產黨在中華人民共和國成立以前，早已擁有大片根據地。在這些根據地，中國共產黨早已建立了一些公營經濟實體，並積累了運作經驗。

中華人民共和國成立以後，國有企業開始出現，其來源至少有五個方面：（1）解放區創建的各類公營企業；（2）沒收國民黨政府資源委員會及各級政府經營的公營企業；（3）徵收、接收的外國企業；（4）經過社會主義改造的私營企業；（5）中華人民共和國成立後新建的國有企業。

關於第一部分，定性的史料很多，但定量的統計似乎並不多見，很難估算這一部分的資本總量。[1]

第二部分是沒收國民黨政府資源委員會及各級政府經營的公營企業。在中華人民共和國初始階段，它是國有企業的最大來源，後來其重要性相對下降。據史料記載，中華人民共和國成立之時，在金融方面，接收了國民黨政府的"四行兩局一庫"及省市地方銀行系統的銀行 2 400 多家，官商合辦銀行中的官股；在商業方面，接收了復興、富華、中國茶業、中國石油、中國鹽業、中國蠶絲、中國植物油、孚中、中國進出口等十幾家壟斷性的貿易公司；在交通運輸業方面，接收了國民黨政府交通部、招商局等所屬全部交通運輸企業；在工礦方面，接收了工礦企業 2 858 家，職工 129 萬人，生產工人 75 萬人。1951 年，又將原國民黨政府及其國家經濟機構、前敵國政府及其僑民和國民黨戰犯、漢奸、官僚資本家在私營企業或公營企業中的股份及財產，均收歸人民政府所有。[2]

從今天的視角看，國民黨政府留下的國有企業規模並不大，但放回當年，沒收官僚資本意義重大。中華人民共和國成立前夕，官僚資本約佔全國產業資本的三分之二，其中佔全國工礦、交通運輸

---

1 汪海波. 新中國工業經濟史：1949.10—1957[M]. 北京：經濟管理出版社，1994：72—84。

2 吳太昌，武力等. 中國國家資本的歷史分析 [M]. 北京：中國社會科學出版社，2012：261；李定. 中國資本主義工商業的社會主義改造 [M]. 北京：當代中國出版社，1997：40；許滌新，吳承明. 中國資本主義發展史：第三卷 [M]. 北京：人民出版社，2003：717。

業固定資產的 80%，另外還有十幾個壟斷性的貿易公司。沒收官僚資本，國有經濟便集中了國民經濟中絕大部分近代化的大工業，控制了社會生產力最先進、最強大的部分，樹立了在國民經濟中的主導地位。僅此一舉，中華人民共和國成立不久，國營工業的固定資產已佔全國工業固定資產的 80.7%；[1] 國有工業產值佔全國工業總產值的 26.2%，佔全國大工業產值的 41.3%。[2] 在工業的重要領域，國有經濟已經佔據絕對優勢地位；交通運輸業更是幾乎 100% 掌握在國有企業手裏；銀行業也不例外（見表 5.7）。

表 5.7　1949 年國有經濟在主要工業產品產量中的佔比　　單位：%

工業	佔比	交通運輸	佔比
電力	67	鐵路	100
原煤	68	公路	100
石油	100	航運	100
生鐵	92	輪船（噸位）	45
鋼鐵	97	**銀行**	**佔比**
有色金屬	100	資本總額	59
水泥	68		
紡錠（設備）	40		

1　中共中央黨史研究室. 中國共產黨歷史：第二卷 [M]. 北京：中共黨史出版社，2010：33。

2　汪海波. 新中國工業經濟史：1949.10—1957[M]. 北京：經濟管理出版社，1994：106。

工業	佔比		
織布機（設備）	60		
棉紗	53		
糖	90		

資料來源：許滌新，吳承明．中國資本主義發展史第三卷 [M]．北京：人民出版社，2003：730；汪海波．新中國工業經濟史：1949.10—1957[M]．北京：經濟管理出版社，1994：106。

第三部分是徵收、接收的外國企業。中華人民共和國剛成立時，全國有 1 192 家外資企業，資產 12.1 億元，職工 12.6 萬人，大部分屬英、美資本。對於這些企業，新政權並沒有採取沒收的辦法。朝鮮戰爭爆發後，1950 年 12 月 16 日，美國政府宣佈管制中國在美國轄區內的公私財產，英國緊隨其後。對此，中國政府不得不採取相應對策，於當月 28 日發佈命令：對中國境內之美國政府和美國企業加以管制，進行清查，並對一切美國公私存款即行凍結。即便沒有被沒收，一旦失去了特權，大部分英資、美資企業便處於癱瘓狀態。到 1953 年，外資企業數量降至 563 家，資產 4.5 億元，職工只剩下 2.3 萬人。外企還有一類，即蘇聯於 1950—1952 年向中方移交的位於大連的財產以及長春鐵路。歐美與蘇聯兩類企業加在一起數量不多，不是中國國有企業的重要來源，對壯大國有經濟的作用有限。[1]

第四部分是經過社會主義改造的私營企業。現在很多人對此有

---

[1] 汪海波．新中國工業經濟史：1949.10—1957[M]．北京：經濟管理出版社，1994：109—110。

誤解，想當然地認為，中國的國有企業大部分是從資本家那裏沒收來的。其實，完全不是這麼回事。1956 年，社會主義改造完成後，全國公私合營企業的私股股額一共是 24.2 億元（包括此前公私合營的私股股額，約 10 億美元），其中工業私股股額為 16.9 億元，共 8.88 萬戶，職工 131 萬人，總產值 72.7 億元。這 24.2 億元中，上海一地的私股便為 11.2 億元，幾乎佔全國的一半。當時的資本家絕大多數沒多少身家，因為這 24.2 億元投資由 114 萬人擁有；這 114 萬人中，最後被定為資本家拿定息的大約 86 萬人。拿 24.2 億元除以 86 萬人，每個資本家的投資平均不到 3 000 元。當然，86 萬資本家中，絕大多數人的投資遠遠達不到 3 000 元，最多算得上是小業主。社會主義改造並不是沒收資本家的財產，而是允諾給這些投資人每年 5% 的固定收益，叫作"定息"。大部分投資人的本金很小，定息當然也不多。不少人每個月拿到的定息買包香煙都不夠。因此，當時他們就說："我不要資本家帽子，請不要給我定息了。"不過，政府沒有這麼做。一直到 1979 年，政府才決定為其中 70 多萬人摘帽，說他們的資本很小，算不上資本家。今天，不少人被不靠譜的電視劇誤導，以為中華人民共和國成立前的資本家都是住豪宅、開豪車的。那種資本家不是沒有，但放在中國人口中，他們寥若晨星。如此說來，私營工商業的改造也不是社會主義國有企業的重要來源，而是很小的組成部分。

第五部分是中華人民共和國成立後新建的國有企業。在整個公私合營過程中，僅就工業而言，私股股額總共只有 24.2 億元。

而在"第一個五年計劃"期間（1953—1957），國家預算內投資即達到 531.2 億元，加上預算外的投資，國家基本建設投資達到 588.5 億元，是公私合營中私人股份的 24.3 倍。[1]

綜上所述，中國國有企業資產的五個來源中：最大份額來自國家投資，這些投資被用於興建新的國有企業、增資現有國有企業以及注資公私合營企業；其次是沒收國民黨政府資源委員會及各級政府經營的公營企業；其他三個來源都是比較次要的。

國營和公私合營工業企業不僅在生產規模和技術水平上優於私營工業，而且在資金供給、原材料供應、產品銷售等方面也優於私營工業。表 5.8 給出了各類工業企業的工人勞動生產率。它可反映出，在 1949—1954 年間，國有企業在生產效益上也優於私營企業。1950 年以後，公私合營企業與國有企業的效率則一直遙遙領先於私營企業。這也是當時大家為什麼支持國有化的重要理由：國有化更有效率，為什麼不搞國有化？

表 5.8　全國工業企業工人勞動生產率　　單位：元 / 人 / 年

	1949	1950	1951	1952	1953	1954
公私合營	3 515	4 257	6 553	9 297	10 880	13 401
國營	4 933	6 218	7 118	7 919	8 894	10 218
合作社營	6 436	7 003	7 671	8 415	8 557	9 165
私營		4 357	5 928	6 801	7 848	7 222

1　吳太昌，武力等 . 中國國家資本的歷史分析 [M]. 北京：中國社會科學出版社，2012。

	1949	1950	1951	1952	1953	1954
總計	4 839	6 037	7 087	8 049	9 016	10 372

資料來源：吳太昌，武力等 . 中國國家資本的歷史分析 [M]. 北京：中國社會科學出版社，2012。

　　經過對資本主義工商業的社會主義改造，經過了大規模投資國有企業，到 1957 年，中國經濟的所有制結構發生巨大的變化。從表 5.9 可以看出，1952 年，國有經濟只佔國民經濟的 19.1%；到 1957 年，它已佔 1/3。同一時期，資本主義經濟的份額從 6.9% 降到 0。個體經濟從 71.8% 降到 2.8%。在此期間，發展最快的是合作社經濟，即我們後來叫作集體經濟的這部分，它的比重從 1.5% 躍升至 56.4%。這表明，在所有制結構上，中國的社會主義和蘇聯的社會主義很不一樣：我們有大量社會主義性質或公有性質的集體所有制企業，而蘇聯則是以國有企業為主體。

表 5.9　所有制結構的變化，1952—1957 年　　　　單位：%

年份	國營經濟	合作社經濟	公私合營經濟	資本主義經濟	個體經濟
1952	19.1	1.5	0.7	6.9	71.8
1953	23.9	2.5	0.9	7.9	64.8
1954	26.8	4.8	2.1	5.3	61.0
1955	28.0	14.1	2.8	3.5	51.6
1956	32.2	53.4	7.3	3.0	4.1
1957	33.2	56.4	7.6	0.0	2.8

資料來源：中國科學院經濟研究所、中央工商行政管理局，《中華人民共和國私營工商業社會主義改造統計提要（1949—1957）》，1958 年 10 月。

以上我們從經濟、工業、資本、國企四個方面討論了中華人民共和國的起點。無論從哪一方面看，這個起點都是非常低的。從這樣低的起點起步，往前走每一步應該都不容易。的確，中國從農業國變成工業國是一個非常艱難的過程，因為缺乏工業基礎，缺乏人才，缺乏資本，缺乏經驗。今天世界上還有很多貧窮國家，不知如何實現經濟上的飛躍。其實，中華人民共和國剛起步時，比它們還要難。只有路選對了，才能進入新天地！

從農業國變為工業國，1949—1984 年 [1]

早在抗日戰爭結束前，毛澤東就已經在設想中華人民共和國未來的發展藍圖。在他看來，中華人民共和國 "如無鞏固的經濟做它的基礎，如無進步的比較現時發達得多的農業，如無大規模的在全國經濟比重上佔極大優勢的工業以及與此相適應的交通、貿易、金融等事業做它的基礎，是不能鞏固的"。為此，中華人民共和國成立後，"中國人民及其政府必須採取切實的步驟，在若干年內逐步地建立重工業和輕工業，使中國由農業國變為工業國"。

當然，毛澤東深知，要實現這個經濟發展目標，首先要在政治上創立 "一個獨立、自由、民主和統一的中國"，因為 "在一個半殖民地的、半封建的、分裂的中國裏，要想發展工業，建設國防，

1　把這個時期的截至點放在 1984 年的理由很簡單：雖然一般把改革開放的起始點放在 1978 年，但是直到 1984 年底中共十二屆三中全會通過《中共中央關於經濟體制改革的決定》以後，改革開放的重點才由農村轉向城市。

福利人民，求得國家的富強，多少年來多少人做過這種夢，但是一概幻滅了"。此前 105 年的歷史告訴中國人民，"沒有獨立、自由、民主和統一，不可能建設真正大規模的工業。沒有工業，便沒有鞏固的國防，便沒有人民的福利，便沒有國家的富強"。

隨著中華人民共和國的成立，"一個不是殖民地半殖民地的而是獨立的，不是半封建的而是自由的、民主的，不是分裂的而是統一的中國"已經實現，為創造"一個不是貧弱的而是富強的中國"奠定了堅實的政治基礎（詳見本書第二章）。[1]

中華人民共和國成立後，毛澤東更關心的是中國工業化道路的問題，也就是"重工業、輕工業和農業的發展關係問題"。他認為"我國的經濟建設是以重工業為中心，這一點必須肯定。但是同時必須充分注意發展農業和輕工業"。[2]

"以重工業為中心"是學習蘇聯經驗。毛澤東指出："要把一個落後的農業的中國變成為一個先進的工業化中國，我們面前的工作是很艱苦的，我們的經驗是很不夠的。因此，必須善於學習。"他特別強調，"要善於向我們的先進者蘇聯學習"，[3] 因為"蘇聯的建

1　毛澤東 . 論聯合政府（1945 年 4 月 24 日）[M]// 毛澤東選集：第三卷 . 北京：人民出版社，1991：1080—1081。

2　毛澤東 . 關於正確處理人民內部矛盾的問題（1957 年 2 月 27 日）[M]// 毛澤東文集：第七卷 . 北京：人民出版社，1999：240—241。

3　毛澤東 . 中國共產黨第八次全國代表大會開幕詞（1956 年 9 月 15 日）[M]// 毛澤東文集：第七卷 . 北京：人民出版社，1999：117。

設經驗是比較完全的"。但"所謂完全,就是包括犯錯誤。不犯錯誤,那就不算完全"。[1]

學習蘇聯經驗,絕不意味著照搬蘇聯經驗。"搬,要有分析,不要硬搬,硬搬就是不獨立思考,忘記了歷史上教條主義的教訓","蘇聯經驗是一個側面,中國實踐又是一個側面,這是對立的統一。蘇聯的經驗只能擇其善者而從之,其不善者不從之"。[2] 蘇聯的做法片面發展重工業,忽視輕工業和農業,造成農、輕、重發展的不平衡。這在毛澤東看來是一條嚴重的教訓,一定要引以為戒。他堅信,思考中國工業化的道路問題,必須從中國的實際出發,即從中國是一個大農業國這一基本情況出發,從滿足人民的物質文化生活需要出發,探索一條與蘇聯有別的中國工業化道路。

為什麼在以重工業為中心的同時,"必須充分注意發展農業和輕工業"?在《關於正確處理人民內部矛盾的問題》中,毛澤東做了詳細的闡發:"發展工業必須和發展農業同時並舉,工業才有原料和市場,才有可能為建立強大的重工業積累較多的資金。大家知道,輕工業和農業有極密切的關係。沒有農業,就沒有輕工業。重工業要以農業為重要市場這一點,目前還沒有使人們看得很清楚。但是隨著農業的技術改革逐步發展,農業的日益現代化,為農業服

1 毛澤東. 做革命的促進派(1957 年 10 月 9 日)[M]// 毛澤東選集:第五卷. 北京:人民出版社,1977:473。

2 毛澤東. 在成都會議上的講話(1958 年 3 月). [M]// 毛澤東文集:第七卷. 北京:人民出版社,1999:366。

務的機械、肥料、水利建設、電力建設、運輸建設、民用燃料、民用建築材料等等將日益增多，重工業以農業為重要市場的情況，將會易於為人們所理解⋯⋯如果我們的農業能夠有更大的發展，使輕工業相應地有更多的發展，這對於整個國民經濟會有好處。農業和輕工業發展了，重工業有了市場，有了資金，它就會更快地發展。這樣，看起來工業化的速度似乎慢一些，但是實際上不會慢，或者反而可能快一些。"[1]

　　簡而言之，在毛澤東看來，發展重工業有兩種辦法："一種是少發展一些農業、輕工業，一種是多發展一些農業、輕工業。從長遠觀點來看，前一種辦法會使重工業發展得少些和慢些，至少基礎不那麼穩固，幾十年後算總賬是划不來的。後一種辦法會使重工業發展得多些和快些，而且由於保障了人民生活的需要，會使它發展的基礎更加穩固"。[2]把發展農業放在重要位置是毛澤東關於中國工業化道路思想的一大特色。後來，毛澤東把他的思路概括為以農、輕、重為序安排國民經濟的方針。[3]

　　道路確定了，但每向前一步都需要探索，都需要艱辛付出。探

1　毛澤東.關於正確處理人民內部矛盾的問題（1957年2月27日）[M]// 毛澤東文集：第七卷.北京：人民出版社，1999：241。

2　毛澤東.論十大關係（1956年4月25日）[M]// 毛澤東文集：第七卷.北京：人民出版社，1999：25。

3　毛澤東.廬山會議討論的十八個問題（1959年6月29日、7月2日）[M]// 毛澤東文集：第八卷.北京：人民出版社，1999：78。

索就必然會走彎路。既然叫作"探索"，就不可能沒有任何失誤，更何況當時中國進行的是一次前無古人的劃時代偉大探索。今天有些事後諸葛亮，對前人走過的路橫挑鼻子豎挑眼，他們覺得前三十年有那麼多失誤，彷彿是一片漆黑。這是心智發育不良的表現。一個人從出生到成年，不知要說多少錯話、摔多少跟頭。如果不允許嬰兒學話咿咿呀呀、學步跌跌撞撞，他也許永遠要待在襁褓裏。中國這樣一個貧窮的農業大國，面對世界列強的封鎖禁運，要探索一條工業化道路，沒有現成的路綫圖，不走點彎路，不犯點錯誤，可能嗎？上帝也做不到！雖然犯了些錯，但中國居然做到了，中國人民有一萬個理由為此感到驕傲！

（一）國有企業的成長

1957 年，工商業社會主義改造完成後，全國國有工業企業約有 5 萬家（見圖 5.3）。第二年"大躍進"，這類企業猛增至約 12 萬家，達到空前絕後的極值。從 1959 年起，國有工業企業數量開始下滑；到 1964 年，降至谷底，約 4.5 萬家，比 1957 年還少；然後開始恢復，到 20 世紀 70 年代末 80 年代初，國有工業企業的數量大概是 8.5 萬家，約是同期集體工業企業數量（約 35 萬家）的四分之一。

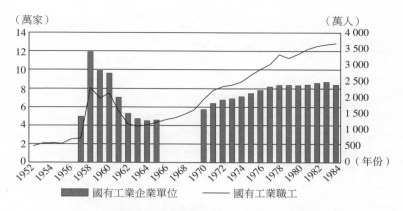

（萬家）　　　　　　　　　　　　　　　　　　　（萬人）

國有工業企業單位　　　━━━ 國有工業職工

圖 5.3　國有工業企業數與職工人數，1952—1984 年

註：除非另加註明，本節與下節所有圖表的數據來源於中國知網提供的《中國經濟與社會發展統計數據庫》。

　　國有工業企業的職工也不是很多。1952 年剛剛超過 500 萬，"大躍進"時期猛增至 2 300 多萬。一下這麼多人進城吃商品糧，那時的農業生產水平無力支撐。進入"調整、鞏固、充實、提高"三年調整期後，大量工業企業關停併轉，國有工業企業職工精簡掉一半，剩下 1 100 多萬人。1964 年後才逐步回升，到 20 世紀 80 年代初，已超過 3 500 萬人。

　　國有工業企業的職工人數在增長，與此同時城鎮就業人口也在快速增長：1952 年只有不到 2 500 萬人；到 1984 年，已超過 1.2 億人。如此一來，除"大躍進"時期外，國有工業企業職工佔城鎮就業人口的比重從未超過三分之一。

　　國有工業企業的數目不多，職工佔城鎮就業人口的比重不高，也許會讓人產生錯覺：在工業與國民經濟整體中，國企作用不大。
實際情況恰恰相反，看看圖 5.4 就很明白了。

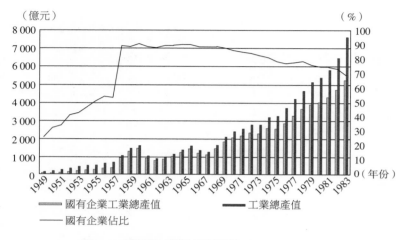

圖 5.4　國企對工業增長的貢獻，1949—1984 年

　　從圖 5.4 可以看出，除 "大躍進" 以後與 "文革" 初期外，中
國的工業總產值與國有企業的工業總產值雙雙持續快速增長。即
便以 1952 年（而不是 1949 年）作為參照點，前者增長了近 21 倍
多，後者增長了 36 倍多。中華人民共和國剛成立時，在整個工業
總產值中，國企的佔比只有 26.3%；到社會主義改造完成後，佔
比已升至 50% 以上。"大躍進" 將國企的佔比拉高到 90% 左右，
其後，這個水平一直維持到 20 世紀 60 年代末。70 年代，社隊企
業（後來人們所說的鄉鎮企業）的五小工業（小鋼鐵、小煤礦、小
機械、小水泥、小化肥）興起後，國企的佔比才逐漸下滑；但到

80 年代初，仍佔 70% 以上。可見，儘管國企數量、國企職工數不多，但其對工業的貢獻非常大，對推動中國工業化發揮了關鍵性作用。

近些年來，有些人不斷散佈一種說法：凡是國有企業，效率必定低下。它誤導了很多不明就裏的人。表 5.8 已經告訴我們，在 1949—1954 年間，國有企業的效率高於私營企業。表 5.10 則告訴我們，在 1949—1984 年間，國企的全員勞動生產率不斷提升。如果以 1952 年國企的全員勞動生產率為 100 的話，1984 年則為 336.3，提高了 3 倍多。

表 5.10　國有工業企業全員勞動生產率的提升（按 1970 年不變價格計算）

年份	全員勞動生產率（元 / 人 / 年）	指數（以 1952 年為 100）
1949	3 016	72.1
1952	4 184	100.0
1957	6 362	152.1
1965	8 979	214.6
1980	12 080	288.7
1984	14 070	336.3

隨著國企的工業總產值與勞動生產率不斷提升，國企產生的利潤與上繳的稅金也水漲船高，每隔幾年就上一個台階。1952 年，兩者相加不過 30 億元；到 1984 年，已突破千億大關，增長近 34 倍（見圖 5.5）。在這個時段，政府對國企實行"統收統支"，即國企利潤全部上繳，虧損國家彌補，擴大再生產費用由財政部門審核

撥付。因此，國企實現的利潤與稅金都是對國家財政的貢獻。

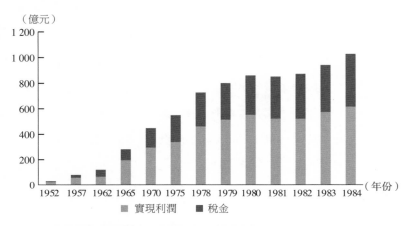

（億元）

圖 5.5　國有工業生產企業實現利潤和稅金，1952—1984 年

（二）國家資本的成長

資本對落後國家發展經濟至關重要。沒有資本，就無法投資；沒有投資，就無法擴大生產；沒有擴大生產，經濟就很難發展起來。早期資本主義國家能發展，它們的資本從哪裏來？本書第一章引用馬克思在《資本論》裏的一段話，說西方資本主義國家的原始資本積累"是以最殘酷的暴力為基礎"，也就是以奴隸貿易、奴隸制、殖民主義以及對本國公民殘酷無情的壓迫剝奪為代價的。

中華人民共和國的資本積累不僅不能靠對外擴張，還要隨時提防帝國主義的入侵。在這樣的情況下，積累資本只能靠自己。上一節講到，中華人民共和國成立前的 35 年，產業資本的總量一共增長了不到 4 倍。作為對比，中華人民共和國成立後的 35 年，即從 1949 年到 1984 年，全國工業固定資產原值增加了 47.71 倍。這些錢從何而來？幾乎完全靠內資！內資從何而來？主要靠國家財力！國家財力從何而來？主要靠國企積累！以下幾張圖便是證據。

1952 年，國有固定資本投資為 43.56 億元；其後 8 年高速增長，到 1960 年已達 416.58 億元，幾乎是 1952 年的 10 倍。"大躍進"遭遇挫折後，投資水平大幅下滑，但還是比中華人民共和國成立之初那幾年要高。接下來的 10 年，國有固定資本投資起起伏伏，從未超過 1960 年的水平。隨著"文革"疾風暴雨的階段過去，1968 年後，國有固定資本投資持續攀升：1971 年超過 1960 年的水平；1984 年突破千億大關，達到 1 185.2 億元，是 1960 年的兩倍多（見圖 5.6）。

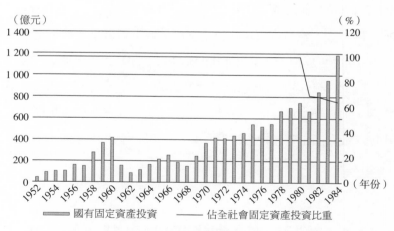

圖 5.6　國有固定資本投資快速增長，1952—1984 年

圖 5.6 另一個值得注意的地方是，國有固定資產投資佔全社會固定資產投資的比重。從 1952 年到 1980 年，固定資產投資部分的統計範圍僅為全民所有制單位。因此，現有統計數據顯示，全社會固定資產投資百分之百由國有固定資產投資構成。1981 年以後，統計數據中才出現集體經濟、個體經濟及其他經濟的固定資產投資。在 1952—1980 年間，集體經濟肯定也有一些固定資產投資，但佔全社會固定資產投資的比重不會很大，估計在 5%—10% 之間。[1] 毫無疑問，在全社會固定資產投資中，國有固定資產投資的比重佔絕大部分。

國有固定資產投資的資金來自何處？圖 5.7 告訴我們，有四個來源。從 1953 年到 1979 年，"國家投資" 基本佔 60% 以上。在 1966 年以前，國家投資的比重往往高達 80% 以上。國有企業的 "自籌及其他投資" 是第二大來源。1964 年以後，"國內貸款" 成為國有固定資產投資新的資金來源，但份額很小，微不足道。直到 1980 年以後，其重要性才開始顯現，因為此時已進行 "撥改貸"（國家財政撥款改為銀行貸款）試點。"外資" 首次在 1977 年出現，但直到 1984 年，其份額一直在 5% 上下。外資大規模進入中國，成為固定資產投資的生力軍，則要等到 1992 年鄧小平南方談話以後。

---

[1] 依據 1980 年的數據估計，這一年全社會固定資產投資中，國有經濟為 745.9 億元，集體經濟為 46 億元。

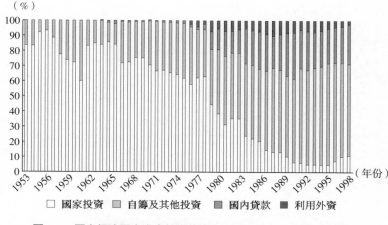

（%）

圖 5.7　國有經濟固定資產投資的資金來源比重，1953—2000 年

□ 國家投資　■ 自籌及其他投資　■ 國內貸款　■ 利用外資

　　在前三十年，中國還是一個窮國。這麼一個窮國卻拿出那麼多的錢進行投資，實在是不容易。當年有句話來形容這種節衣縮食、壓低現有消費去投資未來的做法，叫作"勒緊褲帶搞建設"。要了解當時的中國政府和人民有多摳，可以看看圖 5.8。當年說到投資，統計年鑒會用到一個術語"國家財力"，現在統計年鑒已經不再使用此詞了。"國家財力"指政府掌握的可以支配的資金。具體而言，國家財力是國家財政總收入與預算外總收入的總和。圖 5.8 描繪了國有單位固定資產投資佔國家財力的比重。在 1953—1984 年的 32 年間，這個比重的最高值是 63%（1959 年），最低值是 23.1%（1962 年），平均 43.4%。也就是說，中國每年拿到的財政總收入中有約 43% 投入到了新增固定資產投資裏面。可見，當年中國人民和中國政府有多拼。

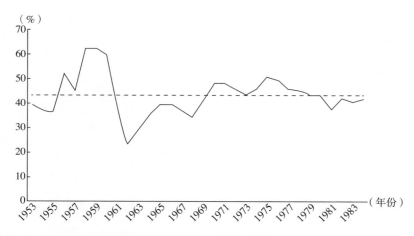

圖 5.8　國有單位固定資產投資佔國家財力比重，1953—1984 年

　　也許有人追問，國家財力的錢從哪裏來呢？回答這個問題要
藉助圖 5.9。按經濟類型劃分，國家財政收入的來源有四大類：全
民所有制、集體所有制、個體和其他。圖 5.9 告訴我們，中華人民
共和國剛成立時，財政收入的絕大部分來自私營經濟，即 "個體"
與 "其他"。但到 1952 年時，財政收入的 60% 就來自全民所有制
了。工商業社會主義改造完成後，財政收入的 80% 以上便來自全
民所有制了，這種情形一直持續到 1984 年。也就是說，國家財力
的錢來自國有企業；國家拿到錢後，又將絕大部分作為固定資產投
資投入到國有經濟，從而構成一個良性循環。

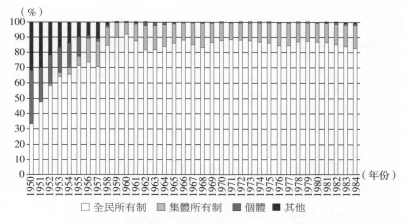

（％）

全民所有制 □　集體所有制 ▨　個體 ▨　其他 ■

圖 5.9　國家財政收入中各來源佔比，1950—1984 年

中國有句成語：聚沙成塔，集腋成裘。這種良性循環持續運作了 30 年，日積月累的成效是驚人的：國有工業固定資產原值從 1952 年的 148.8 億元增至 1984 年的 5 170 億元（見圖 5.10），國有工業的底子越來越厚。

不用學什麼高深的經濟學，大家都知道，投資與消費是此消彼長的關係。一年之內生產出來的東西就那麼多，用於投資的多了，用於消費就少了；用於消費的多了，用於投資的就得少一點。幾十年累積下來，效果可以很驚人。對家庭而言，省吃儉用、勤儉持家會比大手大腳、揮霍浪費強。對國家而言，也是如此。

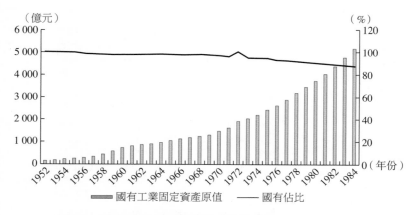

圖 5.10　國有工業固定資產原值與國有佔比，1952－1984 年

　　1982 年，美國經濟學家威爾弗雷德‧馬倫鮑姆發表了一篇論文，對比了中國與印度的發展狀況。當時，中國和印度已經出現巨大的差異，為什麼呢？他認為原因很簡單：印度的年度投資率通常比中國低 10% 或更多。每年多投資的錢相當於 GDP 的 10%，累積幾十年是多大一筆錢？多年積累的投資差距，使中國的經濟增長速度遠高於印度。換句話說，在推進工業化的過程中，中國暫時犧牲了當前消費，最終卻極大地促進總體福利的快速增長。[1] 形象地說，在工業化的初級階段，中國採取的是強行軍方式。強行軍對即刻的體能、意志力肯定是巨大的挑戰，但正是這種方式使中國得以

1　Wilfred Malenbaum, "Modern Economic Growth in India and China: The Comparison Revisited, 1950-1980," *Economic Development and Cultural Change*, Vol.31, No.1 (Oct., 1982), p.66.

後來居上。

（三）工業的成長

因為有國家大量投資，在前三十年，中國工業發展神速，這反映在以下幾個方面。

首先，工業增加值增長迅速。工業增加值是工業企業全部生產活動的總成果扣除在生產過程中消耗或轉移的物質產品和勞務價值後的餘額，是在報告期內以貨幣形式表現的工業生產活動的最終成果。1949年，中國的工業增加值不足120億元。此後，中國的工業增加值快速攀升。即使在"大躍進"失敗以後的20世紀60年代初那幾年，每年也有300多億元，相當於1949年的3倍。"文革"期間形勢最嚴峻的3年（1967年、1968年、1976年）裏，工業增加值有小幅跌落；其他年份裏，它一直呈上升態勢，到1984年，中國的工業增加值已達2 815.9億元，是1949年的23.5倍。

另外，工業增加值是GDP的一個組成部分，反映工業部門對國內生產總值的貢獻。1949年，工業增加值只佔GDP的17.6%，對GDP的貢獻既小於農業，也小於服務業。到20世紀70年代中期，中國工業體量大增，佔GDP的比重已超過40%，成為國民經濟各個部門中對GDP貢獻最大的部門。

其次，工業內部構成更趨現代。工業總產值是以貨幣表現的工業企業在一定時期內生產的產品總量。考察一國工業的發展水平，不僅要看總量，也要看其內部構成。中華人民共和國成立之初，中國的工業部門不僅規模小，而且結構以生產簡單的消費品為主。1952 年，僅紡織與食品兩個行業的產值就佔工業總產值的一半。1957 年，這種局面已經開始發生變化：兩者產值的比重下降了 10%。到 1984 年，兩者的佔比又下降了 10% 以上。另一方面，電力、冶金、石油、化學、機械工業的比重大幅提升，1984年，這幾個現代工業行業在工業總產值中的佔比已超過 50%（見表 5.11）。

表 5.11　工業總產值內部構成的變化　　　單位：%

工業	1952	1957	1984	1984 年相對於 1952 年的增減
紡織工業	27.5	20.4	15.4	-12.1
食品工業	24.1	19.7	12.3	-11.8
森林工業	6.5	5.8	1.8	-4.7
縫紉工業	4.4	4.4	2.5	-1.9
造紙工業	2.2	2.2	1.3	-0.9
皮革工業	1.4	1.3	0.9	-0.5
文教藝術用品工業	2	2.1	2.2	0.2
煤炭及煉焦工業	2.4	2.9	2.8	0.4
建築材料工業	3	3.2	4.1	1.1
電力工業	1.3	1.7	3.4	2.1
冶金工業	5.9	8.5	8.3	2.4
其他工業		2.6	3.4	3.4
石油工業	0.5	1.1	4.8	4.3

工業	1952	1957	1984	1984 年相對於 1952 年的增減
化學工業	4.8	6.8	11.8	7
機械工業	11.4	16.9	25	13.6
總計	100	100	100	

通常人們把工業內部各個行業歸為"輕工業"與"重工業"兩大門類，前者指提供生活消費品和製作手工工具的工業，後者指為國民經濟各部門提供生產資料的工業。如果從這個視角看，中華人民共和國剛成立時，中國工業總產值的約四分之三由輕工業構成。此後，工業總產值的構成發生快速變化，重工業的比重在 1951 年超過 30%，1955 年超過 40%，1958 年超過 50%，1960 年達到巔峰值 66.7%。"大躍進"後，重工業的比重降了下來。從 20 世紀 60 年代到 80 年代，該比重一直在 50%—55% 擺動。

重工業是實現社會擴大再生產的物質基礎，其重要性不言而喻。從中國當時所處的歷史條件考慮，優先發展重工業至少還有四個重要的理由。一是中國當時面臨十分嚴峻的外部形勢，必須發展國防工業。而國防工業屬重工業，不能吃，不能喝，甚至還不能用，但是以防萬一，中國必須生產槍炮、坦克、原子彈。二是推動鐵路、公路、內河航運、遠洋海運、航空的發展，必須靠重工業。沒有現代交通運輸體系，中國各個地區的經濟無法互聯互通、協調發展。三是發展輕工業不能靠手工，而要靠機器，輕工業本身使用的機械必須由重工業生產。四是發展農業不能靠傳統的人力、畜力，要有化肥、農藥、電力、農業機械、水利設施，所有這些都得靠重工業。農村改革以後，農業生產上去了，有人說這是包產到戶帶來的成果。然而，假如化肥、農藥、電力、農業機械、水利設施仍停留在中華人民共和國成立前的水平，恐怕再搞 100 次包產到戶也成功不了。

作為重工業一部分的電力工業，整個現代工業都有賴於它。1949 年，中國的發電量少得可憐，只有區區 43 億千瓦時。20 世紀 50 年代，中國發電量年均增長速度超過 26%，到 1959 年已增加 10 倍。1984 年，中國的發電量達 3 770 億千瓦時，零頭也比 1949 年高，是 1949 年的 87.7 倍，躍居世界第六。

其實，豈止是電力，到 1984 年，中國的很多主要工業產品產量排名已經進入世界前列（見表 5.12），其中棉布產量已排世界第一。1949 年，中國生產 18.9 億米棉布，人均棉布只有 7 尺。而到了 1984 年，中國生產 137 億米棉布，是 1949 年的 7 倍多，外加 73.5 萬噸化學纖維，人均布匹約為 20 米。1983 年 11 月 22 日，中國政府以商業部名義發佈通告：從該年 12 月 1 日起全國臨時免收布票、棉絮票，對棉布、棉絮敞開供應。1984 年不發布票。從此，中國紡織品結束了限制供應的時代，基本解決了全國人民“穿衣”問題。[1]

---

1 袁喬 . “衣被”中國：中國紡織工業 60 年 [EB/OL]. 搜狐財經，(2009-10-23). http: // business. sohu. com/20091023/n267672597. shtml。

表 5.12　主要工業產品產量居世界位次的變化

產品名稱	1949	1957	1965	1984	2000	2016
鋼	26	9	8	4	1	1
煤	9	5	5	2	1	1
原油	27	23	12	6	5	5
發電量	25	13	9	6	2	1
水泥		8	8	2	1	1
化肥		33	8	3	1	1
棉布		3	3	1	2	1
化學纖維		26		4	1	1

　　再次，工業生產的地區分佈更加平衡。不論是整體看工業總產值，還是分開看輕工業、重工業，我們發現，沿海省份的比重下降，內地省份的比重上升（見表 5.13），說明工業生產能力已經擴展到全國，而不再集中在少數幾個點上。

表 5.13　工業生產的地區分佈，1952—1984 年　　　　單位：%

年份	工業總產值		輕工業		重工業	
	沿海	內地	沿海	內地	沿海	內地
1952	69.4	30.6	71.5	28.5	65.5	34.5
1957	65.9	34.1	66.3	33.7	65.6	34.4
1962	63.8	36.2	66.6	33.4	61.3	38.7
1965	63.1	36.9	67.3	32.7	58.8	41.2
1970	63.1	36.9	68.2	31.8	59.3	40.7
1975	61	39	64.1	35.9	58.6	41.4

年份	工業總產值		輕工業		重工業	
	沿海	內地	沿海	內地	沿海	內地
1984	59.8	40.2	64.9	35.1	54.8	45.2
1984 年相對於 1952 年的變量	-9.6	9.6	-6.6	6.6	-10.7	10.7

最後，建立起一個獨立的完整的工業體系。1980 年，世界銀行代表團第一次到中國考察，後來形成一個總計三卷的報告。讓該考察團印象深刻的是，"幾乎整個現代工業體系已經建成，尤其是那些與裝備製造相關的行業。雖然在許多方面中國的產業結構與其他發展中國家類似，但其機械和冶金產品的份額並不比工業化的市場經濟體小多少。鑒於中國的耐用消費品生產水平較低，這一點尤其引人注目。可以說，中國目前在生產資料方面基本上是自給自足的（進口不到 10%）"。[1] 這樣，哪怕是外國專家也不得不承認，雖然中國仍是一個窮國，但它已實現了毛主席的一個願望：建立起一個獨立的完整的工業體系，為當時與後來的經濟發展奠定了一個堅實的物質基礎。

（四）經濟的成長

經濟的成長可以從四個方面考察：經濟增速、經濟結構、就業結構以及收入水平。前兩個方面在第二章已經有所涉及。

不少人有個錯誤的印象，好像 GDP 增長率在改革開放前是

1　World Bank, *China: Socialist Economic Development, Vol.1., The Economy, Statistical system, And Basic Data* (Washington, DC: World Bank, 1983), p.12.

停滯的，只有改革開放以後才開始快速增長。圖 2.17 告訴我們，實際上完全不是這麼回事。在 1950—1978 年間，GDP 的年均增速接近 8%。從 1950 年一直算到 1984 年，GDP 的年均增速則為 8.09%，人均 GDP 的年均增速也達到 6.08%。無論放在哪個歷史階段，與哪個經濟體進行比較，中華人民共和國在前三十五年的經濟表現都是相當突出的，只是與改革開放後三十五年比，略遜一籌。

從經濟結構的演變看，中華人民共和國在前三十五年實現了毛主席的另一個願望：由農業國變為工業國。如果我們把工業革命定義為，在國民經濟中，工業（或加上建築業的第二產業）的份額從無關緊要變為中流砥柱的過程，則中國的工業革命就發生在這一時期。中華人民共和國剛成立時，第二產業佔國民收入的比重不到 13%，第一產業的比重高達 68.4%。那時的中國屬典型的農業國。1952 年，第二產業佔 GDP 的比重超過 20%，1958 年超過 30%，1970 年超過 40%，1975 年超過 45%，之後長期維持在這個水平。到 1984 年時，可以有把握地說，中國實現了初步的工業化。

綜上所述，在毛主席逝世前後，他的兩個願望都基本實現了。

然而從就業結構與收入水平看，那時中國離現代化還有不小差距，依然任重道遠。

雖然第二產業增加值佔 GDP 的比重已經不低，達到了 45%，但第二產業的就業人數佔整個就業人數的比重還非常低：1952 年為 7.4%，1958 年一度達到 26.6%，其後是一個先激降後緩升的過程，1984 年為 19.9%。服務業或第三產業就業人數的比重也不高，1952 年為 9.1%，1960 年一度達到 18.4%，其後也是一個先激降後緩升的過程，1984 年為 16.1%。在 1984 年，第二、三產業的就業人數加在一起佔比約為 36%，這意味著農業或第一產業的從業人員佔就業總人口的比重仍高達 64%。在這個意義上，工業化的中國還有一條腿陷在傳統農業中。

另外，從人均國民收入看，一方面進步不小，另一方面水平仍然很低。20 世紀 80 年代中期出版的統計資料顯示，1949 年，中國的人均國民收入只有可憐的 66 元。中華人民共和國成立後頭十餘年，它持續提升。"大躍進"後有兩年，"文革"期間有三年，收入下滑；其餘年份，收入都是穩步上升的。到 1984 年，人均國民收入達到 549 元，是 1949 年的 8.32 倍。中華人民共和國成立後的前三十五年，人均國民收入的年均增長率是 7.1%，可以說是相當高，帶來了翻天覆地的變化（見圖 5.11）。只是因為起點太低，哪怕經過 35 年的高速增長，1984 年人均 500 多塊錢的收入水平在世界上還是屬窮國。也就是說，經過幾十年的艱苦努力，中國雖然已經邁過了匱乏階段，但在 20 世紀 80 年代初，也才剛剛進入溫飽階段（見本書第三章的討論）。

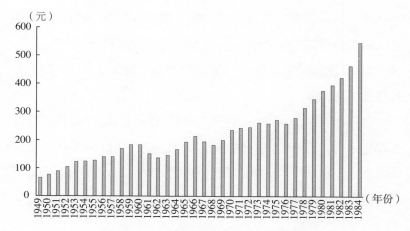

圖 5.11　人均國民收入，1949—1984 年

資料來源：國家統計局國民經濟平衡統計司 . 國民收入統計資料彙編 1949—1985 [M]. 北京：中國統計出版社，1987：10。

從工業國變為工業大國，1985—2019 年

1982 年，全國人大通過了中華人民共和國的第四部《憲法》。它"以法律的形式確認了中國各族人民奮鬥的成果，規定了國家的根本制度和根本任務"，被憲法學者許崇德稱為"我國新的歷史時期治國安邦的總章程"。[1]

《憲法》涉及工業化與國有企業。它宣佈"社會主義制度已經確立"，"經濟建設取得了重大的成就，獨立的、比較完整的社會主義工業體系已經基本形成"。序言第七自然段確立今後國家的根

1　許崇德 . 中華人民共和國憲法史 [M]. 福州：福建人民出版社，2005：477。

本任務是集中力量進行社會主義現代化建設，"逐步實現工業、農業、國防和科學技術的現代化"。也就是說，中國當時已經是工業國，但工業整體還不夠先進，需要逐步實現工業的現代化，從工業國變為工業大國。

《憲法》第六條規定："中華人民共和國的社會主義經濟制度的基礎是生產資料的社會主義公有制，即全民所有制和勞動群眾集體所有制。"第七條涉及國營經濟，它進一步規定："國營經濟是社會主義全民所有制經濟，是國民經濟中的主導力量。國家保障國營經濟的鞏固和發展。"

1982 年《憲法》通過後，經過了五次修正，其中序言第七自然段被修正了四次。不過，"逐步實現工業、農業、國防和科學技術的現代化"的目標從未動搖。另外，《憲法》修正內容多與經濟制度相關，有些修正直接與國企相關。例如，1993 年的修正案將第七條中的"國營企業"改為"國有企業"；1999 年的修正案在第六條後加了一段話："國家在社會主義初級階段，堅持公有制為主體、多種所有制經濟共同發展的基本經濟制度，堅持按勞分配為主體、多種分配方式並存的分配制度。"這意味著，在現階段以及今後很長一段時期，社會主義經濟制度不可能純而又純，只能堅持公有制為主體，不能要求只實行公有制、不允許其他所有制存在。除了運行多種所有制外，分配方式也需隨之做出調整：在堅持按勞分配為主體的同時，允許其他分配方式的存在，包括按資分配。

在過去的 30 多年裏，隨著《憲法》的修正，國企、資本、工業與經濟都發生了脫胎換骨的變化。

（一）國有企業的壯大

自 1978 年中國實行改革開放以來，國有企業經歷了多輪改革，其中重大改革往往與黨歷屆三中全會有關。

1978 年底，中共十一屆三中全會提出要"調整國家與企業的責權利關係"。在 1978—1984 年間，國企改革偏重國企的外部關係，如與政府財政的關係、與銀行的關係。這個時期出台的重大改革包括"撥改貸""利改稅"等。以前國家對企業實行統收統支，企業的投資、技術改造等所需經費是由國家財政撥的，現在不再無償撥付，而是改由銀行貸款，企業要還本付息，這就是"撥改貸"。"利改稅"是指，以前企業的利潤要上繳國家財政，沒有什麼留成，現在企業不用上繳利潤，而是依法納稅，稅後利潤歸企業支配。兩項改革都是為了擴大企業的自主性，提高企業和職工的積極性。

1984 年底，中共十二屆三中全會通過《中共中央關於經濟體制改革的決定》。其後，在 1984—1993 年間，國企改革的重點轉向國企的內部關係。當時有句流行的話，叫作"包字進城"，即把農村的家庭聯產承包責任制思路運用於企業改革。當時的想法很簡單，以為工廠讓廠長、經理、車間主任、班組長層層承包起來，就會產生活力，就可以提高其效率與利潤。具體的做法是進一步擴大企業的生產經營自主權，推行廠長（經理）負責制，等等。但實際上哪有那麼簡單，現代工業與農村的小生產畢竟不同。

1993 年底，中共十四屆三中全會通過《中共中央關於建立社會主義市場經濟體制若干問題的決定》。其後，在 1994—2013 年間，國企改革的思路偏重轉換國企經營機制，建立現代企業制度。在此期間，國資委組建起來了；影響更大的是 "抓大放小"，採取了改組、聯合、兼併、股份合作制、租賃、承包經營、出售、破產等多種形式，對一大批中小國有企業進行改制，讓國企與集體企業幾千萬職工 "下崗分流"，直接推向市場。

　　2013 年底，中共十八屆三中全會通過《中共中央關於全面深化改革若干重大問題的決定》。從那時到現在，國企改革的思路是以管資本為主，推動國有企業進行混合所有制的改革。

　　這幾輪改革，每一步都對國企產生了極其深刻的影響。其影響之大之劇烈，通過圖 5.12 中呈現的歷史數據，還會讓我們感受到強烈的衝擊感。

　　圖 5.12 描繪了在 1950—2010 年間，國家財政收入三種形態的變化軌跡。第一種形態是企業收入，即企業向國家財政上繳的利潤。第二種是各項稅收，企業與個人向國家財政繳納的稅賦。第三種是其他，包括各種非稅財政收入。三者佔比是此消彼長的關係。即使完全不懂財政學，一看圖 5.12 就會注意到，從 1978 年開始，發生了一項趨勢性變化，即企業收入的份額減少，各項稅收的份額增加。起初，變化是逐步的，每年增減一點；到 1985 年，出現斷崖式變化，企業收入的份額縮至微不足道；1993 年以後，企業收入徹底消逝，各項稅收幾乎成為財政收入的唯一形態。整個演變過

程就是企業"利改稅"逐步實施的過程：改革以前，企業向政府財政上繳利潤，沒有什麼留成；改革以後，企業按章納稅後，剩下的利潤歸企業自己支配。這項改革的目的是破除軟預算約束，一方面讓企業有更強的動力去創造利潤，另一方面迫使企業在使用利潤時更精打細算。

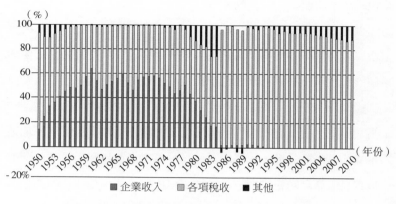

圖 5.12　國家財政分項目收入佔比，1950—2010 年

"利改稅"讓企業留下了更多的錢，但"撥改貸"讓企業不能再從國家財政那裏輕易拿到錢。看看前面的圖 5.7，我們會發現，一直到 1979 年，國企用於固定資產投資的錢，約三分之二來自"國家投資"。改革者認為，這樣依靠"國家投資"的體制，會鼓勵企業染上"投資飢渴症"，千方百計爭取儘可能多的"國家投資"，而不考慮投資效益。圖 5.7 顯示，1979 年以後，國有經濟固定資產投資資金來源中的"國家投資"份額迅速下滑，到 20 世紀

90 年代中期，其份額已經小到 5% 左右；取而代之的是企業"自籌及其他投資"，即"利改稅"讓企業留存的那部分利潤。與此同時，"國內貸款"部分異軍突起，成為國企固定資產投資的重要組成部分。貸款與財政撥付的"國家投資"很不一樣，需要還本付息。拿銀行貸款投資要還本付息，企業不得不認真考慮成本收益。這也正是"撥改貸"的目的。

不過，"利改稅""撥改貸"等加大企業自主權責的改革措施很快導致一種未曾預料到的後果：全社會固定資產投資的分佈偏向東部沿海地區。其實，原因也不難理解。以前，全社會固定資產投資按國家計劃進行，可以運用"國家投資"這個槓桿調節各地區的平衡。現在，投資在很大程度上是企業的自主行為。東部沿海地區的企業設備較為先進，管理水平較高，職工素質較好，零部件配套比較容易，產品銷售市場較近，進出口比較方便。相比中西部地區的企業，"利改稅"可以讓東部企業有更多的留利，"撥改貸"可以讓東部企業更容易獲得銀行貸款。結果，投資便慢慢向東部沿海地區傾斜。這在圖 5.13 中能看得很清楚：20 世紀 80 年代初，全社會固定資產投資只有大約一半分佈在東部；而到了 90 年代初，這個比重已經上升到約三分之二。投資集中到東部，中西部投資匱乏的後果是，地區差距逐步拉大。[1]

---

1 胡鞍鋼，王紹光，康曉光. 中國地區差距報告 [M]. 瀋陽：遼寧人民出版社，1995；王紹光，胡鞍鋼. 中國：不平衡發展的政治經濟學 [M]. 北京：中國計劃出版社，1999。

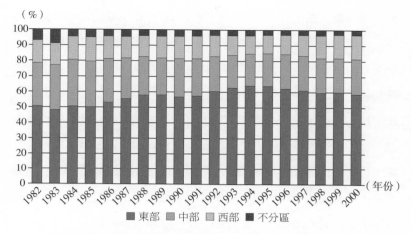

（％）

圖 5.13　全社會固定資產投資比重的地區分佈，1982—2000 年

　　"利改稅"與"撥改貸"都可以看作是意在打破"大鍋飯"的改革。打破"大鍋飯"也許還相對比較容易，端掉"鐵飯碗"就比較難了。從 20 世紀 80 年代中期到 90 年代初，試圖端掉"鐵飯碗"的改革都不太成功。早在 1986 年，國務院便頒發了關於改革國企勞動制度四個規定，標誌著政府開始推行勞動合同制，即對國企新招收的工人不再提供"鐵飯碗"。同年，全國人大常委會通過《中華人民共和國企業破產法（試行）》，並於兩年後開始實施，但一直爭議不斷。直到 20 年後的 2006 年，全國人大常委會才通過《中華人民共和國企業破產法》。20 世紀 80 年代末 90 年代初，破產的國企並不多。1991 年底到 1992 年初，舉國上下曾一度推行企業改革"砸三鐵"，有些地方還提出"用三鐵砸三鐵"，即用鐵心

腸、鐵面孔、鐵手腕砸破"鐵飯碗"、鐵工資、鐵交椅，口號很響亮，但阻力太大，實在砸不動，幾個月後便戛然而止。1993 年，中共十四屆三中全會通過了《中共中央關於建立社會主義市場經濟體制若干問題的決定》，明確指出建立"現代企業制度"是國企改革的核心任務，並提出了"抓大放小"的思路："一般小型國有企業，有的可以實行承包經營、租賃經營，有的可以改組為股份合作制，也可以出售給集體或個人。"但如果看圖 5.14 可發現，1993 年後，國有工業企業的單位數量和職工數量不僅沒有減少，反倒在繼續上漲：前者增加了 1.3 萬個，後者增加了 340 萬人。這說明，僅靠改革政策設計或政策宣示本身，能帶來的變化其實是有限的。

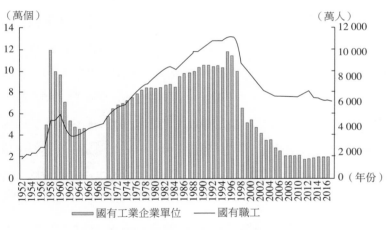

圖 5.14 國有工業企業單位數和國有職工人數

真正導致國企砸掉"鐵飯碗"的恰恰是國企造就的一項歷史性

轉折。多年來中國經濟一直是短缺經濟，大多數商品，包括日常生活的必需品，都無法滿足全國人民的需求。然而，到了 20 世紀 90 年代初，新情況出現了。1990 年底，中國社科院的學者何新敏銳地覺察到，中國面臨的主要經濟問題不再是 "需求大於供給"，而是生產過剩。[1] 當時，很多經濟學家都認為他這種說法是 "胡說八道"，因為按照匈牙利著名經濟學家科爾奈的說法，社會主義經濟必定是短缺經濟。這些經濟學家堅信，中國經濟當時依然是短缺經濟，不存在過剩問題。

但是，理論拗不過現實。到 20 世紀 90 年代中期，越來越多的領域出現過剩，買方市場取代了賣方市場。1999 年，中國社科院工業經濟研究所編寫的《中國工業發展報告》帶有一個醒目的副標題 "告別短缺經濟的中國工業"，它正式宣告："20 世紀 90 年代中期以來，我國工業品和供給關係發生了重大變化，即從嚴重短缺轉向了相對過剩，工業的增長由供給約束轉向需求約束。"[2]

需要指出的是，告別短缺經濟是國有企業在工業領域佔據壓倒性優勢的情況下實現的。20 世紀 90 年代中期，國有工業企業數量和國有職工數量都達到峰值，國有企業實現利潤達到前所未有的高

1　何新. 論世界經濟形勢與中國經濟問題：與日本經濟學教授 S 的談話錄（1990 年 12 月 11 日）[M]// 何新. 中華復興與世界未來：上篇. 成都：四川人民出版社，1996：134。

2　中國社會科學院工業經濟研究所. 中國工業發展報告 —— 告別短缺經濟的中國工業 [M]. 北京：經濟管理出版社，1999：1。

度（超過 1 600 億元）。在工業總產值中，國有企業與集體企業仍佔 70% 以上，當時還沒有太多的私營企業和外國企業。據此，我們可以說，告別短缺經濟是國企造就的一項歷史性轉折。

《老子》云 "福兮禍所伏，禍兮福所倚"。的確如此，一旦告別短缺經濟，隨之而來的便是競爭加劇、盈利困難。壓垮駱駝的最後一根稻草是亞洲金融危機。1997 年下半年開始，外貿出口增速大幅回落，2002 年才恢復持續增勢。一方面是國內市場過剩，另一方面是東西很難賣到國外去，或者增長率很低，雙重壓力疊加，國有企業（包括集體所有制企業）利潤大幅下滑（從 1993 年的 1 667.3 億元下跌到 1998 年的 213.7 億元），虧損面迅速擴大（從 1992 年的 22.7% 擴大到 1999 年的 53.5%），破產案急劇增加，[1] 其表現是國有工業企業單位數、國有職工人數出現斷崖式的下降。圖 5.14 將此呈現得一清二楚。"鐵飯碗" 就是在這種形勢下被端掉的。

如果在國企職工之外加上集體所有制企業職工，在 20 世紀 90 年代中期以後的十年中，人數從 1.4 億下降到 7 000 萬，減少了約一半。在如此短的時間裏，如此之多的人下崗、失業或提前退休，幾乎涉及中國的每個城市家庭，卻沒有引發大規模的社會動盪，這也算是一個世界奇跡。付出這麼高的代價，換來的是國有企業的浴

1　在 20 世紀 90 年代初，中國法院審結破產案件的數量每年只有幾十件，後來增加到每年幾百件，1994 年以後是每年幾千件，到 2001 年前後達到峰值 9 110 件。見廣東省高級人民法院編寫的《中國跨境破產研究綜述》。需要注意的是，經過法院審結的破產案件只是實際破產數量的冰山一角。

火重生。如圖 5.15 所示，1998 年跌入谷底後，國有企業的盈利水平開始快速回升，到 2018 年國有企業利潤已高達 33 877.7 億元，是國企改制前極值（1993 年）的 20.3 倍。與此同時，國有企業的盈利面也開始上升，近十餘年裏一直維持在 55% 上下。

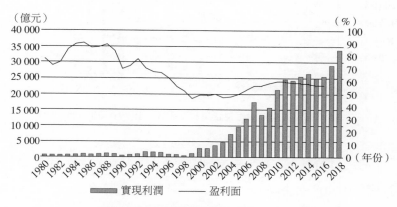

圖 5.15　國有企業的利潤額與盈利面，1980—2018 年

　　國有工業企業數量於 2011 年降至谷底後，不再繼續此前 16 年不斷下滑的趨勢，且增加了約 2 000 家。2005 年後，國有職工人數的下滑勢頭也有所緩解（見圖 5.14）。雖然從這兩個指標來看，國有企業確已失去了往日的霸主地位；但換個角度看，國企是更強了、更壯大了。隨著每年創造的利潤上升到前所未有的高度，國有控股工業企業擁有的資產也上升到前所未有的高度：從 1999 年的 8.05 萬億元猛升至 2017 年的 42.5 萬億元，年均增長率高達 9.8%（見圖 5.16）。

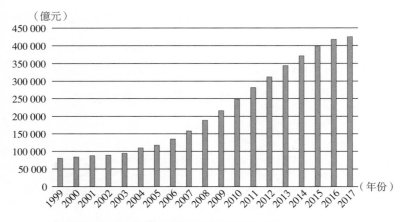

（億元）

圖 5.16　國有控股工業企業資產總計，1999—2017 年

　　在這種背景下，越來越多的國企進入《財富》世界 500 強排行榜。1990 年，中國唯一進入這個排行榜的企業就是一家國企。在過去 30 年間，上榜的中國企業數目猛增（見圖 5.17）。到 2018 年，已有 120 家中國企業進入《財富》世界 500 強，遠超日本，僅次於美國的 126 家。如果過去 30 年的趨勢持續，中國超過美國應該就是幾年之內的事。在 120 家上榜的中國企業中，83 家是國有企業，約佔 70%。

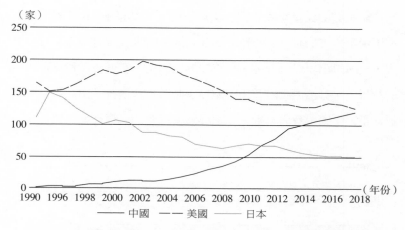

（家）

250

200

150

100

50

0

1990 1996 1998 2000 2002 2004 2006 2008 2010 2012 2014 2016 2018

（年份）

—— 中國　- - - 美國　—— 日本

圖 5.17　《財富》世界 500 強排行榜中中國、美國、日本的企業數量，1990—2018 年

（二）國家資本的壯大

　　雖然國有企業經歷了脫胎換骨式的改制，但國有固定資產投資並沒有萎縮，而是持續增長。不錯，自 20 世紀 90 年代中期以來，國有固定資產投資佔全社會固定資產投資的比重下滑了不少，但國有固定資產投資本身的體量已今非昔比，增長了 20 多倍（見圖 5.18）。更重要的是，國有固定資產投資不僅是壯大國有經濟的手段，也是進行宏觀經濟調控的手段。仔細觀察圖 5.18 會發現，在亞洲金融危機爆發後的 1998 年、世界金融危機爆發後的 2009 年，國有固定資產投資的增幅比一般年份要高許多。圖 5.18 還顯示，2013 年中國經濟增速放緩後，國有固定資產投資佔全社會固定資產投資的比重止跌企穩，出現反彈，尤其是 2016 年經濟增長率下滑至 6.7% 後，該比重大漲約 10%。這也許讓有些人意外。其實，之所以出現這個反彈，很重要的原因是，在社會投資意願不足的背景下，必須由政府運用國家投資刺激經濟增長。由此可見，在社會主義中國，政府掌握一定規模國家投資的必要性與重要性。

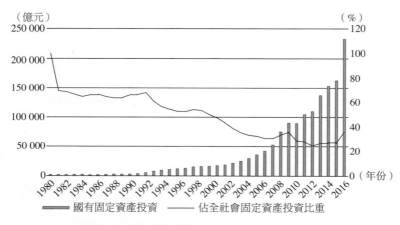

圖 5.18　國有固定資產投資與佔比，1980—2017 年

也許，更出乎很多人意料的是：在 1952—1984 年間，國有固定資產投資下降的年份有 8 個；而在 1985—2017 年間，國有固定資產投資下降的年份只有 2 個（1989 年與 2011 年）。前一個時期，國有固定資產投資年均增長 16.1%；後一個時期，國有固定資產投資年均增長 18.1%，比前一時期高出兩個百分點。

在國企改制的同時，國有固定資產投資的增速不減，累計形成

的國有工業固定資產原值也快速增長：1985 年不到 6 000 億元，
1989 年破 1 萬億元，2007 年破 10 萬億元，2016 年已接近 30 萬
億元，在這些年裏，增長了 49.3 倍（見圖 5.19）。固定資產原值
反映的是企業在固定資產方面的投資和企業的生產規模、裝備水平
等。很明顯，國有工業整體的生產規模與裝備水平如今已經躍過了
好幾級台階，站到了一個新的高地上。

國有工業固定資產原值佔全國獨立核算工業固定資產原值的比
重，在過去 30 多年裏下降了近一半。20 世紀 80 年代初，在全國
獨立核算工業固定資產原值中，國有工業一枝獨秀；經歷了 30 多
年的改革，民營、外資工業已經增長了很多，國有工業的份額相
應縮小，到 2014 年以後，該份額穩定在 45% 的水平上。在這個
意義上，到目前為止，國有企業仍然佔據著中國工業經濟的主導
地位。

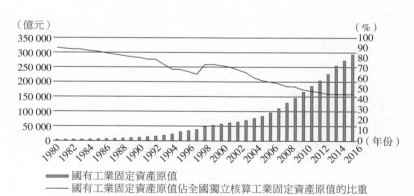

圖 5.19　國有工業固定資產原值與佔比，1980—2016 年

國家資本壯大了，但現在它的投資方向與以前已大不相同。近年來，中國政府按照"有進有退、有所為有所不為"，"進而有為、退而有序"的原則，沿著競爭性行業和戰略性、壟斷性行業兩條綫，加快國有經濟佈局和結構調整的步伐。在一般競爭性行業，國有經濟只是選擇性地保留了少部分國有企業；除此之外，則按照市場化原則，適當收縮戰綫，退出、退足、退夠，盡量為民間資本和民營經濟發展創造廣闊市場空間。不過，在關係國家安全和國民經濟命脈的重要行業和關鍵領域，國有資本投入力度不減；同時也放寬行業准入，引導社會資本、民間資本進入，提高相關行業競爭性業務的市場競爭程度，提高行業運行質量和效率。

表 5.14 表明，"有進有退、有所為有所不為"不再僅僅是政策指導原則，而是在相當大的程度上已變為現實。中國工業分為三大門類，即"採礦業"、"製造業"以及"電力、熱力、燃氣及水生產和供應業"，再細分為 50 個大類，509 個中類，5 090 個小類。[1]如果我們查看工業各個領域的"實有資本"構成，就會發現有些領域"國家資本"的比重比較高，其他領域則是"集體資本"、"法人資本"、"個人資本"、"港澳台資本"或"外商資本"的比重比較高。實收資本是指企業實際收到的投資人投入的資本。以各領域實收資本中國家資本的比重是否大於 45% 為指標，表 5.14 將國家

---

1 中華人民共和國國家質檢總局和國家標準委. 國民經濟行業分類：GB/T 4754—2017 [S/OL]. http: //www. stats. gov. cn/tjsj/tjbz/201709/P020171009408912690353. pdf。

資本的大類投資重點凸顯出來。我們看到，在 "採礦業" 門類中，有 3 個大類由國家資本主導，即 "煤炭開採和洗選業"、"石油和天然氣開採業" 以及 "黑色金屬礦採選業"。在 "製造業" 門類的眾多大類中，由國家資本主導的只有 3 個，即 "煙草製造業"、"石油加工、煉焦和核燃料加工業" 和 "鐵路、船舶、航空航天和其他運輸設備製造業"。而整個 "電力、熱力、燃氣及水生產和供應業" 門類都是由國家資本主導的。很明顯，這些由國家資本主導的產業恰恰就是關係國家安全和國民經濟命脈的重要行業和關鍵領域，而其他領域則是競爭性行業。"有所為有所不為" 不是空話，已經成為現實。

表 5.14　國有資本主導的行業，2016 年

採礦業	木材加工和木、竹、藤、棕、草製品業	專用設備製造業
煤炭開採和洗選業	家具製造業	汽車製造業
石油和天然氣開採業	造紙和紙製品業	鐵路、船舶、航空航天和其他運輸設備製造業
黑色金屬礦採選業	印刷和記錄媒介複製業	電氣機械和器材製造業
有色金屬礦採選業	文教、工美、體育和娛樂用品製造業	計算機、通信和其他電子設備製造業
非金屬礦採選業	石油加工、煉焦和核燃料加工業	儀器儀表製造業
其他採礦業	化學原料和化學製品製造業	其他製造業

採礦業	木材加工和木、竹、藤、棕、草製品業	專用設備製造業
製造業	醫藥製造業	廢棄資源綜合利用業
農副食品加工業	化學纖維製造業	金屬製品、機械和設備修理業
食品製造業	橡膠和塑料製品業	電力、熱力、燃氣及水生產和供應業
酒、飲料和精製茶製造業	非金屬礦物製品業	電力、熱力生產和供應業
煙草製品業	黑色金屬冶煉和壓延加工業	燃氣生產和供應業
紡織業	有色金屬冶煉和壓延加工業	水的生產和供應業
紡織服裝、服飾業	金屬製品業	
皮革、毛皮、羽毛及其製品和製鞋業	通用設備製造業	

（三）工業的壯大

在國有企業的引領下，在國有資本投入的推動下，過去 70 年，中國工業突飛猛進。與中華人民共和國成立前相比，今天中國的工業可以說是已有雲泥之別。對比表 5.12 中工業主要產品產量在世界位次的變化：在世紀之交，中國已在鋼、煤、水泥、化肥、化纖領域產量居世界首位；到 2016 年，除受自然資源稟賦限制的原油外，中國已在七大類產品的產量方面位居第一。

表 5.12 展示的只是中國工業的幾種主要產品而已。事實上，

在世界 500 多種主要工業產品當中，中國有 220 多種產品的產量在全球穩居第一。1990 年，中國製造業佔全球的比重為 2.7%，居世界第九位；2000 年上升到 6.0%，位居世界第四；2007 年達到 13.2%，居世界第二；2010 年佔比進一步提高到 19.8%，超過美國，躍居世界第一。此後中國製造業連續多年穩居世界第一。[1] 到 2017 年，中國已經佔到全球製造業增加值的 28.6%。[2]

發電量可以作為中國工業發展的一個縮影。圖 5.20 對比了中國與美國自 1949 年以來各自的發電量。1949 年，中國的發電量僅僅相當於美國的 1.5%。一直到 1975 年，中國的發電量才相當於美國的 10%。此後直到 2000 年，中國以大約每年一個多百分點的速度追趕美國。2001 年，中國的發電量相當於美國的 40%。在接下來的 9 年間，中國進入蛙跳式追趕階段，每年進步六七個百分點。就這樣，到 2010 年，中國的發電量已超過美國，成為世界第一。過去 9 年，中國進步更快。到 2018 年，中國的發電量已超過美國 63%。

1　賈濤. 全球製造業的幾個特點與中國的應對 [J]. 經濟導刊，2018（7）。

2　卓賢，黃金. 製造業崗位都去哪了：中國就業結構的變與辨 [J]. 財經，2019（9）。

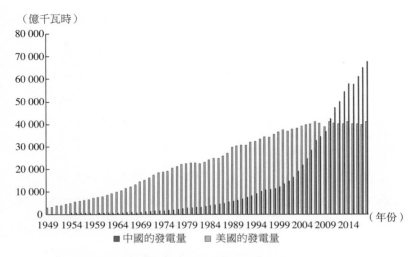

（億千瓦時）

圖 5.20　中國與美國的發電量對比，1949—2018 年

資料來源：美國數據來自 U.S. Energy Information Administration, Annual Energy Review, https: //www. eia. gov/totalenergy/data/annual/index. php。

　　發電量進展神速，中國的整體工業也是如此。按照聯合國工業發展組織的工業競爭力指數（the Competitive Industrial Performance Index, CIP）衡量，1990 年，中國在世界排第 32 位。此後，中國的排名平均每年至少前進一位。2015 年中國超過韓國，排全球第四位；2016 年（2019 年公佈的最新數據）超過美國，排第三；在排名領先的 10 個經濟體中，中國是唯一的發展中國家。這一年，中國的得分是 0.376 4，與排第二位的日本（得分 0.399 8）相差 0.023 4，已是很小的差距。在工業競爭力指數方面，中國超過日本，應該指日可待。與排名第一的德國（得分 0.523 4）相比，中國還有較大差距，趕超德國應該是中國工業未來十年的目標。[1]

　　工業競爭力指數是一個綜合性的指數，它還可以細分為其他一些分項指數，它們從不同角度評判各國工業的發展水平（見表5.15）。"國家總量份額"衡量製造業在各國經濟中的分量。在中國，"製造業增加值佔 GDP 比重"高達 0.32，高於愛爾蘭、韓國、德國、日本，更高於其他國家；"製造業產品出口佔全部出口比重"達 0.96，僅低於韓國的 0.97，高於其他經濟體。

　　"全球份額指標"衡量各國製造業在全球經濟中的分量。我們看到，中國遙遙領先於其他 9 個經濟體，無論是"對全球製造業增加值的影響"，還是"對全球製造業產品貿易的影響"都是如此，充分凸顯了中國作為世界製造業大國的地位。

　　上述兩類指標衡量的是各國製造業的量級，它們明確無誤地顯示，今天的中國已是當之無愧的世界性工業大國。

　　不過，第三類指標"中高技術活動份額"卻揭示出中國工業的短板。這類指標衡量的不是各國工業的"量"而是"質"。從表5.15 看，用"中高技術製造業增加值佔全部製造業增加值的比重"衡量，中國低於其他 9 個經濟體；用"中高技術製造業產品出口佔全部製造業產品出口的份額"衡量，雖然中國得分略高於愛爾蘭、意大利、荷蘭、比利時，但遠低於其他 5 個工業強國：美國、瑞

1　United Nations Industrial Development Organization, *The Competitive Industrial Performance: Biennial CIP Report, edition 2018* (March 2019), https: //www. unido. org/sites/default/files/files/2019-05/CIP_Report_2019. pdf.

表 5.15　排名前十的經濟體的工業競爭力指數及其分項指數，2016 年

	德國	日本	中國	美國	韓國	瑞士	愛爾蘭	比利時	意大利	荷蘭
CIP 排序	1	2	3	4	5	6	7	8	9	10
CIP 得分	0.52	0.4	0.38	0.37	0.37	0.32	0.32	0.28	0.27	0.27
國家總量份額										
製造業增加值佔 GDP 比重	0.21	0.19	0.32	0.11	0.29	0.18	0.3	0.14	0.14	0.11
製造業產品出口佔全部出口比重	0.89	0.9	0.96	0.74	0.97	0.68	0.95	0.89	0.92	0.85
全球份額指標										
對全球製造業增加值的影響	0.06	0.09	0.24	0.16	0.03	0.01	0.01	0.01	0.02	0.01
對全球製造業產品貿易的影響	0.1	0.05	0.17	0.08	0.04	0.02	0.01	0.03	0.04	0.03
中高技術活動份額										
中高技術製造業增加值佔全部製造業增加值的比重	0.61	0.56	0.41	0.48	0.64	0.65	0.54	0.5	0.43	0.49
中高技術製造業產品出口佔全部製造業產品出口的份額	0.74	0.81	0.59	0.66	0.76	0.71	0.56	0.55	0.56	0.56
製造業增加值指數（MVA）										
人均 MVA 指數	0.48	0.45	0.11	0.3	0.36	0.69	1	0.31	0.25	0.27

資料來源：United Natons Industrial Development Organizaton, Competitive Industrial Performance Index 2018, https://stat. unido. org/database/CIP%202018。

士、德國、韓國、日本。同樣，如果用 "人均 MVA（製造業增加值指數）指數" 衡量，中國與其他 9 個經濟體的差距也相當大。能夠位列全球 "工業競爭指數" 前十，說明中國已經進入了工業強國俱樂部；但與強中之強相比，中國還不是最強，"革命尚未成功，同志仍需努力"。百尺竿頭更進一步，邁向工業強國是中國的光榮使命。

（四）經濟的壯大

在現代世界，工業弱則經濟弱，工業強則經濟強。由壯大起來的工業做支撐，今天的中國已成為世界數一數二的經濟體。

圖 5.21 告訴我們，中華人民共和國剛成立時，中國這麼大一個國家（人口佔世界四分之一）的 GDP 總量（按購買力平價計算）只佔世界總量的 4.2%；而美國當時是毋庸置疑的霸主，一家獨佔 26.4%。雖然經歷了第二次世界大戰，但其他老牌帝國主義、殖民主義國家當時依然是百足之蟲死而不僵，歐美澳各國加總的佔比高達 35.8%。70 年後，世界經濟格局發生的變化可以用 "天翻地覆" 來形容：中國的全球佔比已增加到 18%，是日本佔比的 4 倍，超過美國的 16.8%，距歐美澳各國的總和 18.4% 只有一步之遙。

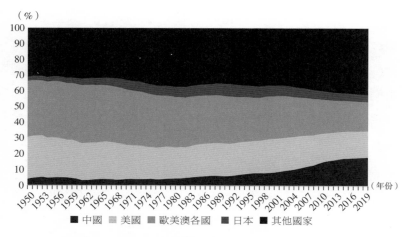

（％）

圖 5.21　各國 GDP 佔全球總量的比重，1950—2019 年

資料來源：The Conference Board, Total Economy Database, April 2019, https: //www. conference-board. org/data/economydatabase/TED1。

　　中國經濟整體增大了，受惠的是全體中國人。按照世界銀行的劃分，中國從來都屬 "低收入國家"，且 1949 年時，中國是 "低收入國家" 中的低收入國家。1999 年，中國終於從 "低收入國家" 畢業，進入 "中低收入國家" 之列。2010 年，中國進入更高的 "中高收入國家" 序列。[1] 圖 5.22 用世界銀行的數據，描繪了自 1960 年以來，中國的人均國民收入一步步超越低收入國家平均值（1991年）、中低收入國家平均值（1995 年）、中高收入國家平均值（2016年）。目前，中國正在向高收入國家的目標邁進。值得注意的是，

1　World Bank, "Classifying Countries by Income 2019," http: //databank. worldbank. org/data/ download/site-content/OGHIST. xls.

高收入門檻並不是持續提高的。事實上，世界銀行 2019 年設定的
高收入門檻比 8 年前還低。按照過去十餘年的趨勢，未來 5 年左
右，中國跨入高收入國家行列應該是大概率事件。如果這真的如期
而至，世界經濟的版圖會大不一樣：世界上，生活在高收入國家的
人口會首次超過生活在低收入國家的人口。

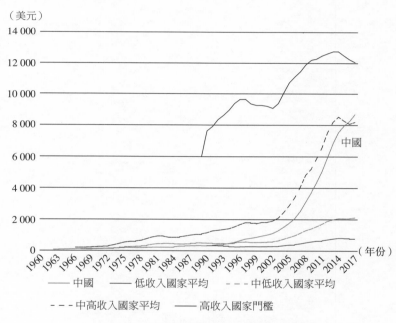

圖 5.22　中國：邁向高收入經濟體

小結

可以用四句話總結國企對中國工業化的貢獻：推動中國從農業

國轉型為工業國；推動中國從短缺經濟過渡到過剩經濟；助力中國從工業國轉型為工業大國；控制國家經濟命脈，主導經濟發展，助力中國邁向工業強國。

第六章

方向：從經濟政策到社會政策

中共十一屆三中全會於 1978 年底召開，開啟了一次偉大的歷史性轉變。從此，中國共產黨拋棄了"以階級鬥爭為綱"的錯誤方針路綫，將其工作重心轉移到社會主義現代化建設上來。

以經濟建設為中心

從 1978 年開始到 20 世紀 90 年代中期，可以說中國只有經濟政策，沒有社會政策。在此期間，"效率優先"是一切工作的指導思想，政府一直堅持以經濟建設為中心，試圖抓住一切機遇加快發展，用發展的辦法解決前進中的所有問題。發展被作為硬道理。在經濟大發展的這些年，雖然談到"效率優先"時總會加上"兼顧公平"，但在實踐中，各級政府（包括中央政府）的主要注意力集中在經濟發展或經濟增長上，說是"兼顧"，其實是顧不上。為了追求效率或整體經濟增長速度的最大化，不僅難以兼顧公平，也難以兼顧生態環境和國防建設。之所以出現這樣的局面，也許有以下三個原因：

改革以前，存在著"鐵飯碗"和"大鍋飯"帶來的效率低下問題。提出"效率優先、兼顧公平"與人們的經驗判斷似乎不矛盾。

在 20 世紀 80 年代，由於大幅度提高農產品收購價格和實行家庭聯產承包責任制，農民的生產積極性空前高漲，他們的收入水平也迅速上升。結果，城鄉差距和地區差距雙雙下滑。

直到 20 世紀 80 年代末，中國的改革是全贏遊戲（win-win game）。所有人都從改革中受益，差別只是有些人受益多一點，有些人受益少一點。在這種情況下，即便城市內部、鄉村內部和地區內部的收入差距有所擴大，只要差距不過大，人們還是可以接受的。

然而，隨著時間的推移，片面強調效率、發展和經濟增長的惡果逐漸凸顯出來。如果說 20 世紀 80 年代的改革還是全贏遊戲的話，90 年代的改革越來越像零和遊戲（zero-sum game），亦即某些人受益是以其他人利益受損為代價的。到 1992 年，城鄉差距和地區差距已超過 1978 年的水平。此後，這兩類差距更是急劇擴大，尤其是東南沿海與中西部之間的地區差距大幅攀升，達到了前所未有的程度。[1] 與此同時，城市內部和農村內部社會各階層之間的收入差距也在快速拉開。到 20 世紀 90 年代中期，中國的總體基尼係數已上升到 0.45 的高度，按照國際通行的標準，已達到收入差距較大的程度。

更為嚴重的是，20 世紀 90 年代中期以後，正規部門（指國有單位和城鎮集體單位）就業人數大幅度下降：十年中，人數從 1.4 億人下降到 7 000 萬人，減少了約一半。在人類歷史上，也許還沒有過一個國家，在如此短的時間裏，這麼大規模地裁減正規部門的就業人口。隨著大量人員下崗失業，城市貧困問題突現出來。

在農村，20 世紀 90 年代後期，糧食和其他各類農產品都出現

---

1 胡鞍鋼，王紹光，康曉光．中國地區差距報告 [M]．瀋陽：遼寧人民出版社，1995；王紹光，胡鞍鋼．中國：不平衡發展的政治經濟學 [M]．北京：中國計劃出版社，1999。

供過於求的情況。"穀賤傷農",由此造成農民收入總體增長緩慢。在相當多的地區,農民收入不是增長,而是下滑。與此同時,長期困擾中國農村的 "三亂"(亂收費、亂攤派、亂罰款)問題進一步加劇,農民負擔過重,激化了農民與政府之間的矛盾。

在社會財富大量湧現的同時,社會各種不穩定的因素也在快速增加,使得上上下下都感到中國面臨著重重危機。為什麼在綜合國力大大增強的同時,會出現如此嚴重的發展不平衡、收入不平等問題呢?片面地堅持 "效率優先" 大概是一個重要原因。不錯,鄧小平曾鼓勵一部分地區、一部分人先富裕起來。但他說得很清楚,"社會主義的目的就是要全國人民共同富裕,不是兩極分化。如果我們的政策導致兩極分化,我們就失敗了"。[1] 他還警告,"如果搞兩極分化……民族矛盾、區域間矛盾、階級矛盾都會發展,相應地中央和地方的矛盾也會發展,就可能出亂子"。[2] 到 20 世紀 90 年代末期,出亂子的跡象越來越多。這使得越來越多的人認識到,效率也好,發展也好,經濟增長也好,它們無非是提高人們福祉的手段,我們不能本末倒置,把手段當作目的來追求。更準確地說,經濟增長的成果必須讓最廣大的人民群眾分享,而不能被一小部分人獨享;經濟改革的成本必須由社會各階層分擔,而不應僅僅落到普通工農的肩頭。

---

1 中共中央文獻研究室. 鄧小平思想年譜 [M]. 北京:中央文獻出版社,1998:311。

2 同上,第 453 頁。

在這種大背景下，中國政府的政策導向出現鬆動，在堅持"效率優先"的同時，開始花更大的氣力來"兼顧"公平，這時的"兼顧"終於有了實質內容。[1] 到 2004 年召開十六屆四中全會時，中央最終放棄了"效率優先、兼顧公平"的提法。如果說改革開放頭二十年中國政府只有經濟政策、沒有社會政策的話，進入 21 世紀以後，中國政府已經開始將更多的注意力轉移到社會政策上來，並將更多的資源投入這個領域。

社會矛盾的凸現是出現社會政策的背景，它只能說明社會政策遲早會出現，但不能解釋為什麼社會政策會出現在 21 世紀初。社會政策不是政府表表態就算數的，每項社會政策都需要雄厚的財政資金支撐，沒有財政資金支撐的社會政策不過是空中樓閣而已。在 21 世紀初，中國政府之所以能夠將更大的注意力轉移到社會政策上來，得益於財政體制的改革大大提高了國家的汲取能力，使政府有可能將更多的財力和資源投入這個領域。從 20 世紀 80 年代初開始，中國政府的汲取能力一路下滑，到 90 年代初已跌入谷底。不要說支撐社會政策，當時連維持國防、治安和政府日常運作的經費都嚴重不足，到了政治上十分危險的地步。[2] 有鑒於此，中國政府不得不在 1994 年對財政體制做出重大調整。

1　王紹光 . 順應民心的變化：從財政資金流向看中國政府近期的政策調整 [J]. 戰略與管理，2004（2）。

2　王紹光，胡鞍鋼 . 中國國家能力報告 [M]. 瀋陽：遼寧人民出版社，1993。

回顧過去的 25 年，很明顯分稅制取得了超乎預料的巨大成功：政府的綜合財政收支（預算內收支、預算外收支與社保基金收支之和）飛速增長，在 25 年中從 7 000 億—8 000 億猛增至近 28 萬億，翻了 34—35 倍。從圖 6.1 可以看出，綜合財政收支佔 GDP 比重也發生了巨大變化。在 1978—1995 年間，這兩個比重從 30%—40% 跌至 16%—17%。1994 年財政體制改革見效後，情況迅速改善。到 2018 年底，這兩個比重回升到 30% 上下。雖然與很多發達國家和東歐轉型國家相比，中國財政收入佔 GDP 的比重還不算高，但至少與一般發展中國家相比，這個表現已相當不易。

　　如果說 20 世紀 90 年代中國政府未能在社會政策方面有所作為是因為 "巧婦難為無米之炊"，那麼今天政府在汲取能力方面的問題已大致解決了，為社會政策的實施奠定了財力基礎。

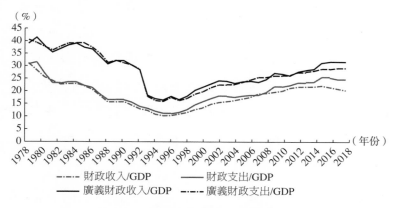

圖 6.1　綜合財政收支佔 GDP 的比重

如果有人說在 2000 年前後中國是 "低福利" 國家，那是有依據的。[1] 但如果今天仍有人一口咬定中國是 "低福利"、"零福利" 甚至 "負福利" 國家，那就是無的放矢了。本章提供的大量數據表明，在過去 20 年中，中國出現了一次新躍進：社會保障力度的大大增強。這個新躍進已靜悄悄地給中國社會帶來了翻天覆地的變化：一方面，它阻止了不平等進一步惡化的趨勢；另一方面，它為降低人類不安全創造了有利條件。沒有這兩方面的變化，讓全體人民共享經濟發展的成果只是一句空話，堅持和發展社會主義制度也只是一句空話。

縮小不平等

從收入差距的構成上看，中國的收入差距可以分解為城鎮內部

---

1 這裏的 "福利" 是指客觀意義上的福利，而不是主觀意義上的福利；是指社會福利，而不是個人福利。社會福利是一個非常複雜的概念，捲入與此相關的理論之爭與方法論之爭超出了本書的範圍。不過，無論怎樣定義社會福利，它都可以從投入（社會福利支出）與產出（如嬰兒死亡率、人均預期壽命）兩方面加以度量。在討論社會福利的文獻中，公共社會支出（public social spending）佔國內生產總值的比重通常被用作比較各國福利水平的指標。見 Adema W., p. Fron and M. Ladaique, "Is the European Welfare State Really More Expensive? Indicators on Social Spending, 1980-2012; and a Manual to the OECD Social Expenditure Database (SOCX)," *OECD Social, Employment and Migration Working Papers*, No.124 (2011), http: //dx. doi. org/10.1787/5kg2d2d4pbf0-en, p.10。 本文作者曾用這方面的數據證明在 2000 年前後，中國在衛生領域存在低福利的問題。見王紹光. 中國公共衛生的危機與轉機 [J]. 比較，2003，7：52—88。當然，也有學者對使用投入指標來衡量福利水平持保留態度，如 Gosta Esping-Anderson, *Decommodification and Work Absence in the Welfare State* (San Domenico, Italy: European University Institute, 1988), pp.18-19。

收入差距、農村內部收入差距、城鄉之間收入差距以及地區之間收入差距。研究表明，中國整體收入差距的很大一部分源自地區之間的差距和城鄉之間的差距。因此，縮小整體收入差距的關鍵是儘量縮小地區差距與城鄉差距。

（一）縮小地區差距

縮小地區差距的主要措施是，中央政府加大對各省尤其是中西部經濟相對落後省份的財政轉移支付。1993 年以前，中國財政體制實行"分灶吃飯"的包乾制，這種體制對東南沿海發達省份十分有利，因為它們的財政資源相對充裕，且不必與別省分享來自本地的稅收。但對財政資源貧乏的中西部省份來說，沒有外來的財政轉移支付，它們便難以為本地居民提供像沿海省份那樣的公共服務，更沒有能力像沿海省份那樣拓建基礎設施、投資產業項目。20 世紀 80 年代中期以後，地區差距不斷擴大，其中一個重要原因便是財政包乾制。[1]

1994 年，中國政府對財政體制做出重大調整，將包乾制改為分稅制。這次改革從根本上扭轉了"兩個比重"[2] 連續 15 年的下滑趨勢，從而增強了中央政府的財政汲取能力，為它加大對各省的財政轉移支付奠定了制度基礎。從圖 6.2 可以看得很清楚，自 1994

1　王紹光，胡鞍鋼. 中國：不平衡發展的政治經濟學 [M]. 北京：中國計劃出版社，1999。

2　"兩個比重"是指政府財政總收入佔 GDP 的比重和中央政府財政收入佔財政總收入的比重。

年以來，中央對各省財政轉移支付的總量一直呈快速增長的態勢，尤其是 1999 年以後，幾乎是一年上一個大台階，到 2018 年已達到近 7 萬億元的水平，是 1993 年轉移支付總量的 128 倍！

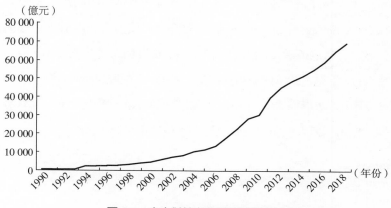

（億元）

圖 6.2　中央對地方的財政轉移支付

大規模的中央財政轉移支付之後，地區之間人均財力水平的差距大大縮小，緩解了各地區間財政收支的不平衡，有助於公共服務的均等化，也有助於促進全國各地區協調發展。

在實行分稅制以前，東部、中部、西部和東北四大板塊經濟之間 GDP 增速存在著很大的差異，東部沿海省份遙遙領先，導致地區差距擴大。1994 年以後，各板塊的增速開始逐漸趨同。[1] 近年

1　國務院發展研究中心 "中國區域協調發展研究" 課題組 . 我國區域增長格局和地區差距的變化與原因分析 [R]// 國務院發展研究中心調查研究報告 . 第 138 號（總 2653 號），2006-07-14。

來，中國各省 GDP 的增速格局更是發生了根本性的逆轉：中西部省份的 GDP 增速普遍高於東部沿海省份，其結果是地區差距開始縮小。從圖 6.3 可以看出，2002 年以後，中國人均 GDP 的省際差距出現了下降的勢頭。圖 6.3 用來衡量地區差距的尺度是變異係數（Coefficient of Variation），實際上即使換用泰爾指數（Thiel Index）、基尼係數（Gini Coefficient）或阿特金森指數（Atkinson Index），地區差距下降的趨勢都是一致的。[1] 在這麼短的時間裏，地區差距已出現顯著下降，不能不說是一個奇跡。雖然，不少因素發揮了作用，但大規模中央財政轉移支付功不可沒。

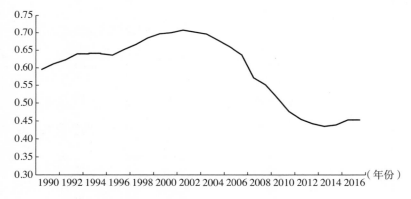

圖 6.3　省際人均 GDP 變異係數（CV），1990—2017 年

1　Masashi Hoshino, "Measurement of GDP Per Capita and Regional Disparities in China, 1979-2009," paper presented at Workshop on Poverty and Inequality in China and India, March 13, 2012. 不少其他學者得出與星野真教授相同或類似的結論。

（二）縮小城鄉差距

眾所周知，中國城鄉之間的收入差距一直比較大。與其他一些發展中國家相比，如按總體基尼係數來衡量，中國全國的收入差距並不是最高的，低於拉丁美洲和非洲的一些國家；然而，中國城鄉差距也許是世界上最大的，這構成中國收入分配格局的一個最為重要的特點。[1]

為了縮小城鄉之間的收入差距，中國政府近年來對農村居民採取了"少取"和"多予"兩套策略。"少取"最主要體現在取消農業稅上。農業稅是最古老的稅種之一，其歷史可以追溯到幾千年以前。改革開放以後，農業在中國國民經濟中的份額不斷下降，但在 1986—1996 年間，各種農業稅收（包括農業稅、農業特產稅、牧業稅、耕地佔用稅和契稅）佔財政總收入的比重卻不降反升。2004 年，中國政府宣佈"取消除煙葉外的農業特產稅，五年內取消農業稅"，實際上，全面取消農業稅的目標到 2006 年就提前完成了。

"少取"的任務完成以後，"多予"方面的政策力度持續加強。1997 年，中央財政用於"三農"資金（包括農產品政策性補貼支出、農村中小學教育支出、農村衛生支出等 15 大類）不過區區

---

1 聯合國開發署. 中國人類發展報告 2005：追求公平的人類發展 [R/OL]. http: //ch. undp. org. cn/downloads/nhdr2005/c_NHDR2005_complete. pdf。

700 餘億元。[1] 進入 21 世紀以後,這類資金開始快速增長,在 2003 年跨過 2 000 億元的台階,2011 年跨過 1 萬億元大關,到 2018 年已超過 2 萬億元。

"少取"和"多予"雙管齊下的成效明顯。如圖 6.4 所示,在經歷了 20 世紀 90 年代中期以來的急劇惡化後,從 2003 年起,城鄉人均收入與消費差距已穩定在一個狹窄的區間,其中城鄉人均消費的差距呈現下滑的趨勢。更可喜的是,從 2010 年起,農村居民收入增速連續多年快於城鎮,城鄉居民收入差距也有所縮小。

地區差距與城鄉差距是中國總體不平等的主要組成部分。既然這兩方面的差距都已出現緩解甚至縮小的態勢,中國總體不平等水平惡化的趨勢也應得到遏制。圖 6.5 表明,反映總體收入分配不平等水平的基尼係數在 1996—2008 年間上升,其後逐步回落。雖然 2017 年的基尼係數 0.467 依然很高,但基尼係數連續下降是 20 世紀 80 年代中期以來少見的,這可能預示著一個新時代的到來。[2]

---

1 丁學東,張岩松.財政支持三農政策:分析、評價與建議 [J].財政研究,2005(4)。

2 早在 2010 年初,OECD 的一份研究就得出結論,"近年來,中國的總體不平等水平已停止上升,或許已經下滑"。見 Richard Herd, "A Pause in the Growth of Inequality in China?" *OECD Economics Department Working Papers*, eCO/WKP, 2010-4 (February 1, 2010)。OECD 於 2012 年發表的另一份研究報告得出了與本節幾乎相同的結論,見 OECD, *China in Focus: Lessons and Challenges* (Paris, OECD, 2012), Chapter 2 "Inequality: Recent Trends in China and Experience in the OECD Area," pp.16-34。

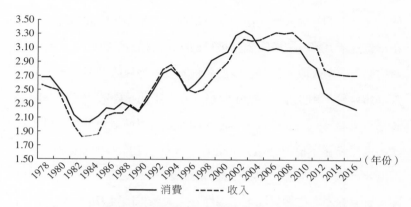

圖 6.4　城鄉收入與消費的差距（農村為 1），1978—2017 年

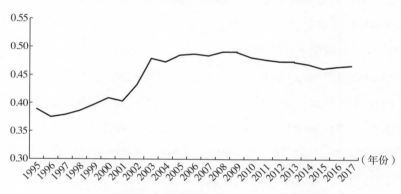

圖 6.5　中國全國居民基尼係數，1995—2017 年

降低不安全感

改革開放以前的中國，雖然收入與生活水平不高，但"大鍋飯"與"鐵飯碗"讓人們有一種安全感，因為農村的社隊和城鎮的單位為抵禦各種風險（如失業、患病、養老）提供了保障。改革開

放以後，人們的收入與生活水平不斷提高。不過，與此同時，社隊和單位逐步瓦解，"鐵飯碗"被打破，"大鍋飯"被端走。在這種新格局下，中高收入群體也深感各種不確定性風險威脅巨大，低收入群體就更不用說了。在 20 世紀八九十年代，中國政府曾一度誤認為，市場導向的改革意味著個人與家庭可以而且應該承擔這類風險，從而漠視了自己在這方面的責任。進入 21 世紀以後，這種狀況開始改變。在涉及絕大多數民眾福祉的最低生活保障、醫療保障、養老保障、住房保障、工傷保險、失業保險等方面，政府出台了一系列社會政策，其保障範圍越來越廣，保障水平越來越高，保障體制越來越健全。

（一）最低生活保障制度

城市居民的最低生活保障（低保）制度最初在上海市設立。1997 年，在大規模"減員增效、下崗分流"啟動之時，國務院頒佈了《關於在全國建立城市居民最低生活保障制度的通知》，開始在全國範圍內推行城市低保制度，但各級地方政府當時似乎沒有什麼緊迫感。此後三年，全國低保覆蓋面擴展緩慢。到 2000 年，全國只有 403 萬城鎮居民獲得低保補助。次年，由於前幾年大規模、持續性下崗引發的城市貧困現象開始攪動社會治安，各級政府才開始擴大對國有大中型企業特困職工低保的覆蓋面。[1] 2002 年，

1　例如，2001 年 9 月，黑龍江大慶千餘名下崗、退休工人上街遊行；2002 年 3 月，遼寧省遼陽市 1 萬多名工人上街示威。

覆蓋面進一步擴展，中央政府要求對各地城市貧困人口做到“應保盡保”。到該年底，城市低保覆蓋總人數猛增至 2 065 萬人。其後 10 年，低保人數一直在 2 200 萬上下浮動，基本上將全國城鎮符合條件的低保對象都納入了保障範圍。最近幾年，隨著大量下崗人員進入退休年齡，並開始拿社保，城市低保人數驟降，2018 年只剩下 994 萬左右（見圖 6.6）。

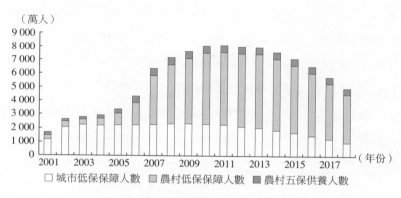

（萬人）

□ 城市低保保障人數　■ 農村低保保障人數　■ 農村五保供養人數

圖 6.6　城鄉低保覆蓋面，2001—2018 年

　　城市貧困問題固然麻煩，更嚴重的貧困問題存在於農村。21 世紀以前，由於農村貧困仍是普遍現象，中國政府農村扶貧政策的重點不得不放在扶持貧困地區的發展上。這種扶貧戰略功效卓著，在 1981—2004 年間，使中國 5 億人擺脫了貧困。[1] 進入 21 世紀後，中國政府開始把目光轉向貧困人口，包括居住在貧困地區以外的那些貧困人口。

從 1997 年開始，中國東部沿海地區部分有條件的省市首先開始逐步建立農村最低生活保障制度。但直到 2004 年，中央政府才要求全國範圍內有條件的地方探索建立農民最低生活保障制度。[2] 經過三年的試點，2007 年，國務院在《關於在全國建立農村最低生活保障制度的通知》（國發〔2007〕19 號）中明確要求，在 2007 年內，在全國範圍內建立農村最低生活保障制度，將符合條件的農村貧困人口納入保障範圍，重點保障病殘、年老體弱、喪失勞動能力等生活常年困難的農村居民，並確保在年內將最低生活保障金發放到戶。[3] 這意味著，農民村落內部的互助共濟體制向國家財政供養體制過渡，是中國歷史上的一次劃時代轉變。結果，當年納入農村

1 World Bank, *From Poor Areas to Poor People: China's Evolving Poverty Reduction Agenda-an Assessment of Poverty and Inequality in China* (Washington D. C. : The World bank, 2009), http: //documents. worldbank. org/curated/en/2009/03/10444409/china-poor-areas-poor-people-chinas-evolving-poverty-reduction-agenda-assessment-poverty-inequality-china-vol-1-2-main-report.

2 中共中央、國務院 . 關於促進農民增加收入若干政策的意見 [EB/OL]. (2003-12-31). http: //www. gov. cn/test/2006-02/22/content_207415. htm。

3 建立農村最低生活保障制度以地方人民政府為主，實行屬地管理，中央財政對財政困難地區給予適當補助。

低保範圍的人口就猛增了近 2 000 萬，達到近 3 600 萬。[1] 此後，農村低保的覆蓋範圍逐步擴展，如果加上集中供養與分散供養的五保戶（保吃、保穿、保醫、保住、保葬），總人數在 2013 年底達到 5 900 多萬。此後，隨著扶貧力度的加大，農村的這兩部分人數也開始下滑。到 2018 年底，城鄉低保的總覆蓋人口降至 5 000 萬以下（見圖 6.6）。

（二）醫療保障制度

改革開放以前，中國有三套醫療制度，即為政府機關、大專院校和事業單位僱員建立的公費醫療制度，為國有企業和部分集體企業職工建立的勞動保險制度，以及農村以社隊為基礎的合作醫療制度。它們為絕大多數城鎮和農村居民提供了廉價、平等的基本醫療保障。

20 世紀 80 年代初，隨著人民公社制度的取消，曾廣受國際讚譽的農村合作醫療制度迅速崩潰。在城鎮地區，20 世紀 90 年代，大規模的企業轉制、職工下崗使得公費醫療和勞動保險制度雙雙萎縮。結果，到世紀之交，八成以上的農村居民以及半數以上的城鎮居民陷入了沒有任何醫療保障的境地。[2]

為了回應社會民眾對"看病難、看病貴"的關切，中國政府於

1　民政部 . 2007 年民政事業發展統計報告 [R/OL]. (2008-05-26). http: //cws. mca. gov. cn/ article/tjbg/200805/20080500015411. shtml。

2　衛生部統計信息中心 . 第三次國家衛生服務調查分析報告 [R]. 2004：85。

1999 年開始推廣城鎮職工基本醫療保險制度。新制度涵蓋離退休人員，使這個健康狀況相對脆弱的人群得以享受基本醫療保障，但不再覆蓋職工的親屬，也未將個體從業者、非正規部門的職工和流動人口納入保障範圍。因此，儘管新制度發展得很快，但到 2006 年它的覆蓋面僅佔城鎮人口的四分之一，如果把流動人口考慮進去，覆蓋率實際更低。

針對農村的衛生危機，中共中央、國務院於 2002 年 10 月出台《關於進一步加強農村衛生工作的決定》，明確提出 "逐步建立新型農村合作醫療制度"（簡稱新農合），目標是 "到 2010 年，新型農村合作醫療制度要基本覆蓋農村居民"。為了實現這個目標，中央政府決定，從 2003 年起，由各級財政對參加新農合的農民進行補貼。[1] 新農合改變了合作醫療的性質，它不再是以村、鄉社區為單位的互助組織，而是由政府組織、引導、支持的統籌層次更高的農村醫療保障制度。[2]

儘管針對城鄉的衛生危機推出了這些舉措，但人們對它們的力度與進度並不滿意。2005 年 3 月，國務院發展研究中心課題組在該中心出版的《中國發展評論》上發表了一篇長達 160 多頁的報告 ——《對中國醫療衛生體制改革的評價與建議》，對此前的醫改

1　中共中央、國務院：《關於進一步加強農村衛生工作的決定》（2002 年 10 月 19 日）。

2　朱慶生. 推進中國新型農村合作醫療制度建設：ISSA 第 28 屆全球大會中國特別全會發言之五 [C]. (2004-09-17)。

提出了嚴厲的批評。[1] 四個月後，這份報告引起了《中國青年報》的注意，[2] 並迅速在媒體上掀起巨大的波瀾，一時間"中國（此前的）醫改基本上不成功"變為攪動全國上下的話題，並由此拉開了中國新一輪醫療體制改革的序幕。2006 年，在廣大民意的推動下和最高決策層的主導下，中央政府形成了"恢復醫療衛生公益性，加大政府財政投入"的指導思想，正式啟動了新醫改的政策制定工作。三年後，中共中央、國務院於 2009 年 3 月最終出台了《中共中央 國務院關於深化醫藥衛生體制改革的意見》及《醫藥衛生體制改革近期重點實施方案（2009—2011）》，其總體目標是"建立健全覆蓋城鄉居民的基本醫療衛生制度，為群眾提供安全、有效、方便、價廉的醫療衛生服務"。

新醫改方案出台後，城鄉醫療保障的範圍迅速擴大了。針對農民工，國務院於 2006 年發佈了《國務院關於解決農民工問題的若干意見》，強調要"抓緊解決農民工大病醫療保障問題"。次年，中國政府又開始試點為城鎮居民（包括嬰幼兒、中小學生與其他非從業城鎮居民）提供醫療保險。這兩項措施著眼於解決城鎮在職職工以外人群的醫保問題。2002 年底，城鎮居民中只有不到 1 億人享有醫療保險；而到 2012 年結束時，這個數目已猛增至約 6 億人

1　國務院發展研究中心課題組. 對中國醫療衛生體制改革的評價與建議 [J]. 中國發展評論，2005（增刊 1）。

2　王俊秀. 國務院研究機構稱我國醫改工作基本不成功 [N]. 中國青年報，2005-07-29。

（相當於當年 6.9 億城鎮常住人口的約九成），十年間增加了 5 倍。

在農村，公共財政的參與有力地推動了新農合的快速發展。隨著各級財政對參加新農合的補助標準不斷提高，參加新農合的人數迅速攀升，到 2008 年已突破 8 億大關，此後幾年穩定在 8.3 億人上下，基本實現了全覆蓋。[1]

就這樣，在短短幾年的時間裏，中國構築起世界上最大的醫保網。2003 年，全國人口中，只有不到 15% 的城鄉居民或不到 2 億人口享受某種醫療保障；而到 2012 年，城鎮與農村兩張醫保網覆蓋人口超過 13 億。

2016 年，國務院出台《國務院關於整合城鄉居民基本醫療保險制度的意見》，目的是在城鄉完成醫保 "全覆蓋" 之後，整合城鎮居民醫保和新農合，建立統一的城鄉居民基本醫療保險制度，實現 "六統一"，即統一覆蓋範圍，統一籌資政策，統一保障待遇，統一醫保目錄，統一定點管理，統一基金管理，預計城鄉居民醫保的制度整合將在 2019 年完成。

在快速擴大覆蓋率的同時，中國新醫改也致力於降低衛生總費用中的個人支出部分。從圖 6.7 我們可以清晰看到發生在醫療衛生領域的顯著變化。在進入 21 世紀之初，中國衛生總費用中的 60% 一度是由個人支出的。也就是說，當時，醫療費用的負擔主要壓在

1　對於部分城鄉低保對象，政府還出錢資助他們參加城鎮醫保或新農合，並為他們中的因病致困戶提供大病救助。

居民個人肩上。當時人們普遍感到"看病貴"，之所以出現這種現象，是因為在 20 世紀最後十幾年間，政府削弱了提供公共產品的職能，弱化了為民眾提供醫療保障的責任。令人欣喜的是，新醫改政策出台前後這十餘年，醫療衛生領域出現了引人注目的反向運動：政府財政與醫療保險支付的份額越來越大，個人支出的份額越來越小。到 2018 年，個人支出的份額已降至 28.7%。需要指出的是，就個人衛生支出佔衛生總費用的比重而言，中國現在不僅低於世界的平均水平，也低於高收入國家的平均水平，已接近歐洲國家的平均水平。[1]

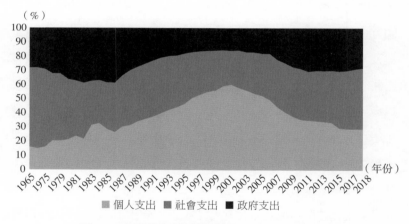

圖 6.7　中國衛生總費用的結構，1965—2018 年

1　World Health Organization, Global Health Expenditure Database, 2019, https: //apps. who. int/nha/database/Select/Indicators/en.

各種指標顯示，中國正穩步邁向"人人享有公共衛生和基本醫療服務"的目標。對一個超過 13 億人口的發展中大國而言，這實在是一項了不起的成就！

（三）養老保障制度

改革開放前，國家通過單位向機關事業機構的工作人員、城鎮國有企業職工及部分集體企業的職工提供養老保障。單位體制的解體以及所有制結構的多元化促使中國探索新型養老保障模式。

國務院於 1997 年頒佈《國務院關於建立統一的企業職工基本養老保險制度的決定》，標誌著中國現代城鎮職工養老保險制度的正式建立。城鎮職工基本養老保險（簡稱城職基保）最初主要覆蓋國有企業或集體所有制企業職工，但目標是逐步擴大到城鎮所有企業及其職工，並延伸至城鎮個體勞動者。其後十來年，擴大城職基保的覆蓋面一直是中國養老保險制度建設的重點之一。1997 年以後，城職基保覆蓋人口穩步增加，到 2007 年超過 2 億人，2017 年超過 4 億人。如果以城鎮就業人口為基數計算參保率，其參保率於 2009 年超過 70%，2018 年超過 95%（見圖 6.8）。需要指出的是，城職基保覆蓋人口中包括農民工。

擴大養老保障覆蓋面的更大挑戰是，如何將城鎮就業人員以外的人群納入其中，尤其是廣大農村居民。從 20 世紀 90 年代初開始，中國一些地區便以不同的方式在探索如何在農村推行社會養老保險。由於只有部分地區可以提供有限的公共財政補貼，農村養老保險的參保人數在 5 400 萬上下徘徊了許多年（見圖 6.8）。這種

（萬人）　　　　　　　　　　　　　　　　　　　　　　（%）

■ 城鎮職工基本養老保險　　　■ 農村和城鎮居民社會養老保險
—— 城鎮就業人口參保率

圖 6.8　中國養老保險參保情況

狀況一直到 2009 年才出現轉機。為了填補農村居民和城鎮非就業
居民養老保險長期以來的制度空白，那一年，中央政府決定從當年
起開展新型農村社會養老保險（簡稱新農保）試點。年滿 16 週歲
（不含在校學生）、未參加城鎮職工基本養老保險的農村居民，可
以在戶籍地自願參加新農保。新農保制度最大的特點是明確國家對
農民負有 "老有所養" 的責任，其體現的是政府資金的投入。當時
確定的目標是在 2020 年之前基本實現對農村適齡居民的全覆蓋。
新農保試點啟動以後，社會各界反映良好，試點進度不斷加快。到
2011 年，新農保試點覆蓋人口已達到 3.26 億農村居民。

　　在這個背景下，2011 年中央政府決定從當年起開展城鎮居民
社會養老保險（簡稱城居保）試點，採取與新農保同樣的財政補助

政策。年滿 16 週歲（不含在校學生）、不符合職工基本養老保險參保條件的城鎮非從業居民，可以在戶籍地自願參加城鎮居民社會養老保險。當時確定的目標是在 2012 年基本實現城鎮居民養老保險制度全覆蓋。

從 2009 年到 2011 年，三年間各級財政共為兩項養老保險撥付補助資金超過 1 700 億元，手筆不可謂不大。[1] 更重要的是，2012 年上半年，中央政府決定在全國全面開展新農保與城居保工作，即當年基本實現社會養老保險制度全覆蓋，比原來預期的 2020 年大大提前。至此，可以說，覆蓋城鄉居民的社會養老保障體系已在中國基本建立，人人享有養老保險正在成為現實。這是繼城鄉低保制度、基本醫療保險制度實行全覆蓋後，又一項覆蓋全民的社會保障制度，是中國社會保障事業發展的重要里程碑。

從圖 6.8 我們可以看到，新農保、城居保再加上原有的城職基保，覆蓋人口在 2010 年後猛增，到 2018 年已達 9.43 億人。考慮到中國 16 歲以上的人口約為 10 億，社會養老保險體系的參保率應已接近 95%。[2] 中國的社會養老保險體系無疑已成為世界上最大的社會養老保險體系。

1　溫家寶. 在全國新型農村和城鎮居民社會養老保險工作總結表彰大會上的講話 [EB/OL]. (2012-10-12). http://politics. people. com. cn/n/2012/1013/c1024-19248968. html。

2　王保安. 切實做好新型農村和城鎮居民社會養老保險兩項制度全覆蓋的財力保障工作 [J]. 中國財政，2012（13）。

（四）住房保障制度

改革開放剛開始時，無論是城市還是農村，住房條件都不好。1978 年，城市人均住宅建築面積只有 6.7 平方米，農村人均住房面積只有 8.1 平方米。那時，住房保障的重點是為絕大多數城鄉居民改善居住環境創造條件。過去 40 年，中國經濟快速增長，城鄉居民的總體居住條件也獲得了極大的改善。城鎮居民家庭住房自有率達到九成以上，[1] 人均住宅建築面積躍升至約 38 平方米（2018 年數據）。在農村，住房自有率幾乎是百分之百，人均住房面積現已達到 46 平方米。[2]

然而，自 1998 年推行住房商品化後，快速攀升的房價成為相當大一部分城鎮居民進一步改善住房條件的攔路虎。為此，中國政府採取了多管齊下的方式，探索如何為民眾提供住房保障。

首先，政府著眼於穩定就業的人群，要求所有國家機關、國有企業、城鎮集體企業、外商投資企業、城鎮私營企業和其他城鎮企業、事業單位及其在職職工共同繳存住房公積金，存入公積金個人賬戶，供職工家庭日後用於解決與自住住房相關的問題。截至

---

1 國家統計局. 全國城鎮居民收支持續增長，生活質量顯著改善 [EB/OL]. (2011-03-07). http: //www. stats. gov. cn/tjfx/ztfx/sywcj/t20110307_402708357. htm；社科院：目前家庭住房自有率達 93.5% [EB/OL]. 中國新聞網，(2013-12-25). http: //finance. sina. com. cn/20131225/102517745814. shtml。

2 中國住房："蝸居"到"適居"華麗轉身 [N/OL]. 經濟參考報，2018-12-12. http: //www. xinhuanet. com/2018-12/12/c_1123839239. htm。

2018 年底，全國繳存住房公積金的職工達到 1.44 億人，繳存總額為 14.6 萬億元，提取總額為 8.8 萬億元。[1] 公積金已幫助上億職工家庭實現了自己的安居夢。[2]

其次，為了解決特困城鄉社會群體的住房問題，由政府出資進行各類棚戶區和農村危舊房改造，並協助遊牧民定居。[3] 棚戶區主要存在於礦區、林區、墾區，也包括各地的“城中村”。[4] 農村危房改造的補助對象重點是居住在危房中的農村分散供養五保戶、低保戶、貧困殘疾人家庭和其他貧困戶。[5] 之所以要協助遊牧民定居，是因為直到 2000 年，青海、四川、甘肅、雲南四省的藏區，以及西藏、新疆、內蒙古等邊遠牧區仍有約 44 萬戶 200 多萬遊牧民沿襲著傳統遊牧方式，居無定所，生產生活條件落後，飽受自然災害侵襲。政府於 2001 年在西藏啟動了遊牧民定居工程試點，2008 年後

1　王優玲 .2018 年末我國住房公積金繳存總額逾 14 萬億元 [EB/OL]. 新華社，(2019-05-31). http: //www. xinhuanet. com/fortune/2019-05/31/c_1124569932. htm。

2　烏夢達，扶慶 . 三問住房公積金：是保障，還是福利？ [EB/OL]. 半月談，(2013-01-15). http: //news. xinhuanet. com/politics/2013-01/15/c_124231971. htm。

3　“改造”往往意味著在原有住房的基礎上進行翻修，而不一定是提供新房。

4　杜宇 . 加快改造步伐，惠及更多百姓：住房城鄉建設部有關負責人談棚戶區改造 [EB/OL]. 新華社，(2012-09-28). http: //www. gov. cn/jrzg/2012-09/28/content_2235709. htm。

5　杜宇 . 2013 年我國計劃完成農村危房改造任務約 300 萬戶 [EB/OL]. 新華社，(2013-02-15)。

加大了對遊牧民定居工程的投入力度。[1]

最後，為解決城市中低收入家庭的住房需求，政府出台政策，建立了包括經濟適用房、兩限房（"限套型"和"限房價"）、廉租房、公租房在內的保障性住房體系。

在 1994—2002 年間，保障性住房體系以經濟適用房為主、廉租房為輔。這期間經濟適用房發展得很快，其竣工面積佔同期商品住宅竣工總面積的比重較高。但保障性住房政策在 2003 年出現偏差。當年國務院《關於促進房地產市場持續健康發展的通知》（國發〔2003〕18 號）把房改的目標改為："逐步實現多數家庭購買或承租普通商品房；同時，根據當地情況，合理確定經濟適用住房和廉租住房供應對象的具體收入綫標準和範圍。"結果導致經濟適用房和廉租房建設數量的急劇下降，等於把絕大多數需要改善住房條件的家庭推向了房價瘋漲的市場。

這種住房商品化的偏差在 2005 年開始得到糾正，國務院連續出台多個文件再次強調保障性住房建設，並明確提出，在進一步完善經濟適用住房制度的同時，把廉租住房作為解決低收入家庭住房困難的主要渠道。政府糾偏的力度在以後幾年逐步加強。如國務院於 2007 年 8 月發表《關於解決城市低收入家庭住房困難的若干意見》，要求把解決城市（包括縣城）低收入家庭的住房困難作為維

---

1 國家發展和改革委、住房和城鄉建設部、農業部：《全國遊牧民定居工程建設"十二五"規劃（公開稿）》（2012 年 5 月 30 日）。

護群眾利益的重要工作和住房制度改革的重要內容，並首次提到逐步改善農民工等其他住房困難群體的住房。2010 年，保障性住房的重點再一次調整，公共租賃住房成為實現住房保障的主要形式。

2011 年通過的《"十二五"規劃綱要》和 2016 年通過的《"十三五"規劃綱要》在保障性安居工程方面提出了更宏偉的目標，前者已經超額完成，後者也有望超額完成。從 2006 年算起，到 2018 年，各種保障性安居工程共為約 8 500 萬戶家庭解決了住房問題。以每家平均三口計算，中國的保障性住房政策受惠者達 2.5 億人，是日本人口的兩倍，相當於美國人口的大半，幾乎相當於德、英、法、意四國人口的總和。

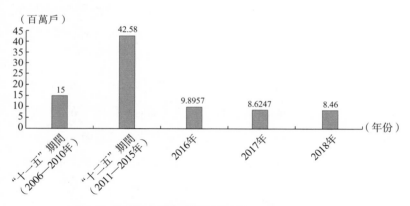

圖 6.9　保障性安居住房覆蓋家庭數，2006—2018 年

（五）其他保障

最低收入、醫療與養老三方面的保障適用所有人，而還有其他

幾類社會保險則只適用於城鎮就業人口（至少目前如此），即失業保險、工傷保險與生育保險。

改革開放前，城鎮就業人口捧有"鐵飯碗"，不存在失業問題。1986 年實行勞動合同制和試行《破產法》後，出現了國有企業職工下崗待業的現象。那時政府關注的只是國有企業職工的"待業保險"問題。[1]

20 世紀 90 年代中後期，幾千萬本來捧有"鐵飯碗"的國有和集體企業職工被"下崗分流"；與此同時，快速擴張的非公有經濟從一開始就不提供"鐵飯碗"。這兩方面的發展都使失業問題凸顯出來。1999 年初，國務院頒佈了《失業保險條例》，把失業保險的覆蓋範圍從國有企業擴展至集體企業、外商投資企業、港澳台投資企業、私營企業等各類企業及事業單位。[2] 從圖 6.10 我們可以看出，《失業保險條例》的頒佈一下使失業保險的參保人數從 1998年的 7 928 萬增至 2000 年的 1.04 億。不過，2000 年以後，失業保險的發展彷彿失去了動力，到 2018 年底，失業保險只覆蓋了1.96 億人。失業保險之所以擴展乏力，是因為失業保險金只比本地居民最低生活保障綫略高一點，況且失業保險的待遇最長不得超

---

1 如國務院於 1986 年發佈的《國營企業職工待業保險暫行規定》，於 1993 年發佈的《國有企業職工待業保險規定》。

2 社會團體及其專職人員、民辦非企業單位及其職工、有僱工的城鎮個體工商戶及其僱工是否參加失業保險，由省級人民政府確定。

過 24 個月。[1] 在城鎮低保於 2002 年基本實現 "應保盡保" 的目標以後，現行失業保險的生活保障功能不由黯然失色。由於失業保險費要由用人單位和職工按照國家規定共同繳納，它對城鎮居民缺乏吸引力，流動性很強的農民工更沒有參保的意願了。

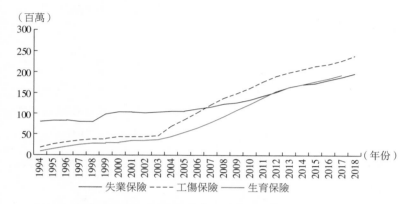

（百萬）

圖 6.10　失業保險、工傷保險與生育保險參保人數，1994—2018 年

工傷保險是指勞動者因公受傷、患病、致殘或死亡，依法從國家和社會獲得經濟補償和物質幫助的社會保險制度。工傷保險實行 "無過失補償" 的原則，由用人單位繳納工傷保險費，職工無須繳納。1995 年開始實施的《中華人民共和國勞動法》第七十三條規定，"因工傷殘或者患職業病" 時，勞動者依法享受社會保險待遇。為了貫徹《勞動法》，勞動部於 1996 年 8 月 12 日公佈了《企

<hr />

1　張時飛. 中國的失業保障政策 [M]// 王卓祺、鄧廣良、魏雁濱. 兩岸三地社會政策：理論與實務. 香港：香港中文大學出版社，2007：288。

業職工工傷保險試行辦法》，它規定，工傷保險制度統一適用於我國境內的各類企業及其職工，城鎮個體經濟組織中的勞動者參照適用。但在其後七年裏，工傷保險進展不大。直到 2004 年實施國務院頒佈的《工傷保險條例》後才出現轉機。此後，我國的工傷保險新增參保人數直綫上升，從 2003 年底的 4 575 萬人猛增至 2018 年底的 2.39 億人，超過城鎮就業人口的一半以上（見圖 6.10）。

設立生育保險的目的是向職業婦女提供生育津貼、醫療服務和產假，幫助她們恢復勞動能力，重返工作崗位。生育保險費由用人單位按照國家規定繳納，職工無須繳納。從圖 6.10 可以看得很清楚，生育保險在各類社會保險中發展得最為滯後，一直到 2017 年底，它的參保人數才達到 1.93 億人，略微超過了失業保險。這也許與它的主要受惠者只是就業人口中的一部分（婦女）有關。2019 年初，國務院辦公廳發佈了《關於全面推進生育保險和職工基本醫療保險合併實施的意見》，預計到 2019 年底前實現兩項保險合併。

小結

1989 年，日裔美國人弗朗西斯・福山發表了《歷史的終結》一文，認為西方資本主義國家實行 "經濟與政治自由" 制度已是 "人類意識形態發展的終點"。[1]2009 年，英國廣播公司委託兩家民

1　Francis Fukuyama, " The End of History?" *The National Interest*, No.16 (Summer 1989).

調機構在全球 27 個國家（包括中國）對隨機抽樣的 29 000 人進行了一次大規模調查，調查結果表明福山的判斷是虛妄的、完全站不住腳的。這項調查顯示，對"自由資本主義"的不滿遍佈全球，在 27 國民眾中平均只有 11% 的人認為，這種制度運轉良好，無須政府干預。[1] 相反，平均有 23% 的人認為，資本主義制度帶有致命的缺陷，需要一種新的制度來取代它。持這種看法的人在法國高達 43%，墨西哥高達 38%，巴西高達 35%，烏克蘭高達 31%。在各國人民中，最普遍的觀點是資本主義制度的問題要靠改革與監管來糾正，而改革的方向是政府應該在擁有或直接控制的本國主要產業、財富再分配、企業監管等方面發揮更積極的作用。[2] 換句話說，"自由資本主義"不得人心。

　　在這樣的全球背景下，才能真正體驗出探索中國式社會主義 3.0 版的意義。中國人民從不相信歷史已經終結，仍然在不懈地探索社會主義道路；同時，中國人民也絕不會故步自封，跨越上一個發展階段後，會通過豐富多彩的實踐和試驗不斷探索如何為中國式社會主義"升級換代"。[3]

1　美國認可資本主義制度的人最多，達 25%。

2　BBC, "Wide Dissatisfaction with Capitalism: Twenty Years after Fall of Berlin Wall," November 9, 2009.

3　王紹光．學習機制與適應能力：中國農村合作醫療體制變遷的啟示 [J]. 中國社會科學，2008（6）：111—133。

在"匱乏階段"與"溫飽階段",中國已經創造了輝煌的中國式社會主義 1.0 與 2.0 版,並取得了舉世矚目的成就。進入"小康階段"後,衣食或溫飽不再是絕大多數中國人面臨的主要問題。中國式社會主義 3.0 版大幅度增加了對公共產品與服務的投入,進一步提高了全社會的福利水平。前面提供的大量數據證明,為了實現共同富裕的夢想,在社會保障方面,中國在過去十幾年確確實實經歷了一次史無前例的大躍進。為了使這個大躍進一目了然,圖 6.11 展現了 2000—2018 年間的兩組數據:一組是中國在社會保障方面的公共支出 [1],另一組是該支出佔 GDP 的比重。我們看到,在不到 20 年的時間裏,前一組數據從不到 6 000 億元增至近 14.3 萬億元,增長為原來的 24.7 倍。也許有人會說,這組數據增長率之所以高,是因為中國經濟在此期間快速增長。這固然沒有錯,中國的經濟總量確實在此期間翻了好幾番,但社會保障方面的公共支出與 GDP 並不是同步增長的,而是比本來就增長很快的 GDP 增長速度高得多。這使得該支出佔 GDP 的比重從 2000 年的 5.77% 猛增至 2018 年的 15.84%。

---

1 社會保障方面的公共支出＝財政預算內社會保障支出(含社會保障和就業、醫療保障、住房保障三方面)＋社會保險支出＋社會衛生支出－社保基金財政補助。注意公共教育支出並未包含其中。

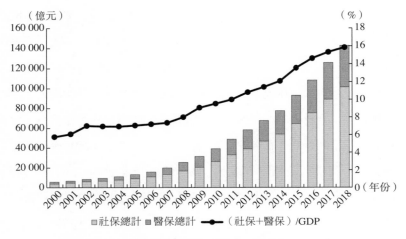

（億元）　　　　　　　　　　　　　　　　　　　　　　　　　（%）

圖 6.11　社會保障方面的公共支出，2000—2018 年

　　圖 6.11 用當今的中國與十幾年前的中國進行對比，顯示中國在社會保障方面經歷了一場大躍進。這個大躍進還可以從中國與其他國家的比較中看出。圖 6.12 中就社會保障方面的公共支出佔 GDP 的比重，比較了中國與其他國家和地區的數據。2000 年時，中國社保支出佔 GDP 的比重與阿拉伯國家現在的情形相仿；到 2018 年，中國超越幾乎所有發展中國家和地區，甚至超越發展水平高於自己的韓國與俄羅斯。目前，中國在社會保障方面的支出僅低於兩類經濟體，即歐美日發達經濟體與前蘇東經濟體。

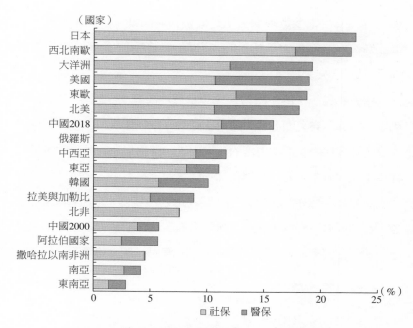

（國家）

日本
西北南歐
大洋洲
美國
東歐
北美
中國2018
俄羅斯
中西亞
東亞
韓國
拉美與加勒比
北非
中國2000
阿拉伯國家
撒哈拉以南非洲
南亞
東南亞

0　　　　5　　　　10　　　　15　　　　20　　　　25（%）

■社保　■醫保

圖 6.12　社會保障方面的公共支出佔 GDP 的比重

資料來源：中國數據由作者自己根據各種資料計算；各國數據來自 International Labor Organization, World Social Protection Report Data 2017-2019, https: //www. social-protection. org/ gimi/gess/AggregateIndicator. action#expenditure。

　　這樣，中國無論是與自身的歷史做縱向比較，還是與其他國家進行橫向比較，都無可爭辯地表明，中國在社會保障方面經歷了一次波瀾壯闊的大躍進。有人在 2000 年前後說中國是"低福利"國家，那是有依據的，因為當時中國在社會保障方面的公共支出確實比較低。但如果這些人今天依然說中國是"低福利"國家，那就等於說，全世界絕大多數國家都是"低福利"國家。問題是，如果世界上絕大多數國家都是"低福利"國家,多低才是低,多高才算高呢?高低總是相對的,沒有一個客觀的衡量標準去奢談"高""低",無異於信口開河。

西方那些不了解中國的人會想當然地認為,中國是"低福利"國家,因為西方有關社會保障與福利的文獻往往將競爭性的選舉看作決定社會保障廣度與力度的關鍵因素,似乎只有在競爭性選舉的條件下,政府才可能回應選民的呼聲,似乎只有引入競爭性選舉才構成加強社會保障的必要條件。[1] 圖 6.12 告訴我們,這種看法毫無依據。否則便無法解釋,在社會保障方面,為什麼一大批被貼上"民主"標籤的國家(如印度、菲律賓、印度尼西亞、韓國等)卻落到

---

1 例如,Nader Habibi, "Budgetary Policy and Political Liberty: A Cross-Sectional Analysis," *World Development* Vol.22, No.4 (1994), pp.579-586;又見在西方學術界享有盛譽的 Peter Lindert, *Growing Public: Social Spending and Economic Growth Since the Eighteenth Century*, Volume 1, The Story and Volume 2: Further Evidence (Cambridge: Cambridge University Press, 2004)。不過,在這種主流看法以外,也有經驗性研究得出不同的結論。有些研究發現,政體形式與社會保障水平沒有什麼關係,如 Casey B. Mulligan, Ricard Gil, Xavier Sala-i-Martin, "Do Democracies Have Different Public Policies than Nondemocracies?" *The Journal of Economic Perspectives*, Vol.18, No.1. (2004), pp.51-74。還有一些研究發現,"威權主義"國家,尤其是社會主義國家,至少在某些方面的社會保障(如基本醫療、基礎教育)比其他國家做得好,如 John R. Lott, Jr. "Public Schooling, Indoctrination and Totalitarianism," *The Journal of Political Economy* Vol.107, No.6, part 2 (December, 1999), pp.127-157; Varun Gauri and Peyvand Kaleghian, "Immunization in Developing Countries: Its Political and Organizational Determinants," Washington DC: World Bank, 2002。關於政體與社會保障之間關係的各種經驗研究,請參見 Stephan Haggard & Robert R. Kaufman, *Development, Democracy, And Welfare States: Latin America, east Asia, And Eastern Europe* (Princeton, NJ: Princeton University Press, 2008), Appendix One Cross-National Empirical Studies of the Effects of Democracy on Social Policy and Social Outcomes, pp.365-369。

了中國的後面。因不能否認中國社會保障水平有所提高，用西方主流思維方式思考的人也許會爭辯說，中國之所以這麼做僅僅是為了保住政權。保住政權當然對各種政體都至關重要，但如果僅僅是為了一己之私而保住政權，當權者理性的選擇應當是緩步提高社會保障水平，因為在社會保障方面，開弓就沒有回頭箭，一旦享受了某種程度的社會保障，民眾是難以接受倒退的。"保住政權說"也許可以用來解釋那些社會保障緩慢、逐步擴大的例子，但它顯然無法解釋中國過去十餘年在社保方面的大躍進。

其實，只要不受西方主流思潮束縛，要解釋這個大躍進並不難。社會保障是人類生活的內在需求，[1] 也是中國廣大老百姓的熱切期盼，"學有所教、勞有所得、病有所醫、老有所養、住有所居"是現階段中國夢的重要組成部分。中國在 2000 年前後處於"低福利"狀態，並非如有些人所說，是中國的制度特徵。中國改革是個試錯過程，"新自由主義"曾一度影響中國的政策思路，使得中國在 20 世紀 90 年代短暫地經歷了"市場社會"的夢魘，導致"低福利"局面的出現，但"低福利"局面也催生了此後蓬勃的反向運

---

1 有關這種需求的闡述，請參見卡爾·波蘭尼. 大轉型：我們時代的政治與經濟起源 [M].
　劉陽，馮鋼譯. 杭州：浙江人民出版社，2007。

動。[1] 自 21 世紀以來，一個人口如此眾多、內部差異如此巨大的國家，能在如此短的時期裏，推動如此廣泛深刻、順應民心的變局，這表明中國的政治體制對變化的環境具有相當強的適應力，[2] 對民眾的需求具有相當強的回應性。今天，中國在社會保障方面還存在大量嚴重的問題，民眾對進一步加強社會保障還有十分強烈的願望。只要這種壓力繼續存在，只要中國體制的適應力與回應性不退化，可以預期，中國夢未來定會一步步變成惠及億萬百姓的現實。

---

1 參見王紹光《大轉型：1980 年代以來中國的雙向運動》。數據顯示，20 世紀 90 年代中後期是社會保障方面公共支出佔 GDP 比重跌入谷底的時期，因為在此期間，無數國有企業與集體企業 "轉制"，國有企業與集體企業的幾千萬職工下崗，導致他們中的許多人及其家屬被拋出社會保障網。

2 有關中國體制適應能力的討論，請參見王紹光 . 學習機制與適應能力：中國農村合作醫療體制變遷的啟示 [J]. 中國社會科學，2008（6）：111—133。

第七章

跨越：從中等收入邁向高收入

在過去十年裏，國際上一種新的提法 ——"中等收入陷阱"引起了經濟學者、新聞媒體、政府官員、國際組織甚至普通民眾的關注，成為流行概念。百度指數或谷歌趨勢顯示，對這個提法的關注度從 2007 年起不斷攀升，直到 2015 年後才有所回落。如果搜索兩個主要英文學術論文庫（Web of Science, EBSCOhost）和一個主要中文學術論文庫（中國知網），就會發現，至今有關"中等收入陷阱"的研究仍是方興未艾。[1]

在經濟發展研究領域，"陷阱"並不是一個新詞，"馬爾薩斯陷阱""納爾遜低水平均衡陷阱""貧困陷阱"便是耳熟能詳的例子。嚴格地講，"陷阱"至少應該具備三個特徵：（1）存在一種自發延續與自我加強機制；（2）處於持續的穩定狀態；（3）難以突破。[2]

如果說在經濟發展過程中有過什麼陷阱的話，低收入或貧困肯定是一種陷阱。人類歷史已長達 300 萬年，但直到大約 200 年前，經濟增長極為緩慢，人均收入幾乎沒有多大變化，除極少數靠剝削、壓迫他人為生的富人外，絕大多數人恐怕一直都生活在

---

1 Linda Glawe and Helmut Wagner, "The Middle-Income Trap: Definitions, Theories and Countries Concerned—A Literature Survey," *Comparative Economic Studies*, Vol.58, No.4 (December 2016), pp 507-538.

2 Linda Glawe and Helmut Wagner, "The Middle-Income Trap: Definitions, Theories and Countries Concerned—A Literature Survey," p.512.

貧困狀態。[1]18 世紀下半葉爆發工業革命後，世界各地才出現"大分流"，其標誌是有些國家和地區經濟增長開始加速。[2] 荷蘭是 1827 年率先從"低收入"跨入"中低收入"門檻的經濟體，也許是全球第一例。在隨後半個世紀裏，英國（1845 年）、澳大利亞（1851 年）、比利時（1854 年）、新西蘭（1860 年）、美國（1860 年）、瑞士（1868 年）、烏拉圭（1870 年）、丹麥（1872 年）、法國（1874 年）、德國（1874 年）、奧地利（1876 年）也相繼進入了"中低收入"俱樂部。[3] 低收入陷阱或貧困陷阱明顯符合上述三個特徵，因為人類花費了幾百萬年才擺脫它，的確是地地道道的陷阱。

那麼是否存在嚴格意義上的"中等收入陷阱"呢？如果我們回看西方發達國家曾經走過的路（但今天往往被人遺忘）會發現，這種陷阱似乎也是存在的。以荷蘭為例，它於 1827 年跨入"中低收入"門檻，但直到 128 年後的 1955 年才進入"中高收入"群組。美國在"中低收入"階段停留的時間短一些，不過也足足花費了

---

1 Robert William Fogel, *The Escape from Hunger and Premature Death, 1700-2100: Europe, America, And the Third World* (Cambridge: Cambridge University Press, 2004).

2 Angus Maddison, *Contours of the World Economy 1-2030 AD: Essays in Macro-Economic History* (Oxford: Oxford University Press, 2007).

3 Jesus Felipe, Utsav Kumar and Reynold Galope, "Middle-Income Transitions: Trap or Myth?" *Journal of the Asia Pacific Economy*, Vol.22, No.3 (2017), pp.429-453. 這份研究以購買力平價計算人均 GDP（1990 年國際美元），如果低於 2 000 美元，屬低收入；如果在 2 000—7 250 美元之間，為中低收入；如果在 7 250—11 750 美元之間，為中高收入；如果在 11 750 美元或更高，則為高收入。

81 年（1860—1941 年）。

　　對這些國家而言，從"中高收入"階段進一步過渡到"高收入"階段也十分艱難。美國花費了 21 年（1941—1962 年），加拿大花費了 19 年（1950—1969 年），澳大利亞花費了 20 年（1950—1970 年），新西蘭花費了 23 年（1949—1972 年）。也就是說，西方發達國家都曾經落入"中等收入陷阱"（包括中等收入與中高收入兩個階段），長達百年之久，甚至更長。[1] 不過，這些國家歷盡艱辛，最終還是跳出了陷阱，進入了高收入階段。

　　西方發達國家的經驗未必具有普世價值。它們曾經一度落入"中等收入陷阱"，是否意味著後發經濟體也一定會重蹈覆轍？在一篇於 2004 年發表在《外交事務》的文章裏，當時在美國任教的澳大利亞學者傑弗里・格瑞特（Geoffrey Garrett）提出一個論點：中等收入國家處於兩面夾擊的境地 —— 技術上比不過富國，價格上拚不贏窮國。為了論證其觀點，格瑞特按 1980 年人均 GDP 將世界各經濟體分為高、中、低三組，然後計算各組在其後 20 年（1980—2000 年）的人均收入增長情況。結果他發現：中等收入組的增長速度（不到 20%），既慢於高收入經濟體（約 50%），也慢於低收入經濟體（超過 160%）。[2] 三年後，在題為《東亞復興：

1　Jesus Felipe, Utsav Kumar and Reynold Galope, "Middle-Income Transitions: Trap or Myth?" *Journal of the Asia Pacific Economy*, Vol.22, No.3 (2017), pp.429-453.

2　Geoffrey Garrett, "Globalisation's Missing Middle," *Foreign Affairs*, Vol.83 No.6 (November/ December 2004), pp.84-96.

有關經濟增長的看法》的長篇報告中，世界銀行的兩位研究人員引用了格瑞特的文章，並首次使用了"中等收入陷阱"的提法。[1] 幾年後，這個概念一下子火爆起來，不少人聽到它便想當然地認為，高收入經濟體已修成正果，低收入經濟體的"起飛"相對容易，只有中等收入經濟體很可能會落入增長陷阱，且很難跳出陷阱。

其實，格瑞特和世界銀行報告的作者都不曾在嚴格意義上使用"陷阱"這個概念，前者根本沒有提及這個詞，後者在十年後發表的反思文章中解釋：他們原本的意思只是，中等收入經濟體可能落入增長停滯的陷阱，而不是說中等收入經濟體一定會比低收入和高收入經濟體更容易落入增長陷阱；這種陷阱存在於各種收入水平，從低收入到高收入。他們澄清，"中等收入陷阱"只是一種說法、一種預警，為的是激發有關中等收入經濟體發展方式的討論，但這個提法缺乏嚴謹的定義，也沒有像樣的數據支撐。[2]

中等收入經濟體之所以在 21 世紀初引起研究者的高度關注，原因有二。一是與戰後初期相比，世界經濟的格局發生了巨大的變化。以 124 個有連續數據的經濟體為例：1950 年時，其中 80 個是低收入經濟體，41 個是中等收入經濟體，高收入經濟體只有 3 個；而到 2013 年時，低收入經濟體的數量降至 37 個，高收入經

1　Indermit Gill and Homi Kharas, *An East Asian Renaissance: Ideas for Economic Growth* (Washington, DC: World Bank, 2007), pp.18-19, 68-69.

2　Indermit Gill and Homi Kharas, "The Middle-Income Trap Turns Ten," *Policy Research Working Paper* No.7403, World Bank, August 2015.

濟體增至 33 個，中等收入經濟體的數量成為大頭，達到 54 個。[1] 尤其是在亞洲，中等收入經濟體的比例更高，涵蓋了亞洲發展中國家 95% 以上的人口。[2]

二是現有經濟理論存在一個巨大的空白。理解低收入經濟體（大約 10 億人口）的發展，有索羅增長模型；理解高收入經濟體（大約 10 億人口）的發展，有內生增長理論；但對理解中等收入經濟體（大約有 50 億人口）的發展，到目前為止並沒有什麼令人滿意的理論或模式。因此，世界銀行 2007 年報告的執筆者 10 年後說，"中等收入陷阱" 與其說是中等收入經濟體注定的命運，不如說是經濟理論上 "一個無知的陷阱"。[3]

如果 "中等收入陷阱" 的始作俑者都不曾在嚴格意義上使用 "陷阱" 的概念，嚴格意義上的陷阱是不是根本就不存在呢？格瑞特提供的證據事後被證明不足為憑。有研究者用更新的數據重新計算了各類經濟體在 1980—2000 年間的增長率，發現中等收入經濟體與高收入經濟體之間的差距並不像格瑞特描繪的那麼大。如果採用與格瑞特不同的指標劃分高、中、低三類經濟體，這種差距則

---

1 Jesus Felipe, Utsav Kumar and Reynold Galope, "Middle-Income Transitions: Trap or Myth?" Table 1. "Change in the Distribution of Economies by Income Categories, 1950-2013," p.436.

2 Gemma Estrada, Xuehui Han, Donghyun Park, And Shu Tian, "Asia's Middle-Income Challenge: An Overview," *ADB Economics Working Paper Series*, No.525 (November 2017), pp.1-2.

3 Indermit Gill and Homi Kharas, "The Middle-Income Trap Turns Ten," p.4.

會完全消失。[1] 可見數據與尺度的選擇可能嚴重影響研究的結論。更重要的是，即使沿用格瑞特的劃分指標，無論是在 1990—2010 年間，還是在 1995—2015 年間，中等收入經濟體的增長速度都比高收入經濟體更高。也就是說，從某個時段看，陷阱似有還無；換成別的時段，根本不存在什麼增長陷阱。[2]

世界銀行在上述 2007 年的報告根本沒有為 "中等收入陷阱" 提供任何證據。不過，它在 2013 年出版的《2030 年的中國：建設現代、和諧、有創造力的社會》中展示了一張圖（見圖 7.1），作為存在 "中等收入陷阱" 的證據，後來被很多人廣為引用。該圖依各經濟體相對於美國人均 GDP（按照購買力平價計算）的比重將它們劃分為低、中、高三類經濟體，它試圖告訴讀者：世界上在 1960 年時已有 101 個中等收入經濟體，到 2008 年，只有 13 個經濟體成功進入高收入行列。

---

1 格瑞特劃分高、中、低收入國家的方式十分粗糙。沒有使用學界通常使用的絕對收入法或相對收入法，而是簡單地把所有國家按人均收入高低進行排列，將頂端 25% 的國家叫作 "高收入國家"，將底端 30% 的國家叫作 "低收入國家"，將其餘 45% 的國家叫作 "中等收入國家"。

2 The Economist, "The Middle-Income Trap Has Little Evidence Going for It," *The Economist*, October 7, 2017.

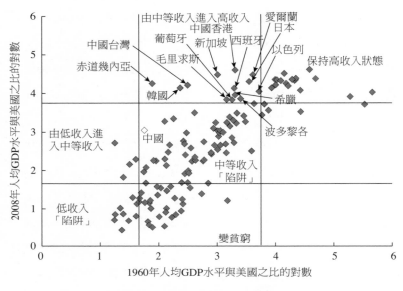

圖 7.1　"中等收入陷阱" 的證據

　　然而，只要對這張圖稍做推敲，就會發現其立論基礎十分脆弱。

　　首先，它對 "中等收入" 的定義過於寬泛，包括所有人均 GDP 相當於美國水平 5.2%—42.74% 的經濟體。結果，1960 年時，全世界只有區區 12 個低收入經濟體，其中還有兩個已站在中等收入的門檻上。而到了 2008 年，低收入經濟體的數量卻增加到 30 餘個，完全有悖常理。更讓人匪夷所思的是，1960 年時中國已經被劃入中等收入的行列，從而推導出中國從 1960 年到現在一直受 "中等收入陷阱" 困擾的結論。

其次，在成功跨越"中等收入陷阱"的 13 個經濟體中：毛里求斯（126 萬人）與赤道幾內亞（74 萬人）其實"仍具有典型的發展中經濟體特徵"；[1] 以色列只有 836 萬人，而中國香港（740 萬人）、新加坡（585 萬人）、愛爾蘭（484 萬人）、波多黎各（370 萬人）的人口更少，葡萄牙與希臘人口也剛剛勉強超過 1 000 萬，都屬小型經濟體；且早在 1960 年，以色列、愛爾蘭、日本離高收入的邊界已經只有咫尺之遙。如果排除這 10 個經濟體，中等收入經濟體的"畢業生"只剩下中國台灣、韓國與西班牙。這恐怕並不是世界銀行這份報告起草者希望看到的結論。

最後，低、中、高是相對概念，採用相對標準不無道理，但必須清醒認識到，世界銀行這張圖的參照系是美國的人均 GDP。換句話說，在這張散點圖中，凡是 2008 年的點位比 1960 年提高的經濟體，其人均 GDP 增長速度都快於美國；只有點位下滑的經濟體，其人均 GDP 增長速度才慢於美國。用 1950—2017 年的數據計算，[2] 在此期間，美國的人均 GDP 年均增長速度是 2.05%，與其他 100 個有連續數據的經濟體相比，其速度居中，列第 52 位，

1　按世界銀行 2018 年對各經濟體的分類，毛里求斯從未變為高收入經濟體，赤道幾內亞已倒退至中高收入經濟體。見 World Bank Data Team, "New Country Classifications by Income Level: 2017-2018," July 1, 2017, https: //blogs. worldbank. org/opendata/edutech/new-country-classifications-income-level-2017-2018。

2　The Conference Board, Inc., "Total Economy Database," 2018, https: //www. conference-board. org/retrievefile. cfm?filename=TED_1_NOV20171. xlsx&type=subsite.

增速等於或低於 0 的經濟體只有 7 個。除非認定美國在這幾十年間落入陷阱，否則，我們似乎沒有任何理由斷言，那 51 個人均 GDP 增長速度快於美國的經濟體落入了某種陷阱：如果美國和這些經濟體的增長速度保持不變，後者逼近、跨過高收入標綫甚至超越美國都是可能的，只是時間長短問題。

前面提到今天那些高收入國家曾經長期停留在中等收入階段，大多數後發國家並沒有重蹈覆轍。很多人一談到中等收入國家，馬上就會聯想到那些落入 "中等收入陷阱" 的拉美國家，彷彿這幾個國家的經歷就是所有後發國家的宿命。拉丁美洲確有幾個國家很早就進入中低收入階段，如烏拉圭（1870 年）、阿根廷（1890 年）、智利（1891 年）、委內瑞拉（1925 年）、墨西哥（1942 年）、巴拿馬（1945 年）、哥倫比亞（1946 年）、巴西（1958 年）。到目前為止，只有烏拉圭和智利於 2012 年邁入高收入的門檻，阿根廷也曾短暫進入這個門檻，其餘國家仍停留在中高收入群組。但拉丁美洲只是世界的一個區域，其經驗未必具有代表性。

有研究表明，總體而言，後發國家的增長速度普遍比西方資本主義國家快。在 124 個有連續數據的經濟體中，到 2013 年，共有 45 個完成了從中低收入到中高收入的過渡，其中 36 個經濟體在 1950 年或之前已完成過渡，剩下 9 個在 1950 年以後完成過渡。前一組經濟體的過渡時間，最長的是荷蘭（128 年），最短的是以色列（19 年）；後一組經濟體的過渡時間，最長的是哥斯達黎加

（54年），最短的是中國（17年）。[1]如果把45個經濟體放在一個散點圖上，橫軸是進入中低收入的時間（年份），縱軸是過渡時間的長短（年數），然後畫一條回歸綫，可以清楚看到兩者呈負相關，具有統計意義，斜率達-0.6，表明進入中低收入的時間越晚，過渡期越短：前一組過渡期的中位數是64年，後一組過渡期的中位數是28年，不到前者的一半。如果把這45個經濟體一併考察，過渡期的中位數則為55年（見圖7.2）。

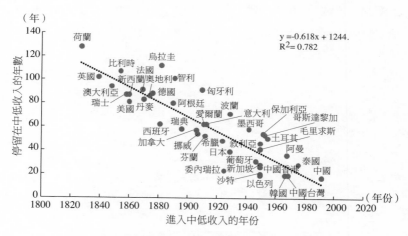

圖7.2　進入中低收入的年份與停留在中低收入的年數

資料來源：Jesus Felipe, Utsav Kumar and Reynold Galope, "Middle-Income Transitions: Trap or Myth?" *Journal of the Asia Pacific Economy*, Vol.22, No.3 (2017), pp.429-453。

在這45個經濟體中，到2013年，共有30個（絕大多數是

1　這份研究的判斷與世界銀行的判斷不一定完全吻合。

歐美國家）完成了從中高收入到高收入的過渡，其中 5 個經濟體
在 1950 年或之前已完成過渡，剩下 25 個在 1950 年以後完成過
渡。前一組經濟體的過渡時間，最長的是新西蘭（23 年），最短
的是瑞士（14 年）；後一組經濟體的過渡時間，最長的是阿根廷
（41 年），最短的是中國香港和韓國（7 年）。用這 30 個經濟體
做出散點圖，也可顯示一條具有統計意義的負相關回歸綫，斜率
是 -0.24，表明進入中高收入的時間越晚，過渡期越短：前一組過
渡期的中位數是 20 年，後一組過渡期的中位數是 14 年，這 30 個
經濟體的過渡期中位數則為 15 年（見圖 7.3）。[1]

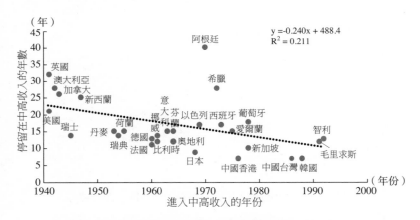

圖 7.3　進入中高收入的年份與停留在中高收入的年數

1　Jesus Felipe, Utsav Kumar and Reynold Galope, "Middle-Income Transitions: Trap or Myth?"
　　如果把考察時段局限在 1960 年以後，可能得出不同的結論。見 Gemma Estrada, Xuehui
　　Han, Donghyun Park, And Shu Tian, "Asia's Middle-Income Challenge: An Overview," pp.8-
　　17。

對這 45 個經濟體的分析有助於我們澄清在理解"中等收入陷阱"方面的誤區。有些人會不經意把日本與"亞洲四小龍"作為是否落入"陷阱"的標杆,似乎只要過渡期比它們長,就表明已進入"陷阱"。其實,正如拉美國家是特例一樣,這些東亞經濟體也是特例。歐美國家在中等收入階段(包括中低收入與中高收入階段)普遍停留很長時間,但這並不妨礙它們最終進入高收入陣營。後發經濟體的過渡期普遍比歐美國家短,我們有什麼理由認為現在那些後發國家一定會落入陷阱呢?如果硬要為落入陷阱設定時間標準(持續的穩定狀態),恐怕應該考察一個經濟體從中低收入到中高收入的過渡期是否比 55 年還長,從中高收入到高收入的過渡期是否比 15 年還長。拿這兩把尺子衡量,的確可以找到一些久陷中低收入或中高收入階段的例子(如一些但並非所有拉美國家)。不過,更多的經濟體(如大多數亞洲國家和一些非洲國家)雖然仍未過渡到下一階段,但一直在砥礪前行。既然落入"中等收入陷阱"並非大概率事件,完全沒必要談虎色變,認為中等收入就是一道難以邁過的坎兒。[1]

中國的崛起是一部當代世界的偉大史詩。在中華人民共和國成立之初的 1950 年,中國曾是世界上最貧窮的國家之一,不要說與周邊的國家與地區比,就是與以貧窮落後著稱的非洲國家比,也遠

---

1 最近幾年,一批最新實證研究都質疑"中等收入陷阱"的存在,它們的作者來自學術界或國際組織(包括世界銀行),利用不同的數據,使用不同的方法,涵蓋不同的時段,得出大同小異的結論。

遠落在後面。當時,在有數據的 25 個非洲國家中,21 個國家的人均 GDP 比中國高,且不是高出一點點,而是高出很多。例如,當時安哥拉的人均 GDP 是中國的 10 倍之多。[1] 改革開放前三十年為改革開放後四十年奠定了堅實的政治、社會、經濟基礎。不過,即便到 1978 年,中國的人均國民總收入仍然不足低收入國家平均水平的一半。

依據世界銀行的數據,中國終於在 1999 年擺脫了困擾中國人幾千年的貧困陷阱,從低收入邁入中低收入階段。[2] 十幾億人擺脫貧困本是值得大書特書的歷史性事件,但國際上總有一些人希望看到並預測中國會跌入 "中等收入陷阱"。中國是否會陷入 "中等收入陷阱"?一方面,我們應該承認,從中等收入國家躍升為高收入國家是一個國家經濟發展比較特殊的階段,要比從低收入國家過渡到中等收入國家更加複雜,中國在這一階段將面臨方方面面的挑戰。從這個意義上講,"中等收入陷阱" 這一概念對現階段的中國發展具有警示意義。另一方面,本書列舉了中國跨越 "中等收入陷阱" 的大量有利條件,我們完全有理由堅信,中國完全可以跨越 "中等收入陷阱",完成從中等收入階段向高收入階段的跨越。

從 1999 年中國進入中低收入階段後,時間已過了 20 年。站

1　The Conference Board, Inc., "Total Economy Database," 2018.

2　World Bank Data Team, "New Country Classifications by Income Level: 2017-2018," July 1, 2017.

在這個節點上，展望中國邁向高收入的前景，我們有十足的信心，未來的基本方向就是進入高收入階段，在未來十年內跨越"中等收入陷阱"，成功進入高收入國家行列。中國人的這份自信絕不是虛幻縹緲的玄想，而是靠紮實的數據支撐的。按照世界銀行的分類標準，中國在中低收入階段僅停留了 12 年（1999—2011 年）便跨入了下一階段——中高收入階段。[1] 前面引述的另一份研究也表明，與其他任何有歷史數據的經濟體相比，中國從中低收入到中高收入的過渡期最短。[2] 在過去 100 多年的世界經濟發展史中，從中低收入到中高收入的過渡期一般會比從中高收入到高收入的過渡期長：前一個過渡期的中位數是 55 年，後一個過渡期的中位數是 15 年。近年來，中國經濟的增速雖然有所放緩，但依舊保持著中高速增長的態勢。這讓我們有充分的理由相信，中國完成從中高收入到高收入的過渡期不會超過 15 年。換句話說，從 2012 年中國邁入中高收入階段算起，到 2025 年左右，中國就將完成跨越，進入高收入國家行列。

其實，中國的很多省份已經為這種成功跨越提供了範例。眾所周知，中國 31 個省區市中有 27 個人口超過 1 500 萬，其中最大的 3 個省（廣東、山東、河南），人口達到 1 億上下，放到世界範

1　World Bank Data Team, "New Country Classifications by Income Level: 2017-2018," July 1, 2017.

2　Jesus Felipe, Utsav Kumar and Reynold Galope, "Middle-Income Transitions: Trap or Myth?" p.439.

圍，這些省區市的人口規模都相當於中型國家或大型國家。判斷中國整體能不能跨越中等收入階段，可以先看看各個省區市的表現。截至 2015 年，中國已有 5 個省區市（江蘇、浙江、上海、北京、天津）達到高收入水平，其中江蘇、浙江人口規模超過韓國，上海人口規模超過台灣。與此同時，廣東、山東、遼寧、福建、內蒙古等省區市的人均 GDP 也已經超過 10 000 美元，接近高收入的門檻。這兩類省區市按常住人口計算合計為 5.078 億人，佔中國總人口（13.746 億人）的比重為 36.9%，相當於歐盟的總人口（5.096 億人），相當於美國總人口（3.214 億人）的 1.58 倍。既然佔中國人口三分之一以上的地區已經成功跨越 "中等收入陷阱"，進入或接近高收入階段，那麼其他省區市跨越中等收入水平、邁向高收入階段，是沒有任何問題的。[1]

因此，我們有理由說，"中等收入陷阱" 對中國而言是一個偽命題。不用說世上根本不存在什麼 "中等收入陷阱"，即使有這種陷阱，中國人民也會引用毛澤東的詩句回應："雄關漫道真如鐵，而今邁步從頭越。"

實現中華民族的偉大復興絕非易事。二戰結束以來，世界上出現過一些 "經濟奇跡"，但一般發生在規模較小的經濟體（如瑞典、希臘、前南斯拉夫），或持續時間不超過 25 年（如日本、巴西）。像中國這樣一個超大型經濟體，持續 70 年高速增長，在人類歷史

---

1 周紹傑，胡鞍鋼. 中國跨越中等收入陷阱 [M]. 杭州：浙江人民出版社，2018。

上是絕無僅有的。它是一項前人從未經歷、沒有現成模式可循、極其驚心動魄的偉大探索。中國彷彿是在沒有航標的大海中急速行駛的一艘巨輪，面對驚濤駭浪、急流險灘，不斷地乘風破浪，勇往直前。

在過去 70 年的歷程中，國內外自始至終總有那麼一些自以為高明的人，對我們的成就指手畫腳，對我們的挫折幸災樂禍。他們常常斷言，中國將邁不過這道坎兒，跨不過那道溝，並不時咬牙切齒地詛咒：中國的經濟、中國的體制即將崩潰。我們與他們的立場不同，看問題的方式也不同。在我們看來，一個上 10 億人口的大國，持續 70 年快速發展，這不可能是偶然的，也不是隨便找個理由可以抹殺的，必有其制度上的優勢。中國之路一不是靠老祖宗的經驗，二不是靠洋人的理論，而是靠當代中國人摸著石頭過河，深一腳、淺一腳趟出來的。這正是中國故事的獨特之處，也是精彩之處。

"兩岸猿聲啼不住，輕舟已過萬重山"，中國已經從昔日積貧積弱的"東亞病夫"變成了今天意氣風發的東方巨人，實現了歷史性的跨越，並將繼續在前行的道路上大踏步奮進。

附錄：從歷史和比較視角看 "大饑荒"

　　在 1958 年 1 月 12 日召開的南寧會議上，毛澤東講過一個故事。戰國時期，楚國有位大夫名叫登徒子，他在楚襄王面前說，宋玉 "體貌閒麗，口多微辭，又性好色"，希望楚襄王不要讓宋玉出入後宮。宋玉知道以後，在楚王面前為自己辯解："體貌閒麗，所受於天也。口多微辭，所學於師也。至於好色，臣無有也。" 他聲稱，一個絕代佳麗勾引他三年，他都沒有上當，可見自己並非好色之徒。接著，宋玉攻擊登徒子，說後者非常喜歡他那奇醜無比的老婆，並生了五個孩子。宋玉反問 "王熟察之，誰為好色者矣"。宋玉是著名辭賦家，將這件事寫入《登徒子好色賦》。該文後被收入中國現存的最早一部詩文總集 ——《昭明文選》。結果，對愛情專一的登徒子從此成為喜好女色、品行不端的代名詞，至今不得翻身。毛澤東對此的評論是，"宋玉終於打贏了這場官司。他採取的方法就是攻其一點，儘量擴大，不及其餘的方法。我們不能搞這種方法"。[1]

說到中華人民共和國的歷史，國內外一些人往往採取這種"攻其一點，儘量擴大，不及其餘的方法"。"大躍進"以後發生的"大饑荒"就是他們揪住不放的話題。無論中國在其他方面取得多麼傲人的成就，他們都會搬出"大饑荒"來證明，"中國體制是世界上最糟糕的"。

這篇附錄不是去估算"大饑荒"的死亡人數，而是討論如何從歷史與比較的視角看中國的"大饑荒"。

歷史與比較的視角為什麼重要，先看一本有關"大饑荒"的書，其作者是香港大學荷蘭籍教授馮克（Frank Dikötter）。這本《毛澤東的大饑荒》，有英文版，也有中文版。兩種版本的封面都帶有饑民的照片，很悲慘，讓人心酸。

兩種版本的封面讓不明就裏的人誤以為這些照片真實反映了"大躍進"以後中國的情況。但是這兩個封面實際上反映了作者在使用"證據"方面極不負責的態度。因為這兩張照片與"大饑荒"毫無關係，它們不是拍攝於"大躍進"之後，而是拍攝於 1946 年5 月，畫面中是湖南醴陵的饑民。熟悉中國災荒史的人都知道，中華人民共和國成立前，饑荒時常出現，而 1946 年中國沒有什麼值

1　吳冷西. 憶毛主席：我親身經歷的若干重大歷史事件片段 [M]. 北京：新華出版社，1995：51—52。

得一提的災荒。但即使在這樣的年份，還是出現了這麼多饑民。拿中華人民共和國成立前一個普通年份裏的饑民作為中華人民共和國成立後"大饑荒"的證據，這一方面是誤導讀者，另一方面也可以看作是一種比較，即中華人民共和國成立前後的比較。[1]

馮克的書中有一句話我覺得說得很正確。他說："人口學家會區分'自然'與'非自然'死亡，為的是估算大概有多少人本不會死，卻因為饑荒而喪命。"他接著說："為了估算有多少'額外'死亡，就必須設定一個平均死亡率。那麼什麼是比較合理的平均死亡率呢？"

這是一個相當好的問題，但對它的回答恐怕並不簡單。凡是講統計與政治關係的書都會講到使用平均值的問題。大家知道馬克·吐溫有一句著名的話："世界上有三種謊言：一種是謊言，一種是無恥的謊言，第三種叫統計。"有一本有趣的書，書名為《統計數字會撒謊》（*How to Lie with Statistics*）。這本書就是揭露有些人怎麼用統計數字說謊。該書第二章專門講平均值的問題，標題為"精心選擇的平均值"。作者說，"因為平均值的含義非常寬泛，它時常被人用作影響公眾看法的小把戲"。作者還說，"因為平均值對

---

1 Frank Dikötter, *Mao's Great Famine: The History of China's Most Devastating Catastrophe, 1958-1962* (New York: Walker, 2010). 也是這位馮克曾出版過另一本書《麻醉文化：中國毒品史》——*Narcotic Culture: A History of Drugs in China* (Chicago: University of Chicago Press, 2004)，意在"系統地質疑""中國曾是鴉片的奴隸"（2016 版序言）這一觀點，強調了消費端對毒品市場形成的推動作用。其潛台詞是，林則徐禁鴉片毫無道理，英國發動鴉片戰爭不過是為了維護"自由貿易"。

複雜的現象做出過於簡單的描述，它往往比無用更糟糕"。[1]

2007 年出版了一本書，書名是《狐假虎威》(*The Tiger That Isn't*)。[2] 這個書名的意思是，擺弄數字看起來很不得了，其實往往不過是藉數字來唬人而已。這本書的第五章也專談平均值，標題是"平均值：白色的彩虹"。這是什麼意思呢？本來彩虹由七色組成：紅、橙、黃、綠、青、藍、紫，多彩多姿；但如果你把彩虹弄出個平均值來，各種顏色一平均就是一片白了，黯然失色。也就是說，如果用平均數來分析彩虹，彩虹就不再是彩虹了，變得毫無意義了。作者說，玩弄平均值有兩種手法：一種是把生活中的起起伏伏全部抹掉，使它變得平淡無奇；二是把平均值當作"典型"，當作"正常"，當作"合理"。馮克說要找到一種"合理"的平均值，而這本書的作者告誡我們，要避免把平均值當作"合理"，當作"正常"。

還有一本書值得一提，它已有中譯本，書名為《統計數據的真相》，其第五章的標題"受操縱的平均值"很醒目。[3] 作者一針見血地指出，"平均值通常模糊了事實上所存在的巨大差異，原因在於它完全掩蓋了平均值的離散度……在這裏可能存在兩種不同的情

1　Darrell Huff, *How to Lie with Statistics* (New York: Norton, 1954).

2　Michael Blastland and Andrew Dilnot, *The Tiger That Isn't: Seeing through a World of Numbers* (London: Profile Books, 2007).

3　瓦爾特·克萊默. 統計數據的真相 [M]. 北京：機械工業出版社，2009。

形：一種情形是，所有這些數值非常緊密地集中在平均數的周圍；另一種情形是它們四處分散，而不是集中在平均數的周圍。然而，人們僅僅根據平均值指標是看不到這兩種情形的區別的"。

正是因為平均值具有簡化複雜現實的功能，它經常被政客引用，也經常出現在學術討論中，因此我們常常看到由平均值引起的爭議。有笑話說，一位聚會的主持人向來賓介紹了比爾·蓋茨後宣佈了一個好消息：由於蓋茨的到來，所有與會者的平均收入瞬間翻了無數倍。但這個好消息有任何實質意義嗎？

回到馮克的問題，為了計算"大饑荒"產生的"超額"死亡人數，先得有一個"合理"的平均死亡率。那麼，如何得出這個"合理"的平均死亡率呢？無非有兩種方法。

第一種方法是進行歷史比較，根據饑荒前各年的死亡率來計算平均死亡率。這樣做的話，需要確定要包括饑荒前幾年。我看到，有些人直接用 1957 年的死亡率，把它當作"合理"的平均值，還有人拿 1957 年、1962 年、1963 年的數據進行平均。這裏的關鍵是，用哪些年份進行平均，這本身就是政治性的選擇，因為選哪些年進行平均，關係到分子和分母。

第二種方法是進行跨國比較，根據一組參照國家的死亡率計算平均死亡率。如果這麼做，關鍵在於包括哪些國家，哪些國家才算得上可比國家。

計算平均死亡率聽起來很簡單，其實未必如此。如果把芬蘭從 1751 年到現在的死亡率變化情況放在一張圖上，我們會看到芬蘭在 1866－1868 年饑荒時期死亡率接近 80‰（見圖 8.1），這個死亡率是非常高的。中國災荒的死亡率一般沒有那麼高，有千分之四五十。計算芬蘭這次饑荒前的平均死亡率比較容易，因為災荒前各年的平均死亡率呈上下波動狀，沒有明顯的趨勢。

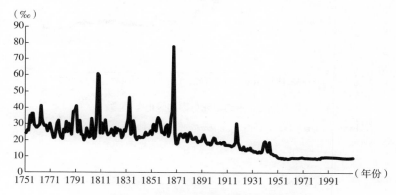

圖 8.1　平均粗死亡率的變化：芬蘭

資料來源：Palgrave Macmillan Ltd., *International Historical Statistics* (Basingstoke: Palgrave Macmillan; April 2013)。

但是，換一個國家，如德國，情況就不同了。德國在 1916－1918 年也出現一次饑荒，死了不少人，死亡率攀升至 25‰。但德國在 1877 年以後，死亡率長期持續大幅下降。1916－1918 年間 25‰ 的死亡率雖然比前幾年高出很多，但低於下降趨勢出現前的正常死亡率（見圖 8.2）。這樣，如要計算德國以前的平均死亡率就不容易了，取決於選多少年進行平均。

再看希臘的例子。希臘 1941－1944 年經歷饑荒，死亡率超過 25‰。不過在饑荒前那些年，希臘的死亡率只是在短期內有所下

圖 8.2　平均粗死亡率的變化：德國

資料來源：Palgrave Macmillan Ltd., *International Historical Statistics* (Basingstoke: Palgrave Macmillan; April 2013)。

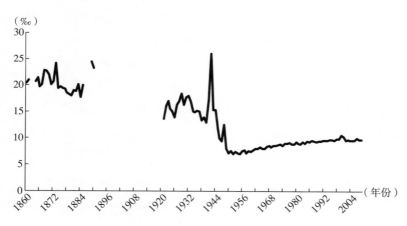

圖 8.3　平均粗死亡率的變化：希臘

資料來源：Palgrave Macmillan Ltd., *International Historical Statistics* (Basingstoke: Palgrave Macmillan; April 2013)。

降（見圖 8.3）。在這種情況，應該如何計算平均死亡率呢？

美國的例子可能更加複雜。在 1918 年大流感發生時，美國黑人的死亡率是 25‰ 以上，白人的死亡率是 18‰（見圖 8.4）。但什麼是"正常"的平均死亡率呢？是用黑人此前各年的死亡率計算"正常"，還是用白人同期的死亡率作為參照"正常"，還是用白人此前各年的死亡率計算"正常"？如果用後兩個指標，黑人的超額死亡簡直太高了。事實上，美國黑人與白人在死亡率上的差別一直持續到 20 世紀 60 年代末。人們完全有理由得到這樣一個結論：在 20 世紀 60 年代民權運動以前，黑人在美國一直是大規模超額死亡，也就是非正常死亡太多。

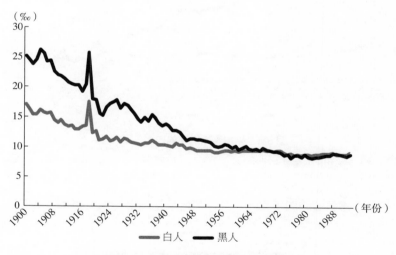

圖 8.4　平均粗死亡率的變化：美國

資料來源：Palgrave Macmillan Ltd., *International Historical Statistics* (Basingstoke: Palgrave Macmillan; April 2013)。

同樣的情況也出現在南非，1935 年以後，南非白人死亡率幾乎維持在 10‰ 以下，但黑人死亡率最初接近 25‰，以後雖逐步下降，但仍然大大高於白人。這種差距一直延續到 20 世紀八九十年代才變得比較小（見圖 8.5）。如果南非白人的死亡率是 "正常" 死亡率的話，那麼南非黑人長期大規模 "非正常" 死亡。

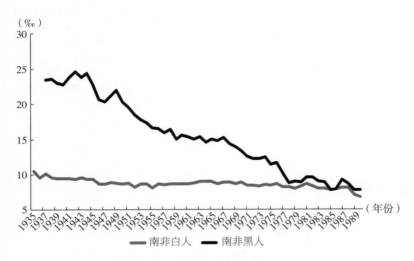

圖 8.5　平均粗死亡率的變化：南非

資料來源：Palgrave Macmillan Ltd., *International Historical Statistics* (Basingstoke: Palgrave Macmillan; April 2013)。

上述各國的例子說明，計算 "合理" 的平均死亡率不是一件容易的事。

回到中國，官方統計數據顯示，中華人民共和國成立後死亡率大幅度下降，從 1949 年的 20‰，猛降至 1957 年的 11‰，但在

1960 年又猛升至 25‰。"大饑荒"過後不久，死亡率就跌至 10‰以下了（見圖 8.6）。短期內，變化如此劇烈，應該怎麼計算"正常"的平均死亡率呢？這不是個簡單的問題。

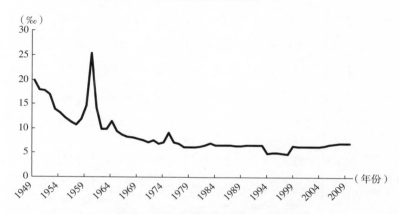

圖 8.6　平均粗死亡率的變化：中國
資料來源：國家統計局，《中國統計年鑒》，歷年。

上面提到計算"正常"平均值的思路。從歷史與比較的視角看，應與過去比，如與"大躍進"之前相比，這是大多數研究者的做法。但也可以和中華人民共和國成立前相比，因為事實上馮克無心但潛意識地暗示 1946 年的情況和"大饑荒"的情況差不多。從跨國比較的視角看，應與其他國家比較。跟哪些國家比較呢？印度恐怕是最可比的國家。中國也可以與其他最不發達的國家比，因為中國 1960 年前後的發展水平屬最不發達國家，比印度還差一些。

跟"大躍進"以前比較的話，必須記住阿瑪蒂亞‧森在《飢餓與公共行為》中的告誡，"然而，必須記住，中國的死亡率早在饑荒前就已顯著下降，因此基於饑荒前死亡率的'額外死亡'估計，是與一個低於世界上大多數窮國的饑荒前死亡率相比而得到的"。[1] 這句話放在一個腳註裏，而不是正文裏。研究"大饑荒"的人都喜歡引用阿瑪蒂亞‧森，但似乎很少人注意這段話，然而是這段話警示我們，計算"額外"死亡率所需的"合理"平均死亡率不易確定。

中國的粗死亡率 1949 年是 20‰，1957 年降至 11‰，只用了 8 年時間。那麼，一般而言，粗死亡率從 20‰ 降為 11‰ 需多少年呢？請看表 8.1。

表 8.1　各國家、地區或種族死亡率從 20‰ 降至 10‰ 所需時間

	死亡率 20‰	死亡率 11‰	從 20‰ 降至 10‰ 經過多少年		死亡率 20‰	死亡率 11‰	從 20‰ 降至 10‰ 經過多少年
毛里求斯	1947	1959	12	菲律賓	1912	1953	41
新加坡	1939	1952	13	印度	1946	1987	41
斯里蘭卡	1940	1953	13	意大利	1906	1948	42
埃及	1963	1978	15	塞浦路斯	1901	1944	43
墨西哥	1944	1961	17	薩爾瓦多	1920	1963	43
馬來西亞	1940	1959	19	烏拉圭	1882	1926	44
俄羅斯	1926	1946	20	德國	1901	1948	47

1　讓‧德雷，阿瑪蒂亞‧森. 饑餓與公共行為 [M]. 北京：社會科學文獻出版社，2006：218。

	死亡率 20‰	死亡率 11‰	從 20‰ 降至 10‰ 經過多少年		死亡率 20‰	死亡率 11‰	從 20‰ 降至 10‰ 經過多少年
中國台灣	1932	1952	20	哥倫比亞	1915	1962	47
巴巴多斯	1936	1956	20	澳大利亞	1854	1905	51
圭亞那	1935	1958	23	委內瑞拉	1894	1952	58
智利	1941	1964	23	日本	1887	1950	63
羅馬尼亞	1930	1955	25	法國	1901	1964	63
危地馬拉	1953	1978	25	瑞士	1883	1948	65
西班牙	1922	1948	26	葡萄牙	1892	1962	70
牙買加	1928	1955	27	保加利亞	1881	1953	72
南非有色人	1950	1977	27	奧地利	1912	1989	77
阿爾巴尼亞	1929	1958	29	芬蘭	1870	1950	80
阿根廷	1910	1940	30	希臘	1860	1946	86
波蘭	1921	1953	32	比利時	1887	1987	100
哥斯達黎加	1922	1954	32	愛爾蘭	1864	1975	111
匈牙利	1923	1955	32	挪威	1815	1930	115
捷克	1919	1952	33	瑞典	1824	1942	118
波多黎各	1913	1949	36	英格蘭	1876	1995	119
前南斯拉夫	1921	1957	36	丹麥	1816	1937	121
美國黑人	1912	1953	41	蘇格蘭	1855	1999	144

資料來源：Palgrave Macmillan Ltd., *International Historical Statistics* (Basingstoke: Palgrave Macmillan; April 2013)。

從表 8.1 中可以看出，在發達國家，粗死亡率從 20‰ 降為 11‰ 需要很長時間，最少 41 年，最長 144 年。這發生在 19 世紀與 20 世紀初，那時全球的醫療衛生水平都太低。越往後，需要的時間越短。毛里求斯用的時間最短，只用了 12 年。但並不是所有後發國家都是如此，如印度花了 41 年，菲律賓也花了 41 年。是中國 "正常"，還是它們 "正常"？所以，要講什麼是 "正常" 的平均數，不太容易。

　　實際上，最早研究分析 "大饑荒" 問題的美國學者朱迪絲·巴尼斯特（Judith Banister）也注意到這一點，她說 "在降低死亡率方面，中國是個超級成功者"。[1] 留美人口學家王豐也在一篇文章中說，"在二十世紀後半葉全球人口轉型的過程中，中國是一個超常成功者"。[2] 如果 1949 年以後，中國在死亡率下降方面一直都是 "超常" 的，我們應該拿什麼作為 "正常" 平均死亡率呢？

　　前面說，中國 1960 年的死亡率是 25‰，那是官方的數據。也許有人會說，官方數據靠不住，但是大量非官方的數據當然更不靠譜。講非官方數據，要看學術界比較認可的數據，如朱迪絲·巴尼

1　Judith Banister and Samuel H. Preston, "Mortality in China," *Population and Development Review*, Vol.7, No.1 (March, 1981), p.108.

2　Wang Feng, "The Future of a Demographic Overachiever: Long-Term Implications of the Demographic Transition in China," *Population and Development Review*, Vol.37 (2011), p.173.

斯特、[1] 安斯利・科爾、[2] 傑拉德・卡洛（Gerard Calot）、[3] 巴茲爾・艾希頓（Basil Ashton）、[4] 蔣正華的測算。[5] 這些學者都認定 1960 年死亡率最高，但對死亡率到底有多高的估算不同，基本在 30～45‰ 之間（見圖 8.7）。

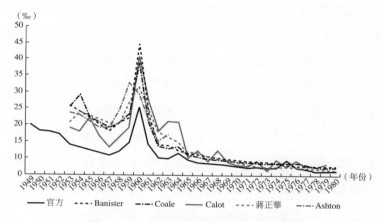

圖 8.7　與 "大躍進" 前後相比：測算比較

1　Judith Banister, "An Analysis of Recent Data on the Population of China," *Population and Development Review*, Vol.10, No.2 (June, 1984), pp.241-271.

2　Ansley Coale, *Rapid Population Change in China, 1952-1982*, (Washington: National Academy Press, 1984).

3　Gerard Calot, "Donnees Nouvelles Sur L'evolution Demographique Chinoise," *Population*, No.4-5 (July-October 1984): 807-834.

4　Basil Ashton, Kenneth Hill, Alan Piazza and Robin Zeitz, "Famine in China, 1958-61," *Population and Development Review*, Vol.10, No.4 (Dec., 1984), pp.613-645.

5　袁永熙 . 中國人口總論 [M]. 北京：中國財政經濟出版社，1991：615—621。

假設 "大饑荒" 最糟糕時的死亡率在 25‰ 至 45‰，與中華人民共和國成立前相比可以得出什麼結論呢？關於中華人民共和國成立前的死亡率有大量研究，可參見本書第二章的表 2.3，它列舉了學界比較認可的估算。從表 2.3 看，學界對民國時期 "正常" 的死亡率估算處於 25‰ 到 45‰ 之間。當時的一些研究也列舉了中國與印度以及其他國家同期的死亡率數據的比較。我們看到，民國時期的死亡率不僅高於印度，而且高於其他一切有數據的國家，是全世界死亡率最高的。需要指出的是，這裏引用的估算排除了戰爭（包括抗日戰爭與解放戰爭）的影響，是對民國 "正常" 狀況（尤其是 "黃金十年"）的估算。也就是說，"大躍進" 以後最糟糕的情況相當於中華人民共和國成立前的 "正常" 情況。如果沒有中華人民共和國成立後的快速進步，1960 年的死亡率也許會被看作很 "正常"。不應忘記，1960 年其實距中華人民共和國成立只有短短 11 年！

對什麼是中國 "正常" 死亡率進行跨國比較，印度也許是最可比的案例，因為在 1960 年，兩國都是窮國，但印度的人均 GDP（331 美元）仍大大高於中國（191.8 美元）。[1]

下面展示兩組數據，圖 8.8 是聯合國的數據，圖 8.9 是世界銀行的數據。聯合國的數據顯示，1960 年，中國的死亡率比印度高 2‰，在之前比印度低 4‰，之後兩者的差距更大。

1　World Bank, "GDP Per Capita (Constant 2010 US＄): 1960-2017," https: //data. worldbank. org/indicator/NY. GDP. PCAP. KD.

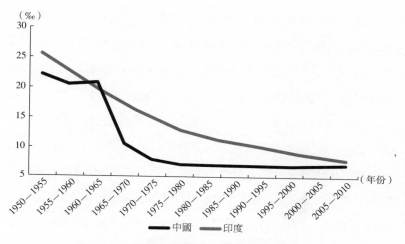

圖 8.8　與印度比較：聯合國數據

資料來源：United Nations Department of Economic and Social Affairs Population Division, "World Population Prospects: The 2012 Revision," http: //esa. un. org/unpd/wpp/index. htm。

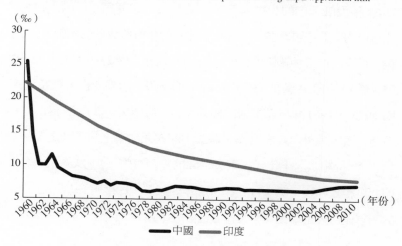

圖 8.9　與印度比較：世界銀行數據

資料來源：World Bank, http: //data. worldbank. org/indicator/SP. DYN. CDRT. IN。

世界銀行沒有 1960 年前的死亡率數據。在 1960 年，中國的死亡率比印度約高 3‰；但 1961 年及至 20 世紀 80 年代初，中國的死亡率比印度約低 10‰。對比中國與印度在 20 世紀 60 年代初的死亡率，到底什麼是 "正常" 的死亡率呢？

前面說過，研究中國 "大饑荒" 的人都喜歡引用阿瑪蒂亞·森的話，但這些人有意無意忽略了他的另外幾句話："我們必須看到，儘管中國饑荒死亡人數很多，但印度正常時期經常性剝奪所造成的額外死亡人數卻使前者相形見絀。對比中國 7‰ 的死亡率，印度為 12‰。將這一差別運用於印度 1986 年 7.81 億的人數，我們可以估計得到印度每年 390 萬的過多死亡人數。這表明，由於更高的經常死亡率，印度八年左右的死亡人數要比中國 1958—1961 年大饑荒中的死亡人數多。看起來，印度每 11 年都在努力往自己的衣櫥中填塞多於中國在不光彩的年份所放置的骸骨。"[1] 這裏，森與合作者承認使用了學界最高的中國 "大饑荒" 死亡估計（2 950 萬），如使用較低的死亡估計，那麼印度額外死亡人數超過中國 1958—1961 年饑荒造成的額外死亡人數所需時間就不是 8 年，而是更短。此外，森與合作者假設中印在死亡率上的差別是 5‰，但在 20 世紀六七十年代，兩者之間的差距實際上是 7‰—10‰。因此，相比中國，除 1958—1962 年間以外，印度每三年、每五年的額外死亡人數要比森與合作者估計的中國 "大饑荒" 的高得多。

1　讓·德雷，阿瑪蒂亞·森. 飢餓與公共行為 [M]. 北京：社會科學文獻出版社，2006：222。

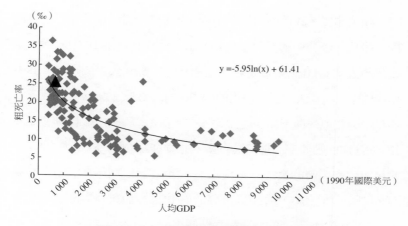

圖 8.10(a)　人均 GDP 與粗死亡率，1960 年

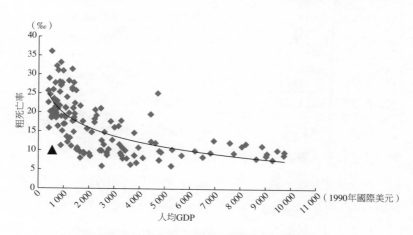

圖 8.10(b)　人均 GDP 與粗死亡率，1962 年

資料來源：World Bank, http: //data. worldbank. org/indicator/ 。

除了印度，我們還可以拿中國 1960 年的情況和其他最不發達國家相比，因為中國當年就屬最不發達國家。圖 8.10 中的橫軸是當年的人均 GDP，縱軸是粗死亡率，每一點代表一個國家，其中中國由小三角代表。表中使用的是中國官方數據 25‰，其他收入水平與中國相似的最不發達國家的死亡率在 18‰ — 35‰ 擺動。如果用 1962 年的數據畫一張同樣的圖，中國的三角形就降到了 10‰ 左右，可以與當時的發達國家相比了。這就是說，按官方數據 25‰ 算，中國最糟糕那一年的狀況相當於最不發達國家的平均粗死亡率。

　　我們可以把上面的各種觀察做個小結：

1958 — 1961 年死亡率的對比參照	觀察
與 "大躍進" 前相比	死亡率急升，但此前曾快速下降
與中華人民共和國成立前相比	相當於中華人民共和國成立前的 "正常" 情形
與印度相比	最糟時比印度的 "正常" 情形略高
與其他最不發達國家相比	相當於這類國家的 "正常" 情形

　　最後，順便討論一個問題：與 "大躍進" 前後相比，"困難時期" 什麼樣的人最容易折壽。

　　不少研究發現，嬰兒與兒童期的營養不良可能導致後期死亡率較高。例如，對芬蘭 1866 — 1869 年大饑荒的研究發現，這個時期出生的人，在 17 歲以前，死亡率比其他人高。[1] 另一項研究聚焦意

1　Vaino Kannisto, Kaare Christensen, And James W. Vaupel, "No Increased Mortality in Later Life for Cohorts Born during Famine," *American Journal of Epidemiology*, Vol.145, No.11 (1997), pp.987-994.

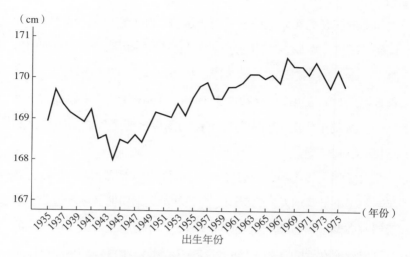

圖 8.11(a)　身高與出生年份：1935—1975 年（中國男性）

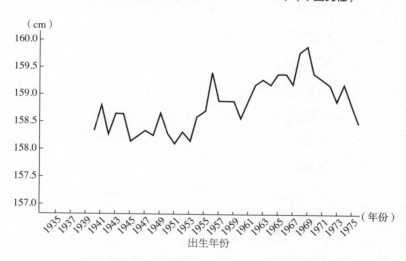

圖 8.11(b)　身高與出生年份：1935—1975 年（中國女性）

資料來源：Stephen Lloyd Morgan, "Stature and Famine in China: The Welfare of the Survivors of the Great Leap Forward Famine, 1959-61," (February 2007). Available at SSRN: http: //dx.doi.org/10.2139/ssrn.1083059。

大利那些在嬰兒與兒童期經歷過磨難的人群，它發現，直到 45 歲以前，這些人的死亡率都比別人高。[1] 順著這個思路，我們有理由推測，中華人民共和國成立前，出生於 20 世紀三四十年代的人多是營養不良的，這也許是導致中國 1958—1961 年死亡率較高的原因之一。這個年代出生的人營養不良的間接證據是他們的平均身高（見圖 8.11）。

大量歷史與比較研究發現，在一國之內（假設基因相同），各年齡組（不是個別人）的平均身高與其胎兒期與嬰兒期的健康和營養情況有關。一位澳大利亞學者研究了 1935 年到 1975 年出生的中國男性與女性的身高。他的數據統計表明，1935—1949 年出生的男人平均身高在 1.67—1.69 米之間波動。1949 年後，男性的平均身高開始持續上升，到 1957 年已接近 1.7 米。女性平均身高比男人低，但變化趨勢也差不多。換句話說，1949 年前出生的那些人在胎兒期與嬰兒期的營養狀況是比較糟糕的。"大躍進"後"困難時期"出生的人平均身高有所下降（約 0.3 厘米），也說明營養狀況影響了他們的身高。但即使下降，這群人的平均身高仍比 40 年代末出生的人高 1.5 厘米。

1949 年之前出生的人營養不好，他們在 20 世紀 50 年代末 60 年代初的年齡應是 10 歲以上。表 8.2 列舉了貴州農村 1958 年和 1960 年死亡人口的年齡分佈。一般而言，嬰兒與兒童比較容易

---

1 Graziella Caselli & Riccardo Capocaccia "Age, period, Cohort and Early Mortality: An Analysis of Adult Mortality in Italy," *Population Studies*, Vol.43, No.1 (1989), pp.133-153.

夭折。但對比 1958 年，我們發現 1960 年時，10 歲以下各年齡組（中華人民共和國成立後出生的人）的死亡人數佔全部死亡人數的比重不是上升的，而是下降了。反倒是 10 歲以上各年齡組（1949年之前出生的人）死亡人口佔總死亡的比重是上升的。這似乎意味著，由於胎兒期與嬰兒期營養相對更差一些，1949 年之前出生的人到 1958—1960 年 "困難時期" 更容易死亡。與其他各省相比，貴州在 1958—1962 年之間粗死亡率全國第二高，僅次於四川。貴州的數據基本上支撐前面的假設，即 1949 年之前出生的人，由於幼年營養不良，遇到饑荒時死亡率較高。

表 8.2　1958 年和 1960 年貴州農村死亡人口的年齡分佈單位：%

年齡（歲）	貴州農村		
	1958 年	1960 年	變化幅度
0	21.1	8.5	-0.60
1—4	29.0	10.6	-0.63
5—9	6.1	5.5	-0.10
10—14	2.7	3.8	0.41
15—19	1.9	3.4	0.79
20—24	1.8	4.1	1.28
25—29	2.1	4.5	1.14
30—34	2.0	5.6	1.80
35—39	2.2	5.3	1.41
40—44	2.9	5.9	1.03
45—49	3.1	6.3	1.03

年齡（歲）	貴州農村		
	1958 年	1960 年	變化幅度
50—54	3.4	7.1	1.09
55—59	4.6	6.8	1.48
60—64	4.7	6.7	0.43
65—69	4.1	5.8	0.41
70—74	3.6	4.2	0.17
75—79	2.6	3.1	0.19
80+	2.1	2.7	0.29

資料來源：李若建. 困難時期人口死亡率的初步分解分析 [J]. 人口研究，2001，25（5）：47。

有意思的是，有人研究中國"大躍進"後"困難時期"出生的人後來死亡率會不會較高，卻發現這個時期出生的人與此前、此後出生的人沒有什麼差別。[1] 這也許表明，"大躍進"後"困難時期"持續時間不長，那個時段出生的人營養很快就跟了上來，他們的死亡率不至於升高。這與中華人民共和國成立前人們持續的營養不良形成反差。

無論怎麼評判"大饑荒"，有一點必須清楚：原本中國歷史有多長，饑荒的歷史就有多長，中華人民共和國成立前的中國，饑荒連綿不斷，正是中華人民共和國終結了饑荒！這項歷史功績值得大書特書。

---

1 Shige Song, "Does Famine Have a Long-Term Effect on Cohort Mortality: Evidence from the 1959-1961 Great Leap Forward Famine in China," *Journal of Biosocial Science,* Vol.41, No.4 (July 2009), pp.469-491.